Gregor Hasler

Resilienz: Der Wir-Faktor

herausgegeben von Wulf Bertram

Zum Herausgeber von „Wissen & Leben":

Wulf Bertram, Dipl.-Psych. Dr. med., geb. in Soest/Westfalen. Studium der Psychologie und Soziologie in Hamburg. War nach einer Vorlesung über Neurophysiologie von der Hirnforschung so fasziniert, dass er spontan zusätzlich ein Medizinstudium begann. Zunächst Klinischer Psychologe im Univ.-Krankenhaus Hamburg-Eppendorf, nach dem Staatsexamen und der Promotion in Medizin psychiatrischer Assistenzarzt in der Provinz Arezzo/Italien und in Kaufbeuren. 1985 Lektor für medizinische Lehrbücher in einem Münchener Fachverlag, ab 1988 wissenschaftlicher Leiter des Schattauer Verlags, seit 1992 dessen verlegerischer Geschäftsführer. Ist überzeugt, dass Lernen ein Minimum an Spaß machen muss, wenn es effektiv sein soll. Aus dieser Einsicht gründete er 2009 auch die Taschenbuchreihe „Wissen & Leben", in der wissenschaftlich renommierte Autoren anspruchsvolle Themen auf unterhaltsame Weise präsentieren. Bertram hat eine Ausbildung in Gesprächs- und Verhaltenstherapie sowie in Tiefenpsychologischer Psychotherapie und ist neben seiner Verlagstätigkeit als Psychotherapeut und Coach in eigener Praxis tätig.

Gregor Hasler

Resilienz: Der Wir-Faktor

Gemeinsam Stress und Ängste überwinden

Mit einem Geleitwort von Katharina Domschke

Schattauer

Prof. Dr. med. Gregor Hasler
Ordentlicher Professor für Psychiatrie und Psychotherapie
der Universität Freiburg
Chefarzt Freiburger Netzwerk für Psychische Gesundheit
Chemin du Cardinal-Journet 3
1752 Villars-sur-Glâne
gregor.hasler@unifr.ch

Bibliografische Information der Deutschen Nationalbibliothek
Die Deutsche Nationalbibliothek verzeichnet diese Publikation in der Deutschen Nationalbibliografie; detaillierte bibliografische Daten sind im Internet über http://dnb.d-nb.de abrufbar.

Besonderer Hinweis:
In diesem Buch sind eingetragene Warenzeichen (geschützte Warennamen) nicht besonders kenntlich gemacht. Es kann also aus dem Fehlen eines entsprechenden Hinweises nicht geschlossen werden, dass es sich um einen freien Warennamen handelt.

Schattauer
www.schattauer.de
© 2017 by J. G. Cotta'sche Buchhandlung
Nachfolger GmbH, gegr. 1659, Stuttgart
Alle Rechte vorbehalten
Printed in Germany
ISBN 978-3-608-43225-1

4. Nachdruck, 2022

Lektorat und Projektmanagement: Dr. Nadja Urbani, Stuttgart
Korrektorat: Daniela Friedli-Zwygart
Umschlagabbildung: www.shutterstock.com © alphaspirit
Satz: am-productions GmbH, Wiesloch / Kösel Media GmbH, Krugzell
Gedruckt und gebunden von Friedrich Pustet GmbH & Co. KG, Regensburg

Auch als eBook erhältlich

Geleitwort

Berichte über „Stress", „Die gestresste Seele", „Das erschöpfte Ich", „Die Macht der Angst" und „Depression – Krankheit oder Schicksal?" sind omnipräsent in den Medien. In der Tat leiden in Europa über 20%, d.h. mehr als 100 Millionen Menschen, pro Jahr an Angsterkrankungen und Depressionen. Diese gehören zu den fünf beeinträchtigendsten Krankheiten überhaupt und sind zusammengenommen die bei Weitem kostenintensivsten neuropsychiatrischen Erkrankungen. Stress, Angst und Depression zählen damit zu den großen Herausforderungen unserer Zeit – für das Individuum, die Familien, die Gesellschaft und die Ökonomie.

Viel ist zur Therapie von Angst und Depression geschrieben worden, weniger zu ihrer Prävention. Dabei sagte bereits Benjamin Franklin: „An ounce of prevention is worth a pound of cure" – also „Vorbeugen ist besser als Heilen". Ein Faktor, der hierbei zunehmend in den Fokus der Aufmerksamkeit rückt, ist die sogenannte Resilienz, d.h. die psychische Widerstandskraft, wörtlich die Fähigkeit, widrige Erfahrungen und Umstände an sich abprallen zu lassen. Das bessere Verständnis und die aktive Stärkung der Resilienz können ganz wesentlich dazu beitragen, die Entstehung von stressbedingten Erkrankungen und damit das individuelle Leid wie auch die gesamtgesellschaftliche Belastung durch Angst und Depression zu reduzieren.

Prof. Dr. Gregor Hasler – ein in der Fachwelt höchst renommierter Arzt, Psychotherapeut und Forscher auf dem Gebiet von Stress-assoziierten Erkrankungen wie Angststörungen und Depression – stellt diese Widerstandskraft in den Mittelpunkt seines Buches *Resilienz: Der Wir-Faktor*. Sein Fokus liegt damit nicht primär auf der Analyse der „Stressproblematik" und ihrer Weiterentwicklung, Pathogenität und teilweise Pathologisierung in Richtung Angst und Depression. Vielmehr beschäftigt sich Prof. Hasler mit der „Resilienzkrise", den vielfältigen Ursachen und soziologischen wie individualpsychologischen Auswirkungen der geschwächten psychischen Widerstandskraft in unserer Gesellschaft, mit der Resilienzkrise als Ursache und reziprok der Resilienzstärkung als Präventivum und Therapeutikum von Angst und Depression. Dabei werden der – trotz zunehmender Individualisierung und Zentrierung auf das Ich – erfahrene Bedeutungsverlust, das ungenügende Eingebundensein in sinnstiftende soziale und religiöse Kontexte, der Mangel an „gemeinsamem Sinn" und „gemeinsamen Werten" und der „Status-Dauerkampf" als Ursachen für die schwindende Resilienz in unserer Gesellschaft identifiziert. Seine Thesen untermauert Prof. Hasler durch aktuelle neurobiologische, neuropsychologische und epidemiologische Forschungsergebnisse. Er spannt den Bogen vom „Resilienz-Helden Hiob" über das Belohnungssystem der Berg- und Prärie-Wühlmäuse bis hin zur Interpersonellen Psychotherapie. Er kommt von „schlafenden Jüngern" über die Resilienz-schwächenden Auswirkungen von Migration und moderner Mobilität hin zu Yoga, Botox und Cognitive Bias Modification Training. Er empfiehlt Opium Optimismus, Gegenwärtigkeit, Genuss und Glück sowie das „richtige Fürchten" und langes Schlafen. Er kontrastiert „virtuelles Netzwerkrauschen" mit realen sozialen Netzwerken, die Welle mit dem Meer, das Individuelle mit dem verbindenden großen Ganzen und bricht für das jeweils Letztere eine psychiatrisch-psychotherapeutische Lanze.

Der Wir-Faktor – eine neurowissenschaftlich fundierte Philippica gegen das heute allgegenwärtige Primat der „Selbstverwirklichung", der „Abgrenzung", des „Wir" im Pluralis majestatis als maximale Steigerungsform der Egozentrik. *Der Wir-Faktor* – ein Plädoyer für Einfühlung,

Altruismus und das einander Wohl-Wollen, ein Plädoyer für das „Wir" als einen Pluralis benevolentiae, wenn man so will.

In diesem Sinne wünsche ich dem vorliegenden individualpsychologisch wie gesamtgesellschaftlich wichtigen Werk eine breite Leserschaft und Resilienz-stärkende Rezeption.

Freiburg, im Januar 2017

Univ.-Prof. Dr. Dr. Katharina Domschke, M.A. (USA)
Ärztliche Direktorin
der Klinik für Psychiatrie und Psychotherapie
Universitätsklinikum Freiburg

Vorwort des Herausgebers

Einsamkeit tut weh. Wenn in einem Experiment einer von drei Teilnehmern an einem virtuellen Ballspiel ausgeschlossen wird, weil sich absichtlich und ausschließlich immer nur die beiden anderen den Ball zuspielen, sieht man eine Aktivitätsanreicherung an genau den Stellen im Gehirn, an denen man sie auch bei körperlichem Schmerz findet. Und mehr noch: Einsamkeit ist auch ein ernstes Gesundheitsrisiko. Eindrucksvoll zeigt das eine Studie, die 2010 von einem amerikanischen Forscherteam in Utah an mehr als 300 000 Menschen durchgeführt wurde: Ohne Freunde leben wir so ungesund, als wären wir fettleibig oder rauchten täglich 15 Zigaretten. Wer allein lebt oder leben muss, stirbt früher.

Umgekehrt gilt, dass soziale Bindungen gut tun und Stress abbauen. Das mag trivial klingen, wer hätte das nicht schon erfahren, aber es lässt sich auch wissenschaftlich belegen: Die Anwesenheit von Freunden dämpfte die Ausschüttung des Stresshormons Cortisol bei einer Gruppe von Probanden, die vor einem Publikum frei sprechen oder unter Druck knifflige Kopfrechenaufgaben lösen mussten. Und selbst unsere scheinbar objektive Wahrnehmung wird durch die Anwesenheit von Freunden positiver: Eine Gruppe von Studierenden aus England sollte in einem Experiment die Steilheit eines Berges abschätzen. Der Anstiegswinkel (und damit wohl implizit die vermuteten Strapazen beim Besteigen) wurde kleiner beurteilt, wenn bei dem Versuch ein Freund zugegen war. Ein Seilschaftsgeist im Sinne von „Gemeinsam sind wir stärker!" oder „Wir schaffen das!" mag bei dieser Einschätzung unbewusst im Spiel gewesen sein. Die Betonung liegt dabei auf dem „Wir". Dieses „Wir" kommt aber zunehmend abhanden. Wenn auf einer Party alle nebeneinander auf ihren Smartphones herumwischen, dann gibt es kein reales WIR mehr, sondern eine Ansammlung von dyadischen Mensch-Maschine Beziehungen. Es lässt hoffen, wenn meine 19-jährige Tochter berichtet, dass sie und ihre Freunde inzwischen zu Beginn einer Party oft alle ihre Handys auf einen Haufen legen und sie erst am Ende wieder auseinanderklauben.

In diesem Buch legt der Berner Psychiater Gregor Hasler überzeugend dar, dass ein Verlust von Gemeinsamkeitserfahrungen eine Ursache für die in unserer Gesellschaft gefühlte Zunahme von Stress ist und wie durch stärkere soziale Bindungen, sowohl im engsten Umfeld als auch gesamtgesellschaftlich, unsere Widerstandskraft gegen aufreibende Herausforderungen gestärkt werden kann. Wichtig ist allerdings, dass solche Bindungen sich analog, gewissermaßen „verkörpert", abspielen, und nicht in erster Linie digital und virtuell in sozialen Netzwerken. Haslers Buch sprudelt nur so von Vorschlägen und Anregungen dazu, es ist ein engagiertes Plädoyer für die Unmittelbarkeit der persönlichen Begegnung. Er wird nicht müde, seine Empfehlungen mit empirisch gut belegten wissenschaftlichen Studien zu untermauern. Erfrischend dabei sein Mut, auch Heilige Kühe und wenig hinterfragte Dogmen der individualpsychologischen und psychotherapeutischen Forschung und Literatur aufs Korn zu nehmen und sie einem Realitätscheck zu unterziehen – vor allem, wenn es um die mittlerweile fast routinemäßige Zuschreibung einer Traumagenese bei psychischen Störungen geht oder um die Banalisierung des Stress-Konzepts. Er macht das auf unterhaltsame, gelegentlich mit dezentem Schweizer Humor gewürzte Weise und manchmal mit sympathischer Selbstironie.

Sie werden vielleicht nicht allen Gedanken, Folgerungen und Forderungen von Gregor Hasler zustimmen, das habe ich auch nicht immer, aber sein Buch macht etwas Besonderes: Es stiftet an zu einer persönlichen Stellungnahme, zu einem Abgleich mit den eigenen Werten und wissenschaftlichen Glaubenssätzen. Und hier wünsche ich mir, dass diese mentale Aktivierung – und so wie Hasler schreibt, wird eine emotionale dabei nicht ausbleiben – weit hinein in die medizinische wie die politische Diskussion und Dimension hineinwirkt.

Es ist zunächst einmal ganz individuell ein Buch für jedermann, der gesund leben will. Aber auch immer mehr Unternehmen, die die Firmenkultur Resilienz-orientiert gestalten wollen, kommen auf die Idee, Workshops anzubieten, in denen nicht nur achtsamkeitsbasierte Meditationstechniken vermittelt werden, sondern Übungen, die das „Beisammensein" der Mitarbeiter und das gegenseitige Zuhören fördern, das WIR also. Und dass ein Buch, das helfen kann, Resilienz als eine unserer wichtigsten Fähigkeiten zu fördern, auch in die Hände von Eltern und Erziehern gehört, von Lehrern und Politikern, Gesundheitsexperten und Coaches, versteht sich von selbst, von Ärzten und Psychologen sowieso. Und Hasler ist es wichtig, dass das Buch über die gesundheitliche Dimension hinaus auch eine dezidiert politische hat: Es geht auch um Föderalismus, um die Aufwertung noch so begrenzter lokaler Netzwerke mit echter politischer Macht, ausgehend von den kleinsten Zellen des WIR. Es gibt bereits einige Beispiele, dass sich solche Zellen zu Organen verbunden haben, die zu einem sozialen Körper zusammenwuchsen und dann mit entsprechender „Körperkraft" politische und ökonomische Entwicklungen verhindern konnten, die für die gesamte Gemeinschaft von Nachteil gewesen wären. Konkret fällt mir eine Gemeinde in Deutschland ein, der es so gelang, die Privatisierung ihres kommunalen Krankenhauses zu verhindern.

Oft fragt man sich bei einem so überzeugenden Buch, was man denn konkret machen kann, um die vielen guten Gedanken aufzugreifen und umzusetzen, und bei aller Plausibilität bleibt es dann doch manchmal im Unverbindlichen, weil man nicht weiß, wo man anfangen soll. Das Buch von Gregor Hasler zeigt, dass man ruhig erst einmal auch ganz klein, gewissermaßen bei den Organellen des WIR, anfangen kann, und dass Sie unmittelbar einiges für Ihre Gesundheit, Ihr Wohlbefinden und Ihre Stressresistenz tun können: Indem Sie sich mal wieder, am besten noch während der Lektüre dieses Buches, mit guten Freundinnen oder Freunden verabreden, zum Reden, Weintrinken, Wandern ... Das ist gesund! Sollte Ihnen dabei der Gesprächsstoff ausgehen, würde dieses Buch genug Material liefern, um Ihren Gedankenaustausch zu beflügeln. Und wenn sich dadurch die Verbreitung dieses besonderen Buches erweitern würde, käme das seinem Autor und seinem Verleger sicherlich auch nicht ungelegen.

Jedenfalls wünsche ich Ihnen erst einmal eine angenehme und anregende Lektüre!

Stuttgart, im Januar 2017 Wulf Bertram

Vorwort

Der gefühlte Stress nimmt zu, und ein Ende dieser Zunahme zeichnet sich nicht ab. Dies ist der Schluss einer Reihe von Studien aus westlichen Industriestaaten. Die meiner Meinung nach beste Studie dazu wurde an amerikanischen Studenten durchgeführt (Twenge, Gentile et al. 2010). Sie zeigt, dass das Erleben von Stresssymptomen in den letzten 70 Jahren deutlich zugenommen hat. Der Anstieg war linear, das heißt, jedes Jahr war die Zunahme ungefähr gleich groß, und zwar unabhängig von wirtschaftlichen Krisen oder anderen Großereignissen. Die wachsende Offenheit der Bevölkerung, psychische Symptome zuzugeben, erklärte nur ca. 5 % der Zunahme. In Deutschland klagen 40 % der Vollzeitbeschäftigten über einen stetig steigenden Druck. Das Stresserleben der arbeitenden Schweizer Bevölkerung nahm von 2000 bis 2010 um ein Drittel zu. Eine englische Studie an Jugendlichen belegt, dass sich die Häufigkeit psychischer Symptome zwischen 1986 und 2006 verdoppelte (Collishaw, Maughan et al. 2010). Vor allem bei Mädchen beginnt die Zunahme der gefühlten Belastung relativ früh, das heißt unmittelbar nach der Pubertät.

Unter Stresssymptomen versteht man leichte Angst und depressive Symptome wie innere Unruhe, Schlafstörungen, Schuldgefühle, Weinerlichkeit, Reizbarkeit, gedrückte Stimmung, geringes Selbstwertgefühl, Energiemangel, Erschöpfung und unklare Schmerzen. Zusätzlich zählt man zu den Stresssymptomen leichte intellektuelle Beeinträchtigungen wie Vergesslichkeit, Grübeln, Probleme beim Zuhören, Probleme beim Fokussieren der Gedanken, mentale Verlangsamung, Unschlüssigkeit, Probleme mit Multitasking, Unfähigkeit zu planen und Hinausschieben von Arbeiten. Diese intellektuellen Beeinträchtigungen sind hauptsächlich für die geminderte Arbeitsfähigkeit gestresster Menschen verantwortlich (Fried and Nesse 2014).

Haben die psychosozialen Belastungen in den letzten 70 Jahren linear zugenommen? Es mag für viele erschöpfte und abgekämpfte Leser zynisch klingen, aber es gibt kaum Hinweise, dass wir objektiv mehr Belastungen ausgesetzt sind als die Menschen in der Wirtschaftskrise zwischen den Weltkriegen oder während des deutschen Wirtschaftswunders in der Nachkriegszeit. Im Gegenteil, die gestiegene materielle Sicherheit, politischer Friede und Stabilität, die sich stetig verbessernde medizinische Versorgung, die zunehmenden Freizeit- und Karrieremöglichkeiten, Kranken- und Sozialversicherungen sollten eigentlich zu einer wesentlichen Abnahme objektiver Belastungen in den letzten Jahrzehnten beigetragen haben. Ein Hinweis auf die relative Stressfreiheit ist auch die Tatsache, dass sich Eltern in industrialisierten Ländern seit 1960 im Durchschnitt immer mehr Zeit nehmen können, ihre Kinder zu betreuen (Gauthier, Smeeding et al. 2004).

Die gestressten Arbeitnehmer in Westeuropa geben folgende Gründe für ihre Beschwerden an: Zeitdruck, unklare Anweisungen und soziale Diskriminierung. Es gibt aber keine Hinweise darauf, dass diese Faktoren objektiv zugenommen haben. Im Gegenteil: Im Verlauf der letzten Jahrzehnte hat die Freizeit zugenommen, Führungskräfte wurden besser ausgebildet und die soziale Diskriminierung, zum Beispiel von Frauen und Homosexuellen, hat sich abgeschwächt. In Deutschland nahm die Arbeitszeit zwischen 1950 und 2015 um über 40 % ab!

Bereits der schwedische Stressforscher Lennart Levi wies 1959 darauf hin, dass er keinen Zusammenhang zwischen objektivem Stress und Stressstörungen finden kann. Er kam in seinen Untersuchungen zum Schluss, dass die durch Kriege und Epidemien verursachten psychischen Belastungen in den Jahrzehnten und Jahrhunderten vor 1945 deutlich größer gewesen seien als die nach 1945, als der Stress zu einem wichtigen Begriff der psychologischen Forschung wurde (Levi 1959). Dieser Beurteilung entspricht auch die Beobachtung, dass der Vorläufer der modernen Stressstörungen, die Neurasthenie, in der Wirtschaftskrise nach 1918 in Europa außer Mode geriet. In den USA fiel der Niedergang des Neurasthenie-Konzepts mit der Rationalisierung von Arbeitsprozessen zusammen, die heutzutage als wichtige Ursache für die Erschöpfung von Arbeitnehmern betrachtet wird (Kury 2012).

Haben psychiatrische Krankheiten in den letzten Jahrzehnten zugenommen? Die Zunahme an Stresssymptomen geht nicht darauf zurück, dass mehr Menschen Depressionen haben. Die Häufigkeit von klinischen Depressionen ist weltweit vergleichbar und ziemlich stabil, vielleicht hat ihre Häufigkeit zwischen 1990 und 2010 eher etwas abgenommen. Auch andere psychische Störungen haben nicht zugenommen (Richter and Berger 2013). Dies alles weist darauf hin, dass die Zunahme von Stresssymptomen ein neues Phänomen darstellt, das mit der klinischen Depression nicht identisch ist.

Betroffene und Experten behaupten, dass neue Stressformen wie die Entgrenzung zwischen Arbeitswelt und Freizeit und die Benutzung des Internets die Zunahme von Stresssymptomen erkläre. Dieses Problem könnte man durch drastische Gesetze beheben, welche jegliche erwerbsmäßige Tätigkeit in der Freizeit verböten und den Gebrauch des Internets einschränkten. Offensichtlich glaubt aber nur eine kleine Minderheit an die Wirksamkeit solcher Maßnahmen. Andernfalls hätte man sie schon längst eingeführt, allein schon, weil Stressstörungen Milliarden-Löcher in die Budgets von Staaten und Sozialversicherungen reißen. Andere Experten behaupten, dass die Veränderung von Familienstrukturen zur Stress-Epidemie geführt hat. Die Scheidungsrate nahm zwar in den letzten Jahrzehnten tatsächlich zu und alleinerziehende Eltern werden immer häufiger. Doch dies scheint keinen Einfluss auf den gefühlten Stress von Jugendlichen zu haben (Collishaw, Maughan et al. 2010).

Sind leichte Stresssymptome womöglich gar nicht real, reine Vorstellungen, Phantasieprodukte? Nein. Die Zunahme des gefühlten Stresses ist durchaus objektiv messbar: Er geht mit einer erhöhten Aktivität des Stresssystems einher, das in Teilen des Stirnlappens, den Mandelkernen und der vorderen Inselrinde sitzt (Akdeniz, Tost et al. 2014).

Die Zunahme von Stresssymptomen ohne vergleichbare Zunahme objektiver Belastungen muss also Folgendes bedeuten: *Unsere psychische Widerstandskraft, sprich Resilienz, wird Jahr für Jahr schwächer.* Was wir mit ziemlicher Sicherheit wissen: Wenn dieser Trend anhält, werden wir aufgrund dieser Symptome irgendwann zunehmend vulnerabel werden; die Leistungsfähigkeit wird sogar sozioökonomisch spürbar einbrechen, und wir werden das heutige Niveau an materiellem Wohlstand und sozialem Status nicht mehr halten können.

In diesem Buch will ich zeigen, dass der Zusammenhang zwischen tatsächlicher Belastung, Stressstörungen und Resilienz viel rätselhafter ist, als wir gemeinhin annehmen. Dass der gefühlte Stress trotz dramatischer Zunahme von psychologischer Beratung und Psychotherapien zunimmt, weist darauf hin, dass wir die Ursachen unseres Stressproblems nur bruchstückhaft verstehen.

Dieses Buch beschreibt anhand neuer Befunde der Psychologie, Soziologie und Neurowissenschaften die wahrscheinlichen Gründe unserer Resilienzkrise. Der Hauptbefund ist, dass wir dieses Problem auf *individualpsychologischer Ebene* nicht verstehen können, d.h., dass es nicht reicht, den Blick auf den Einzelnen zu richten. Es ist vielmehr ein soziales Phänomen. Es ist der Wir-Faktor, der sich verändert hat. Die Einbindung in eine Sinn-Totalität, ein kulturelles Überlegenheitsgefühl und ein ungebrochener Fortschrittsoptimismus waren einst wichtige Pfeiler unserer Resilienz, auf die wir zunehmend verzichten müssen. Heute ist geografische Mobilität zu einem wirtschaftlichen Imperativ geworden, der leider einen Flächenbrand des alten und Jahrtausende bewährten Urwaldes der sozialen Unterstützung entfachte. Zunehmende Karrierechancen, Vergleichbarkeit und Transparenz erlauben einen Dauerkampf um sozialen Status, für den unser Gehirn nicht geschaffen ist. Die Welt wird zwar objektiv immer sicherer, doch vermitteln uns die Medien, populistische Politiker und Versicherungsagenten gerade das Gegenteil. Dies führt zu einer nachhaltigen Störung des Furchtlernens. Der Individualismus führt auch zu tiefgreifenden Konflikten in der Eltern-Kind-Beziehung. Noch nie haben Mütter und Väter so viel Zeit damit verbracht, ihre Kinder zu beschützen, deren Autonomie-Ansprüche wiederum nie größer waren als jetzt. Verstädterung, Bewegungsmangel und Schlankheitsideale schwächen unsere Körpersicherheit und unseren Bezug zur Natur.

Obwohl die aktuelle Resilienzschwäche vorwiegend ein soziales, kulturelles und epigenetisches Phänomen ist, zeigt dieses Buch auf, was wir als Einzelne tun können, um dem Ansturm negativer Gefühle zu trotzen.

Wie kann man sich neurophysiologisch eine Zunahme der Stress-System-Aktivität ohne Zunahme der Belastung und ohne schwere Störung des Gehirns vorstellen? Der große Gegenspieler des Stresssystems ist das Hirnbelohnungssystem. Dieses System ist zuständig für die Verarbeitung von Belohnungen. Der Belohnungsbegriff ist in den Neurowissenschaften breit gefasst und beinhaltet sowohl gewonnene Punkte in einem Computerspiel als auch die Anerkennung durch einen Vorgesetzten und das Gefühl der kulturellen Zugehörigkeit. Menschen haben im Verhältnis zum Rest des Gehirns das größte Belohnungssystem aller

Lebewesen. Ferner ist der Mensch das einzige Lebewesen, das im Verlauf des Lebens im Hirnbelohnungssystem neue Nervenzellen bilden kann (Ernst and Frisen 2015). Das weist darauf hin, dass der Mensch ein Bedeutungs-, Anerkennungs- und Belohnungswesen ist. Im Gegensatz dazu hat sich das Stresssystem während der Evolution deutlich verkleinert. Das relative Volumen und die Nervendichte des Mandelkerns, die Schaltstelle für Angst und Furcht, ist bei Ratten deutlich größer als bei Affen und bei Affen größer als beim Menschen (Chareyron, Banta Lavenex et al. 2011). In Bezug auf unsere Hirnstruktur gibt es also keinen Grund, dass wir uns als Stresswesen betrachten, auch wenn wir uns oft so fühlen. Die Lösung des Stressproblems wird deshalb auch nicht eine weitere Reduktion von Belastungen sein, sondern die Verstärkung sozialer, sinnstiftender und lustvoller Tätigkeiten.

Die Folgen einer Resilienzkrise sind nicht nur persönlich spürbar, sondern auch politisch bedeutsam. Politische, kulturelle und religiöse Resilienzangebote stehen im Wettkampf. Junge Deutsche und Amerikaner fühlen sich vom Islam angezogen, weil dieser klare soziale Strukturen und Rollen, Konstanz und religiöse Bedeutung anbietet. Totalitäre Staaten bieten jungen, labilen Männern an, ihr Leben als ehrenvoll und männlich zu sehen. Muslime werden aus vielen Gründen radikal, unter anderem, weil sie die westliche Konsumwelt als sinnlos erleben. Die Wahrnehmung einer Resilienzschwäche der westlichen Welt lockt Terroristen und Tyrannen, uns anzugreifen. Verletzlichkeit provoziert Aggression, das wissen wir aus der Mobbing-Forschung.

Gängige Psychotherapie-Verfahren sind Kinder des Individualismus. Sie stellen das Individuum und individuelle Faktoren wie persönliche Bedürfnisse und traumatische Erfahrungen in den Vordergrund. Als Psychiater und Psychotherapeut bin ich besorgt, dass wir mit diesen Verfahren keine gute Antwort auf die aktuelle Resilienzkrise geben können. Ein Zurück in die Resilienz ursprünglicher Gesellschaften und Stämme ist nicht möglich. Diese beruhte auf kleinen, ausschließenden Gruppen und lokalem Spiritualismus. Wir sollten uns aber mit den evolutionären und kulturellen Wurzeln der Resilienz beschäftigen. Ein besseres Verständnis sozialer und politscher Aspekte der psychischen Widerstandskraft wird uns helfen, eine *gemeinsame* Stärke zu finden, die mehr ist als eine individualistische Panzerung. Mit diesem Buch möchte ich einen Beitrag dazu leisten.

Bern, im Winter 2016/2017   Gregor Hasler

Dank

Dieses Buch basiert auf der therapeutischen Arbeit mit Patientinnen und Patienten, die mich lehrten, was Resilienz ausmacht. Ihnen ist dieses Buch gewidmet.

Einsichten und Anregungen verschiedener klinischer und wissenschaftlicher Lehrer trugen ebenfalls zu diesem Buch bei. Dazu gehören Ulrich Schnyders kritische Einführung in die Psychotraumatologie, Jules Angsts Überlegungen zu leichtgradigen psychischen Störungen und zu den Problemen des populären Stress-Begriffs, und Dennis Charneys wissenschaftliche und praktische Einsichten zur Resilienz. Wayne Drevets und Christian Grillon lehrten mich, psychologische und neurowissenschaftliche Studien durchzuführen und deren Resultate nicht zu überschätzen. Werner Strik half mir, wissenschaftliche Interessen weiterzuentwickeln und ein selbständiger Kliniker und Forscher zu werden.

Bedanken möchte ich mich bei Freunden und Kollegen, die mir wichtige Hinweise zu früheren Entwürfen des Manuskripts gegeben haben, insbesondere Emil Angehrn, Zeno Kupper, Martina Leiva, Barbara Lerch, Andreas Maercker und Verena Vedder. Nadja Urbani, Lektorin im Schattauer Verlag, hat den Text sprachlich verbessert und mich ermutigt, das Manuskript als Buch zu veröffentlichen.

Inhalt

1 Der Verlust der Bedeutung

Stellen Sie sich vor, jemand droht Ihnen, Ihre Hand mit einem Messer zu durchstechen. Beurteilen Sie den vorgestellten Schmerz auf einer Skala von 0 bis 10. Null heißt schmerzfrei, 10 bedeutet der maximal vorstellbare Schmerz. In einer anderen Situation wissen Sie, dass Sie Ihre Tochter dann – und nur dann – retten können, wenn Sie es akzeptieren, dass jemand mit dem Messer Ihre Hand durchsticht. Beurteilen Sie nun diesen Schmerz auf einer Skala von 0 bis 10. Dieses einfache Gedankenexperiment zeigt, zumindest bei den Personen, die wie ich eine Tochter haben, dass die *Bedeutung* ein starker Resilienzfaktor ist. Sie ist vermutlich der wichtigste Resilienzfaktor überhaupt. Nietzsche sagt treffend: „Wer ein Warum hat, dem ist kein Wie zu schwer."

Dies belegen auch epidemiologische Studien. Eine Analyse des Psychologen Martin Pinquart, die auf 70 Studien über die gesundheitliche Rolle des Sinns des Lebens basierte, zeigte klar, dass Stress-Resilienz stark von der Fähigkeit abhängt, seinem Leben Bedeutung zu geben (Pinquart 2002). Ein Buch über Resilienz zu schreiben heißt deshalb, ein Buch über Bedeutung zu schreiben, weshalb es nicht nur in diesem Kapitel, sondern auch in den folgenden um Bedeutung gehen wird. Die heutzutage für Resilienz entscheidende Bedeutung entsteht vorwiegend im Kontext sozialer Beziehungen. In diesem Kapitel werde ich aber zuerst den *Verlust* der Bedeutung beschreiben, die sich nicht auf Soziales reduzieren lässt, um in den nächsten zwei Kapiteln auf die sozialen Formen von Bedeutung einzugehen.

In den letzten Jahrtausenden haben vor allem Religionen und Monarchien umfassende Bedeutungssysteme gestiftet und aufrechterhalten, oft auch mittels Zwang. Dass diese Systeme für die individuelle Resilienz von großer Wichtigkeit waren, beschreibt Joseph Roth eindrücklich in seinem Roman *Radetzkymarsch*. Es geht um den Zerfall der österreichisch-ungarischen Monarchie. Roth zeigt, dass die Menschen Dank ihres Kaisers selbst im Krieg ein beneidenswert großes Sicherheitsgefühl hatten. Kaiser Franz Josef war allgegenwärtig unter seinen Untertanen, wie ein Gott in der Welt. Man war bereit, für diesen Kaiser einen wonnigen, warmen und süßen Tod dahinzusterben. Besonders angenehm habe es sich durch eine fremde Kugel beim Radetzkymarsch gestorben. Dem alten Trotta, dem Großvater des Romanhelden, konnte „gar nichts passieren", allein wegen der überirdischen Macht seines Militär-Marie-Theresien-Ordens. Doch als er den einfachen Glauben an Gott und den Glanz der Majestät verlor, erlebte er schwere Stresssymptome: Verbitterung, Freudlosigkeit, vorzeitige Alterung. Aber auch die anderen Menschen im Regiment wurden ängstlicher, sie hatten nun Angst vor dem Leben, aber auch Angst vor dem Sterben.

Der Zerfall der Monarchie war für die Österreicher besonders schmerzhaft, weil ihr Kaiser eine apostolische Majestät war. Seine Macht war wie bei keinem anderen europäischen Monarchen an den christlichen Glauben und an die Macht der katholischen Kirche gebunden. Trottas Schachpartner, Doktor Skowronnek, beschreibt eindrücklich die Veränderung der Wahrnehmung während des Bedeutungszerfalls: „Nicht einmal der Kaiser trägt heute die Verantwortung für seine Monarchie. Ja, es scheint, dass Gott selbst die Verantwortung für die Welt nicht mehr tragen will. Es war damals leichter! Alles war gesichert. Jeder Stein lag auf seinem Platz. Die Straßen des Lebens waren wohl gepflastert. Die sicheren Dächer lagen über den Mauern der Häuser. Aber heute, Herr Bezirkshauptmann, heute liegen die Steine auf den Straßen quer und verworren und in gefährlichen Haufen, und die Dächer haben Löcher, und in die Häuser regnet es, und jeder muss selber wissen, welche Straße er geht und in was für ein Haus er zieht."

Als der Bann der Religion gebrochen war, begannen die österreichischen Soldaten und Offiziere mit dem ganzen Bewusstsein wahrzunehmen, dass es noch andere Länder mit anderen Monarchen gab und dass die Erde nur einer von Millionen von Weltkörpern war. Dieses Bewusstsein führte dazu, dass sie sich so bedeutungslos wie ein kleines Häufchen Dreck fühlten. Gefühle der Gleichgültigkeit machten sich breit. Nachdem sie ihre Heimat verloren hatten, verloren sie auch ihr Heimweh. Sie begannen, sich bedrückt zu fühlen, und es gab nichts auf der Welt, das sie nicht bedrückt hätte. Sie litten unter der Lieblosigkeit der Ehepartner, aber auch unter ihrer Eifersucht, an der Not der Zeit, der Teuerung, unter den politischen Krisen, den Zeitungsabonnements der Gatten, der eigenen Beschäftigungslosigkeit, der Arbeit und unter der Treuelosigkeit der Liebhaber. So stellten sie dem Bedeutungsverlust eine Genusskultur entgegen: eine törichte Lust an jeder Bestätigung des Lebens, am Heurigen, an Mädchen, an Essen, Spazierfahrten, Tollheiten aller Art, sinnlosen Eskapaden, mörderischer Ironie, ungezähmter Kritik, am Prater, am Riesenrad, am Kasperle-Theater, an Maskeraden, am Ballett, an leichtsinnigen Liebesspielen und Krankheiten der Liebe.

Der Psychologe William James sagte 1902 in seinen berühmten Gifford-Vorlesungen über die Religion: „Wer den Satz ‚Gottes Wille geschehe‘ nicht nur sagt, sondern *fühlt*, ist gegen jede Schwäche gepanzert." Wie entsteht diese Panzerung?

Religiöse Bedeutungssysteme stärken die Resilienz auf vielfältige Art. Das Gehirn kann erstaunlich gut mit *vorhersehbaren* negativen Ereignissen umgehen. Geplante Belastung stärkt vermutlich sogar unsere Resilienz. Das Stresssystem wird vor allem durch *unvorhersehbare* negative Ereignisse aktiviert. Diese Beobachtung konnte ich in einer neurowissenschaftlichen Untersuchung bestätigen, die ich am National Institute of Mental Health in den USA durchgeführt habe (Hasler, Fromm et al. 2007): Die Verabreichung von unvorhersehbaren elektrischen Schlägen in der Stärke eines elektrischen Weidezauns aktivierte stärker und nachhaltiger das Stresssystem und löste mehr Angst aus als angekündigte elektrische Schläge der gleichen Intensität. Anschaulicher gesagt: An einem Ringkampf teilzunehmen, der immer am Sonntag um 14 Uhr auf dem Sportplatz stattfindet, ist meistens ein „guter" Stress. Plötzlich in einer Parkgarage in einen Ringkampf verwickelt zu werden, ist viel problematischer.

Religionen behaupten, dass Überschwemmungen, Dürre, Hungersnöte und andere Schicksalsschläge nicht zufällig geschehen, sondern von Gott absichtlich als Prüfung oder Bestrafung angeordnet sind. Der Mensch und höhere Säugetiere haben die natürliche Neigung, anderen Menschen, aber auch Tieren und Dingen, Absichten zu unterstellen. Kinder mögen Animationsfilme, wo auch Bäume und sogar Werkzeuge und Steine Absichten haben. Religionspsychologen sprechen von einem überschießenden Akteur-Erkennungsapparat, der mit der Aktivität des Hirnbelohnungssystems zusammenhängt. Die Religionen unterstützen und systematisieren dieses Überschießen. Dabei sind Religionen mit einem persönlichen Gott, der alles sieht und immer präsent ist, besonders günstig für die Resilienz. Die Einsicht, dass alles, auch das unfairste und brutalste Ereignis, Resultat einer höheren Absicht ist, hat dem antiken Resilienz-Helden Hiob geholfen, eine Serie von schwersten Katastrophen schadlos zu überstehen.

In westlichen Religionen sind Ereignisse in ein zeitliches Kontinuum eingebettet, das einen Ursprung und eine Erlösung hat. In dieser Vorstellung gibt es *immer*, auch noch im größten Chaos, einen roten Faden, welcher das Vorherige mit dem Folgenden auf sinnvolle Weise verknüpft. Für den gläubigen Christen besteht kein Zweifel, dass Gottes Befehl an Abraham, seinen Sohn Isaak zu opfern, mit der viel späteren Kreuzigung Jesu Christi in einem bedeutsamen Zusammenhang steht. Die Annahme einer sinnvollen zeitlichen Kontinuität ist ein äußerst mächtiger Resilienzfaktor. Warum starb meine Mutter so früh an Krebs? Warum ist mein Sohn blind? All dieses Leid ist erträglicher, wenn es verknüpft ist mit einem kosmologischen Ursprung und einer endzeitlichen Erlösung. Fast unerträgliche Belastungen erhalten damit Bedeutung in einer sinnvollen Entwicklung. Ich werde später zu zeigen versuchen, dass der Erfolg der Stress-Psychologie, insbesondere der Psychotraumatologie, zu einem wichtigen Teil darauf beruht, dass sie unangenehme Gefühle kausal mit der Vergangenheit verknüpfen und dem Leidenden eine Wachstumsperspektive anbieten. Das Problem ist, dass die oft eher banalen und einseitigen Ursachen-Annahmen dieser Theorien die wirklichen Probleme mehr vertuschen als erklären.

Soziale Unterstützung ist ein mächtiger Resilienzfaktor. Stress allein auszuhalten ist ungemein schwieriger als Stress in Anwesenheit einer fürsorglichen Person zu verarbeiten. Religionen gewähren neben der sozialen Unterstützung durch die Gemeinschaft eine anhaltende, dauernde göttliche Unterstützung. Diese ist auch bei sozialer Isolation und realer Verlassenheit garantiert. Die göttliche Person, die uns hilft, ist nicht nur fürsorglich, sondern auch allmächtig. Sie weiß genau, wie viel Stress wir ertragen. Im Gebet tritt der Gläubige mit Gott in Verbindung. Eine neurowissenschaftliche Studie konnte nachweisen, dass bei betenden Christen das Hirnbelohnungssystem in einer Weise aktiviert wird, die der Hirnaktivität beim sozialen Austausch zwischen zwei Menschen sehr ähnlich ist (Schjodt, Stodkilde-Jorgensen et al. 2008). Karmeliter-Nonnen, die mittels funktioneller Bildgebung während einer mystischen Vereinigung mit Gott untersucht wurden, zeigten ein Funktionieren des Gehirns, das typischerweise bei Zuständen völliger Verliebtheit auftritt (Beauregard and Paquette 2006). Verliebtheit ist ein ausgezeichneter Schutz vor Stresssymptomen.

Ein großer Teil des Hirnbelohnungssystems befasst sich mit Belohnungserwartungen. Der Botenstoff Dopamin spielt dabei eine entscheidende Rolle. Positive Erwartungen machen das Hirnbelohnungssystem empfänglich für positive Ereignisse. Die Erwartung, dass selbst im Unglück das Glück verborgen liegt, stärkt die Resilienz. Religionen benutzen auf raffinierte Weise diese Eigenschaft unseres Gehirns. Götter haben keine Hemmungen, große Versprechungen zu machen. Abrahams Gott schwor, dass er ein eigenes Land und Reichtum erhalten wird. Jesus versprach ewiges Leben. Neurowissenschaftler untersuchen die positiven Erwartungen anhand der Wirkung von Placebo (Murray and Stoessl 2013). Diese Forschung zeigt, dass komplexe bewusste und unbewusste Lernprozesse notwendig sind, damit ein Placebo-Effekt zustande kommt. Placebo-Effekte sind besonders ausgeprägt bei Krankheiten und Symptomen, bei welchen Dopamin eine wichtige Rolle spielt. Dazu gehören Stresssymptome, die oft mit einem Dopamin-Mangel und einer entsprechenden Störung der Belohnungserwartung einhergehen. Interessanterweise nahm der Placebo-Effekt in den letzten Jahrzehnten zu, etwa in dem Maße, in dem die Resilienz abnahm. Die Zunahme des Placebo-Effekts hat viele Ursachen. Dass das verweltlichte Hirnbelohnungssystem der Spätmoderne zunehmend nach positiven Erwartungen lechzt, mag eine dieser Ursachen sein.

Obwohl sich heutzutage viele Menschen westlicher Länder einer Konfession zugehörig fühlen, hat der moderne Glaube kaum mehr eine Wirkung auf die Resilienz. Selbst in den USA mit einer starken religiösen Verwurzelung der Bevölkerung scheint die Religion nur noch dank der Förderung des Gemeinsinns die Resilienz zu stärken

(Eichhorn 2012). Vermutlich schützen Religionen nur dann vor Belastungen, wenn sie als Sinn-Totalität verstanden werden, alle Lebensbereiche umfassen, und der Glaube von allen geteilt wird. Mit zunehmendem naturwissenschaftlichen Verständnis und zunehmender Bildung ist es für die meisten Menschen nicht mehr möglich, naiv an Religionen zu glauben. Die Gläubigen glauben nur noch an Teile der Religion. Gerade die für die Resilienz so wichtige Einmischung Gottes in alle Einzelheiten des Lebens und der Echtzeit-Kontakt zwischen Mensch und Gott wird nicht mehr geglaubt. Was oft übrigbleibt, ist ein Glaube an den Glauben, das heißt, die Überzeugung, dass es besser ist, eine Religion zu haben als keine. Dieser Glaube ist aber viel zu abstrakt, um die Widerstandskraft zu stärken.

Dass die katholische Kirche die Evolution akzeptiert, zeigt eindrücklich, wie die Naturwissenschaften und die Idee des Zufalls auch unter Gläubigen an mentalem Terrain gewonnen haben. Noch schlimmer als der Zufall ist für die Resilienz aber die Selbstverantwortung. Ein wichtiger Effekt des göttlichen Handelns ist, dass die Entscheidungsverantwortung vermindert wird und damit die Bitterkeit, die man nach falschen Entscheidungen empfindet. Für ein Kind mit einer schweren geistigen Behinderung zu sorgen ist am einfachsten, wenn man überzeugt ist, dass Gott diese Behinderung gewollt hat. Es ist schon schwieriger, mit dieser Situation umzugehen, wenn man sich vorstellt, dass die Behinderung ein Zufall ist. Am schwierigsten ist es, wenn man das Gefühl hat, man sei an dieser Behinderung schuld.

Nach extremen Stresssituationen kommen Schuldgefühle häufig vor. So erzählte mir eine Frau, die in einer Tiefgarage vergewaltigt wurde: „Ich bin selber schuld. Ich hätte an diesem Abend den ÖV und nicht das Auto nehmen sollen." Solche Selbstbeschuldigungen sind für die Verarbeitung traumatischer Erfahrungen nicht hilfreich. Sie werden aber von unserer Kultur gefördert, indem die Selbstverantwortung des Einzelnen im Vordergrund steht.

Die Manie ist der krankhafte Versuch der Psyche, ein überaktives Stresssystem zu dämpfen. In der Manie werden Unmengen von Dopamin ausgeschüttet. Dies führt dazu, dass die Welt mit Bedeutung ausgestattet wird. Ein Vogelgezwitscher teilt dem Maniker mit, dass alles gut wird, das Lächeln eines Passanten, dass alle mit ihm in liebender Verbindung stehen, ein Sonnenstrahl erscheint ihm als die Liebe selbst. Es erstaunt deshalb nicht, dass Maniker nur ungern antimanische Medikamente einnehmen, welche die Wirkung des Dopamins im Gehirn hemmen und damit die Bedeutsamkeit reduzieren. Auch nach manischen Phasen berichten Patienten darüber, wie angenehm die große Bedeutsamkeit der kleinsten Gesten und Geräusche war. Die meisten manischen Patienten spüren mit der Zeit, dass die Bedeutung, die sie erleben, von anderen nicht geteilt wird. Darauf reagieren sie gereizt, missionierend oder frustriert. Manien enden daher oft in einem Zusammenbruch der Resilienz.

Eine Antwort auf die spätmoderne Sinn- und Bedeutungskrise ist die Sinn-Explosion (Hörisch 2008). Spirituelle Angebote schießen wie Pilze aus dem Boden. Man kann heute an die Natur, außerirdisches Leben, Buddha, energetische Polaritäten, die Bedeutung der Vergänglichkeit oder an Cannabis glauben. Im Folgenden werde ich kurz auf zwei Bedeutungsquellen eingehen: die existenzielle Grenzerfahrung und die Natur, welche die Medizin und die psychotherapeutische Praxis zunehmend beeinflussen.

Existenzialphilosophen, allen voran Martin Heidegger, entwickelten Bedeutungssysteme, die ohne die zentrale Rolle eines Gotts auskommen. Ihnen ist gemeinsam, dass sie Bedeutsamkeit aus der zeitlichen Begrenzung des menschlichen Lebens ableiten. Der Germanist Jochen Hörisch führt in seiner interessanten Untersuchung zur Bedeutsamkeit dieser philosophischen Systeme auf Hegel und die deutsche Literatur zurück (Goethe und Canetti ausgenommen). Weil Gott und Religion an Bedeutung verloren haben, sind das Schweigen und die Negativität des Todes zur entscheidenden Quelle von Bedeutsamkeit geworden, folgert Hörisch. Todesnahe Grenzerfahrungen sind das tragende Element der populären Varianten dieser Bedeutungskultur. Im Hinblick auf die Resilienz treibt sie Nietzsches berühmte Aussage wie folgt auf die Spitze: „*Nur* was mich nicht umbringt, macht mich stärker". Ich habe Nietzsches ursprüngliche Aussage selber schon verwendet, z. B. um den Überfall eines Kokainsüchtigen zu verarbeiten, der mir einen kräftigen Faustschlag ins Gesicht versetzte. Der Vorfall hätte durchaus zu meinem Tod führen können. Wissenschaftlich korrekt ist Nietzsches Aussage nicht. Hunderte, wenn nicht Tausende von Studien belegen, dass Erfahrungen, die einen fast umbringen, die Resilienz im Durchschnitt schwächen, nicht stärken. Der Faustschlag meines Patienten hat mich tatsächlich eher verunsichert als gestärkt. Im Nachhinein erlebe ich ihn auch nicht als besonders bedeutsam. Viele meiner psychotherapeutischen Kollegen würden diesem Ereignis aber mehr Bedeutung zumessen. Sie würden z. B. eine kausale Beziehung zwischen diesem Ereignis und meiner Beschäftigung mit dem Thema Resilienz vermuten. Sollte ich schwer depressiv werden, und das kann jedem jederzeit passieren, würden einige meiner Kollegen so weit gehen, meine psychische Krankheit auf die existenzielle Bedeutung dieses Faustschlags zurückzuführen. Die Beliebtheit von Nietzsches Aussage in psychologischen Ratgebern und der Erfolg der Psychotraumatologie zeigen klar, dass die Todesnähe und der Überlebenskampf in der populären Kultur zu wichtigen Bedeutungsproduzenten geworden sind. Dies ist bei der allgemeinen Zunahme der Lebensdauer und der existentiellen Sicherheit ein erstaunlicher Befund. Ob diese Art der Bedeutung die Resilienz stärkt, ist fraglich. Ohne Zweifel leben Krimiautoren gut davon.

Viele spätmoderne Menschen glauben an die Natur. Der Philosoph Spinoza hat im 17. Jahrhundert Gott und Natur gleichgesetzt. Wenn eine wissenschaftliche Zeitschrift ein Manuskript von mir ablehnt, das ich für sehr wichtig halte, und ich zugleich feststellen muss, dass ein Assistenzarzt, auf den ich große Stücke halte, eine völlig falsche Diagnose stellt, sage ich mir gerne ein Gedicht auf, das wie folgt endet:

Die Natur will ihre Kirschen machen,
selbst mit wenig Blüten im April
hält sie ihre Kernobstsachen
bis zu guten Jahren still.
Niemand weiß, wo sich die Keime nähren,
niemand, ob die Krone einmal blüht –
Halten, Harren, sich gewähren
Dunkeln, Altern, Aprèslude.

Gottfried Benn. Sämtliche Gedichte. Klett-Cotta, Stuttgart 1998

Dieses Gedicht stammt von Gottfried Benn, der als Pfarrersohn die „Auflösung der Kirche" besonders schmerzlich erfuhr. Nach zwei Jahren Theologie-Studium begann er, Medizin zu studieren. „Rückblickend scheint mir meine Existenz ohne diese Wendung zur Medizin und Biologie völlig undenkbar", schreibt er in seiner Biografie. Die Idee, dass die Natur die Absicht hat, meine Assistenzärzte und meine wissenschaftliche Tätigkeit zum Blühen zu bringen, es aber nicht immer im ersten Versuch schafft, finde ich hilfreich. Die Natur als positive Kraft kann es natürlich niemals mit einem Gott aufnehmen, der uns absichtlich in einen Abgrund führt, um uns dann zuzurufen: „Wo Gefahr ist, wächst das Rettende auch!" Und uns schließlich mit absichtsvoll gewählter Verzögerung persönlich den Weg aus dem Abgrund weist.

Die Natur als Bedeutungslieferant kennt viele Formen. Naturheilverfahren, deren Erfolg mehr auf dem Glauben an die Natur als auf wissenschaftlicher Evidenz beruht, sind extrem beliebt. Über 70 % der Deutschen befürworten die Komplementärmedizin, was weltweit einem der höchsten Prozentsätze entspricht. Ayurveda, Homöopathie, chinesische Kräuter und andere sanfte und ganzheitliche Medizin helfen gestressten Menschen, ihr natürliches Gleichgewicht wiederzufinden. Der Glaube an die positive Kraft der Natur kann so weit gehen, dass Menschen jegliche Impfungen verweigern, unter anderem, weil sie dies als Infragestellung ihres Natur-Begriffs erleben. Die Reaktionen der Betroffenen bei Masernausbrüchen in den USA, bei welchen jedes Mal Kinder in großer Zahl an Lungen- und Hirnentzündungen sterben, sind hier interessant: Die meisten Eltern, die sich gegen eine Impfung ihres verstorbenen Kindes entschieden hatten, hatten geglaubt, dass ihr harmonischer Umgang mit der Natur ihre Kinder vor dem Masern-Tod verschonen würde. Sie waren aber nach dieser tragischen Lektion bereit, ihre anderen Kinder impfen zu lassen. Es gibt aber auch immer wieder Eltern, die trotz des Todes eines Kindes an ihrer negativen Haltung gegenüber Impfungen festhalten. Eine Amerikanerin sagte vor der Presse, dass ein natürlicher Tod doch noch besser sei als ein unnatürliches Leben. Eine solche Ansicht ist aus medizinischer Sicht hoch problematisch, unmenschlich und vielleicht absurd, doch resilienzpsychologisch kann man diese Haltung durchaus verstehen: Der Glaube an eine bedeutungsvolle Natur spendet mehr psychische Widerstandskraft als die tatsächliche Risikoreduktion durch eine Impfung. Oder anders ausgedrückt: Die Stabilisierung der Psyche durch den Glauben an die Natur kann derart entscheidend sein, dass man das Risiko in Kauf nimmt, Kinder dafür zu opfern. Neben der Tatsache, dass die Natur gar nicht so gütig ist, wie wir glauben möchten, besteht das zweite Problem darin, dass die Natur viel weniger natürlich ist, als wir es gerne hätten. Lange Zeit habe ich den treuherzigen Blick eines Hundes als untrüglichen Ausdruck der Güte der Natur gedeutet. Kürzlich erfuhr ich jedoch, dass Hunde nur deshalb mit den Menschen Blickkontakt aufnehmen, weil sie über Jahrhunderte von Menschen daraufhin gezüchtet wurden (Nagasawa, Mitsui et al. 2015). Blickkontakt ist bei Tieren ein völlig unnatürliches Verhalten.

Ein noch mächtigerer Sinnspender als Nahtoderlebnisse und Natur ist die Wirtschaft geworden. Trotz Rationalisierung und Spezialisierung von Arbeitsprozessen schafft sie für eine große Zahl von Menschen Arbeitsplätze mit bedeutungsvollen Aufgaben. Die Firmenkultur, das Ziehen an einem gemeinsamen Strang, die Corporate Identity – sie alle können zu einer Bedeutung beitragen, die mehr ist als soziale Anerkennung und das Vermitteln eines sozialen Netzes. Die große Bedeutung der Arbeit zeigt sich schon darin, dass Arbeitslosigkeit die größte Herausforderung für die Resilienz ist. Arbeitslosigkeit erhöht anhaltend und langfristig das Risiko für Stresssymptome. Wir können uns an fast alles Widrige gewöhnen, nicht aber an Arbeitslosigkeit. Arbeitslosigkeit erhöht das Suizidrisiko um 20–30 %. Jeder fünfte Suizid steht mit ihr in Verbindung. Im Wirtschaftskrisenjahr 2008 hingen 48 000 Suizide mit Arbeitslosigkeit zusammen (Nordt, Warnke et al. 2015). Dass der Grad der Absicherung durch Arbeitslosenversicherungen beim Suizid-Risiko keine Rolle spielte, spricht dafür, dass es nicht Existenzängste waren, welche die Menschen in den Suizid trieben, sondern der Verlust an Bedeutung und an sozialer Integration. Die Wirtschaftskrise von 1929 trieb Millionen von Menschen in den Ruin. Das Geld entwertete sich, die Menschen litten an Hunger, froren, gingen in Lumpen und lebten in zerfallenden Häusern. Fast die Hälfte der deutschen Bevölkerung war arbeitslos. Das Winterhilfswerk verteilte Kohle und Kartoffeln. Verglichen damit kann man die Wirtschaftskrise 2008 gar keine Krise nennen. Clevere Ökonomen haben sie zum Glück dadurch verhindert, dass sie den Staaten geraten haben, Geld zu investieren. Die Arbeitslosigkeit blieb in den USA und in Deutschland dadurch immer unter 10 %[1], eine globale Rezession gab es ausschließlich im Jahr 2009. Die zunehmende Bedeutung der Arbeit für die Resilienz bedingt, dass wir fortlaufend die Definition einer Wirtschaftskrise anpassen müssen. Wenn nichts mehr außer Arbeit und wirtschaftlicher Produktion Sinn macht, kann allein schon das Ausbleiben eines erwarteten wirtschaftlichen Wachstums zu einer Sinnkrise führen, die Abertausenden von Menschen das Leben kostet.

Macht Geld resilient? Geld hat die für die Resilienz wichtige Qualität, die Religionen verloren haben: Es wird von allen beglaubigt. Schon Goethe stellt fest, dass der Kreuzer das christliche Kreuz ablöse, damit jeder unabhängig von seiner Konfession selig werden könne (Hörisch 2008). Da Geld jegliche Art von Bedeutung annehmen kann, und zwar unabhängig von persönlichen Bindungen, entspricht der Glaube an das Geld der größtmöglichen Sinn-Explosion. Das Fehlen eines konkreten Sinns reduziert aber die reslienzfördernde Wirkung des Geldes. Die Zunahme des durchschnittlichen Einkommens führte in einigen Ländern nicht zur Abnahme, sondern zur Zunahme von Suiziden. Eine Untersuchung in Berlin-Mitte ergab, dass arme Menschen relativ stark ausgeprägte Resilienz-Defizite hatten. Dies hing aber vor allem von der schlechten

---

1 http://www.kas.de/wf/doc/kas_33244-1522-1-30.pdf?13010902 0811
Kontrad Adenauer Stiftung (2012): The German Economy during the financial and economic crisis since 2008/2009

sozialen Integration und der Armut des Quartiers ab, nicht aber vom persönlichen Einkommen (Rapp, Kluge et al. 2015). Aus all diesen Gründen kann man davon ausgehen, dass Geld in seiner unpersönlichen Abstraktheit kaum einen Einfluss auf die Resilienz hat. Geld nicht anzusparen, sondern in sinnvolle Projekte, Beziehungen und Erlebnisse zu investieren, schafft Bedeutung und stärkt die Resilienz.

Der Verlust einer gegebenen Sinn-Totalität ist eine große Herausforderung für unsere psychische Stabilität. Jeder und jede hat die Aufgabe, die Bedeutung seines Lebens selber zu erfinden und zu erarbeiten. Dies ist anstrengend und, so vermute ich, einer der wichtigsten Gründe, weshalb Müdigkeit und Erschöpfung Teil des spätmodernen Lebensgefühls geworden sind. Aristoteles schlug vor, ein tugendhaftes Leben zu führen, um Bedeutung zu erleben: seine Begabungen voll zu entwickeln und auszuschöpfen, ein inneres Gleichgewicht zu finden und für andere zu sorgen. Diese Fürsorge beinhaltet Einfühlung, Intimität, Großzügigkeit und Freundschaft. Wir dürfen davon ausgehen, dass jeder gemeinsame Sinn und jeder gemeinsame Wert, den wir finden, unser Leben entspannter und leichter macht.

2 Die Entfremdung der Gemeinschaft

Neben der Arbeit sind in der heutigen Zeit soziale Beziehungen die wichtigste Quelle von Bedeutung. Menschen, die ihr Leben als sinnvoll erachten, haben deutlich mehr soziale Kontakte als Menschen, die ihr Leben sinnlos finden (Kleftaras and Psarra 2012). Jesus musste unsere heutige Sinn- und Resilienzkrise geahnt haben, als er sagte: „Was ihr für einen meiner geringsten Brüder getan habt, das habt ihr mir getan." Mit dieser Aussage schlug er eine Brücke zwischen der göttlichen und der mitmenschlichen Quelle von Bedeutung, und damit zwischen religiöser und sozialer Resilienz. Die Bibel lässt Jesus die große Bedeutung sozialer Bindungen am eigenen Leib erfahren. Hermann Hesse hält die Szene, in der Jesus die soziale Unterstützung entzogen wird, für die eindrücklichste der ganzen Bibel. Er schreibt: „Wenn irgendeine Assoziation mich zu der Vorstellung ‚Jesus' führt oder das Wort Jesus durch Ohr oder Auge mich trifft, dann sehe ich im ersten Aufblitz niemals Jesus am Kreuz, oder Jesus in der Wüste, oder Jesus als Wundertäter, oder Jesus als Auferstandenen, sondern ich sehe ihn in dem Augenblick, wo er im Garten Gethsemane den letzten Kelch der Vereinsamung trinkt, wo die Wehen von Sterbenmüssen und höherer Neugeburt seine Seele zerreißen, und wie er da, in einem letzten rührenden Kinder-Trostbedürfnis, sich nach seinen Jüngern umsieht, ein wenig Wärme und Menschennähe, eine flüchtige holde Täuschung inmitten seiner hoffnungslosen Einsamkeit sucht – und wie da die Jünger schlafen! Da liegen sie und schlafen, der brave Petrus, der hübsche Johannes, alle miteinander, alle diese guten Leute, über die sich Jesus mit gutem Willen wieder und wieder lieblich zu täuschen gewohnt ist, denen er seine Gedanken, Teile seiner Gedanken mitteilt, so als verstünden sie seine Sprache, so als sei es möglich, seine Gedanken in der Tat diesen Leuten mitzuteilen, etwas wie verwandte Schwingung bei ihnen wachzurufen, etwas wie Verstehen, wie Verwandtschaft, wie Zusammengehörigkeit bei ihnen zu finden. Und jetzt, im Augenblick der unerträglichen Qual, wendet er sich um nach diesen Genossen, nach diesen einzigen, die er hat, und ist so ganz aufgeschlossen, so ganz Mensch, so ganz Leidender, dass er ihnen jetzt näherzukommen vermöchte als jemals sonst, dass er an jedem dümmsten Wort, an jeder halbwegs freundlichen Gebärde von ihnen etwas wie Trost und Aufrichtung ändern könnte – aber nein, sie sind nicht da, sie schlafen, sie schnarchen. Dieser grauenhafte Augenblick ist mir, ich weiß nicht auf welchem Wege, schon seit sehr früher Jugend tief eingeprägt, und, wie gesagt, wenn ich an Jesus denke, so taucht immer sofort unfehlbar die Erinnerung an diesen Augenblick mit auf."

Moderne empirische Forschung zeigt, dass die Einbindung in soziale Beziehungen sowohl für die psychische wie auch für die körperliche Gesundheit zentral ist. Menschen, die sozial gut integriert sind, haben ein um 50 % niedrigeres Sterberisiko als vereinsamte Menschen (Holt-Lunstad, Smith et al. 2010). Eine Studie an 72 607 weiblichen Pflegefachpersonen zeigt eindrücklich, dass soziale Integration nicht einfach ein Zeichen guter Resilienz ist, sondern Resilienz stiftet (Tsai, Lucas et al. 2015). Die soziale Integration der Teilnehmerinnen bei Studienbeginn konnte die Suizid-Rate in den kommenden Jahrzehnten ziemlich gut voraussagen: Gut integrierte Frauen hatten ein dreimal kleineres Suizid-Risiko als schlecht integrierte. Damit ist soziale Integration für die Gesundheit wichtiger als die Risikofaktoren, mit welchen sich Mediziner und Gesundheitspolitiker viel intensiver beschäftigen: Rauchen, Alkoholkonsum, Übergewicht, mangelnde Bewegung, Bluthochdruck und Luftverschmutzung.

Wie Bedeutung und Sinn entwickelt sich soziale Integration sehr langsam. Als Kind ist unsere Integrationsfähigkeit am höchsten. Dies zeigt sich beim Lernen von Sprachen. Bis etwa zur Pubertät lernen wir Sprachen spontan, das heißt ohne Unterricht, Theorie und Übungen. Dieser erste Spracherwerb folgt einer bestimmten Entwicklung und geht mit einer enormen Zunahme der Hirngröße einher. Das Erlernen einer Zweitsprache nach der Pubertät ist von Person zu Person sehr verschieden und wird nicht durch das Gehirnwachstum unterstützt. Den meisten fällt es z. B. schwer, einen lokalen Akzent nach der Pubertät zu lernen (Sakai 2005). Auch kulturelle und soziale Werte und Normen prägen uns in der Kindheit spontaner und nachhaltiger als später im Leben, z. B. unsere Einstellung zu Geschlechterrollen, Vertrauen, Ehrlichkeit, Familie, Recht und Institutionen. Die Integration in einer neuen sozialen Umgebung verlangt deshalb einiges an Aufwand, Flexibilität und vor allem Zeit. Nicht selten braucht es mehrere Generationen, bis Integration umfassend gelingt.

Wie genau soziale Integration die Resilienz stärkt, ist noch ungenügend erforscht. Je komplexer und differenzierter die soziale Integration gemessen wird, desto besser scheint sie Resilienz vorherzusagen. Einfache Merkmale der sozialen Integration, z. B. ob man allein oder mit anderen lebt, scheinen kaum eine Bedeutung zu haben, vermutlich weil es viele Möglichkeiten gelungener sozialer Integration gibt. Erst die Kombination verschiedener Merkmale wie Wohnsituation, familiäre Situation, Minderheitenstatus, Größe des sozialen Netzwerks, Häufigkeit sozialer Kontakte, Qualität sozialer Beziehungen etc. erklärt die Wirkung auf die Resilienz. Ferner ändern sich die wichtigen Faktoren mit der Zeit. In der Pubertät, einer wichtigen Zeit für die Entwicklung von Resilienz, spielt die Unterstützung durch die Eltern eine viel größere Rolle als diejenige durch gleichaltrige Freunde (Stice, Ragan et al. 2004). Dies ist erstaunlich, weil sich Pubertierende in dieser Zeit gerade von den Eltern kritisch distanzieren und ihre eigenen Wege gehen wollen. Doch ihre erste Unabhängigkeit ist oft eher gespielt und sie sind mehr auf die elterliche Unterstützung angewiesen, als sie zugeben wollen. Nicht alle sozialen Beziehungen sind vorteilhaft. Negative soziale Beziehungen können die Resilienz maßgebend schwächen.

Die psychologische Forschung zeigt übereinstimmend, dass soziale Unterstützung anhaltend und möglichst direkt sein sollte. „Unsichtbare" Unterstützung ist wirksamer als „sichtbare" (Ditzen and Heinrichs 2014). Möglicherweise helfen wir einem Freund mehr, wenn wir ohne Absicht über eine eigene Beziehungskrise berichten, als wenn wir ihm explizite Ratschläge zu seiner Ehekrise geben. Einem Kind ist in vielen Fällen mehr geholfen, wenn es unseren souveränen Umgang mit einem unangenehmen Nachbar beobachten kann, als wenn wir ihm befehlen, nett mit seinem Klassenkameraden zu sein. Je häufiger der Kontakt mit resilienten Bezugspersonen ist, desto wahrscheinlicher sind solche „unsichtbaren" Momente, die unsere Resilienz stärken. Bei der „sichtbaren" Unterstützung hat sich der Körperkontakt durch bekannte, vertraute Personen als besonders wirksam herausgestellt. Die berühmte *Framingham Heart Study* zeigt, dass nahe Freunde und Nachbarn unseren psychischen Gesundheitszustand viel mehr beeinflussen als ferne Freunde und Verwandte (Rosenquist, Fowler et al. 2011). Mit „nah" ist hier die geografische und nicht die soziale Distanz gemeint: Menschen, die weniger als eine Meile (1,6 km) weit weg von uns leben, sind entscheidend (Fowler and Christakis 2008). Das Internet kann soziale Unterstützung in Sinn von Informationsvermittlung und Informationsaustausch anbieten. Im Durchschnitt leiden aber Menschen, die das Internet häufig nutzen, ihre Mails oft checken, sich viel mit Internet-„Freunden" austauschen und oft chatten, überdurchschnittlich oft an Stresssymptomen (Kotikalapudi, Chellappan et al. 2012). Dies weist darauf hin, dass das Internet kaum helfen wird, schlafende Jünger zu ersetzen.

Studien an Jugendlichen zeigen, dass nicht nur die Isolation, sondern auch ein übermäßig großes soziales Netzwerk (mehr als 12 Freunde) die Resilienz schwächen kann (Falci and McNeely 2009). Vermutlich hat dies mit einem sozialen Überengagement und einem Übermaß an sozialem Pflichtgefühl zu tun. Bei Mädchen wirkten sich vor allem fragmentierte Netzwerke negativ auf die Gesundheit aus, das heißt Netzwerke, in denen sich die meisten Freunde untereinander nicht kennen. Die Pflege solcher Kontakte ist besonders anstrengend.

Dass soziale Faktoren für die Resilienz enorm wichtig sind, erstaunt aus neurowissenschaftlicher Sicht nicht. Ein Großteil unserer Hirnaktivität befasst sich mit unserem Sozialleben. Neuroanatomische Studien bei Affen zeigen, dass die Zunahme der Hirngröße bei Affen direkt mit der Zunahme der Gruppengröße der jeweiligen Affenart zusammenhängt. Dies belegt, dass in späteren Phasen der Evolution die Verbesserung sozialer Fähigkeiten entscheidend für das Überleben war. Der Mensch hat ein noch größeres Hirn als der Affe und verfügt über noch bessere soziale Fähigkeiten. Dazu gehören die Entwicklung der Sprache und das gezielte Weitergeben von Fähigkeiten und Wissen an Gruppenmitglieder. Das Interesse an Kooperation ist bei Menschen deutlich größer als bei Affen.

Das Gehirn verarbeitet soziale Zusammenarbeit als Belohnung. Die Unterstützung eines Kindes bei den Hausaufgaben führt zu einer Aktivierung des Hirnbelohnungssystems des engagierten Vaters. Ein wichtiger Mittler zwischen sozialer Kooperation und Hirn-Belohnungssystem ist der Botenstoff Oxytocin. Berg-Wühlmäuse, deren Belohnungssystem nur wenige Oxytocin-Rezeptoren aufweist, leben einsam, haben viele Sex-Partner und die Väter kümmern sich nicht um ihren Nachwuchs. Prärie-Wühlmäuse, die viele Oxytocin-Rezeptoren aufweisen, leben in Gruppen, sind sexuell treu, und die Eltern teilen sich die Arbeit bei der Betreuung des Nachwuchses. Auch beim Menschen besteht ein Zusammenhang zwischen Oxytocin und Sozialverhalten. Oxytocin fördert Vertrauen und soziale Bindungen. Ein Oxytocin-Mangel senkt das Interesse an sozialen Aktivitäten und schwächt damit die Resilienz. Entsprechend verstärkt die Zugabe von Oxytocin durch ein Nasenspray die Stress-Puffer-Wirkung von sozialer Unterstützung (Heinrichs, Baumgartner et al. 2003). Stress kann die innere Oxytocin-Ausschüttung steigern und dazu führen, dass Menschen sich vermehrt für die Gemeinschaft engagieren. Die psychologisch große Bedeutung von Berührungen durch vertraute Personen kann man schon daran ablesen, dass der Mensch spezialisierte Nervenfasern hat, welche dafür zuständig sind, die Berührung in Bezug auf ihre emotionale Bedeutung zu messen. Emotional bedeutsame Berührungen führen unter anderem zu einer Aktivierung des Hirnbelohnungssystems.

Nun gibt es deutliche Hinweise, dass die soziale Integration und die soziale Unterstützung in den letzten Jahrzehnten stark abgenommen haben. Ein Hauptgrund dafür ist, dass wir heutzutage viel häufiger umziehen. In den USA wechselten seit dem Zweiten Weltkrieg 20 % der Bevölkerung jedes Jahr ihren Wohnsitz. Seit 1985 nimmt dieser Trend ab und liegt aktuell bei ca. 15 % (Mateyka 2015). In Europa ist die Mobilität um mehr als die Hälfte geringer als in den USA, der Trend ist aber deutlich steigend. Häufig umzuziehen ist für die Resilienz verheerend, weil die geografische Nähe bei der sozialen Unterstützung eine wichtige Rolle spielt. Für die USA heißt das aktuell, dass jemand, der sechs nahe Freunde hat jedes Jahr einen davon wegen Mobilität verliert. Nach sechs Jahren ist er allein, außer er schafft es, jedes Jahr einen neuen nahen Freund dazuzugewinnen.

Die meisten Menschen schaffen das nicht. Die Teilnehmer einer Untersuchung hierzu gaben folgende Auskunft über die vertrauenswürdigen Personen in ihrem Leben, mit denen sie ihre Probleme besprechen konnten: 1985 lag der Durchschnitt bei drei vertrauenswürdigen Personen, im Jahr 2004 waren es nur noch zwei Personen. Die Anzahl der Befragten, die mit niemandem ihre Probleme besprechen konnten, verdreifachte sich. 44 % der befragten Amerikaner besprachen im Jahr 2004 ihre Probleme mit niemandem oder ausschließlich mit einer Person.

Umzüge schwächen die Resilienz folglich im Durchschnitt stärker als eine Ehescheidung oder ein Stellenwechsel. Bei einem Umzug nehmen viele soziale Beziehungen ein Ende, die wir vielleicht für nicht so wichtig halten, die aber für die Resilienz in ihrer Gesamtheit wichtig sind – z. B. mit Nachbarn, dem Hausarzt, dem Buch-Club, der Weight-Watchers-Gruppe, den Kegel-Kollegen, dem Frisör und vielen anderen mehr.

Die Urbanisierung, das heißt die Ausbreitung der städtischen Lebensform, schwächt die Resilienz zusätzlich. Menschen, die in der Stadt leben, haben eine um 20–40 % geringere psychische Widerstandskraft als Landbewohner. Das Aufwachsen in der Stadt ist besonders ungünstig. Neurowissenschaftliche Studien belegen, dass Städter deutlich mehr Hirnaktivität unter sozialem Stress aufweisen als Landmenschen, z. B. beim Lösen einer Rechenaufgabe vor Publikum (Lederbogen, Kirsch et al. 2011). Die Kulturpsychologin Patricia Greenfield zeigt, dass Urbanisierung die Individualisierung fördert und damit den sozialen Halt schwächt. Sie spricht vom Übergang ländlicher *Gemeinschaften* in städtische *Gesellschaften*. Diesen Wandel weist sie anhand von Wort-Häufigkeitsanalysen nach. Z. B. weichen die gemeinschaftlichen Wörter „verpflichtet", „geben" und „handeln" zunehmend den individualistischen Wörtern „wählen", „nehmen" und „fühlen". Individualistische Gesellschaften zeichnen sich besonders durch die Häufigkeit folgender Wörter aus: „individuell", „selbst", „einzigartig", „Gefühl" und „Kind" (Greenfield 2013). Dieser städtische Individualismus hat zweifellose viele Vorzüge, Resilienz gehört leider nicht zu seinen Stärken.

Der US-amerikanische Soziologe Richard Sennett beschreibt in seinem Buch „Zusammenarbeit" bildhaft die Folgen der hohen Mobilität und der Urbanisierung in den USA. Er spricht von einem Flächenbrand des alten und Jahrtausende bewährten Urwaldes der sozialen Unterstützung. Als besonders leicht brennbar, schreibt er, erwiesen sich regionale soziale Netzwerke, die Großfamilien und die lokalen religiösen Gemeinschaften. Die Kleinfamilien, die etwas hitzeresistenter seien, hätten zumindest teilweise den Brand überlebt. Auf dem Brandgrund stünden nun die Hütten der Singles, die via Facebook miteinander in Verbindung stehen, und sich kaum sehen – wegen den Bergen aus Schutt und Asche, die das Gehen anstrengend und schmutzig machen. Sennetts Bild des Flächenbrands ist gut gewählt: Tatsächlich breitet sich in sozialen Netzwerken Einsamkeit aus (Cacioppo, Fowler et al. 2009). Das heißt, dass einsame und nicht-integrierte Menschen in der nahen Umgebung das eigene Risiko markant erhöhen, dass man sich selber einsam fühlt und die soziale Integration verliert. Im Gegensatz dazu breitet sich soziale Integration nur sehr langsam aus. Was an sozialer Unterstützung einmal verbrannt ist, bleibt für eine ziemlich lange Zeit verloren.

Der französische Historiker und USA-Kenner Alexis de Tocqueville hat in seiner Analyse der amerikanischen Demokratie um 1830 schon früh die Gefahren des Individualismus und des ökonomischen Denkens gesehen, nämlich die Abnahme von verbindlichen, sozialen Beziehungen. Zur Zeit seiner Analyse war das Problem noch nicht ganz so ausgeprägt, weil die Einwanderer den lokalen Gemeinsinn, die sozialen Traditionen und Rituale, die sie aus Europa mitnahmen, weiterpflegten. Tocqueville sah aber, dass es vor allem die Frauen waren, die von den Vorteilen des Individualismus ausgeschlossen wurden und die für den sozialen Zusammenhalt zuständig waren. Bei der darauffolgenden Individualisierung und Ökonomisierung Europas war die gleiche Rollenverteilung auf die beiden Geschlechter zu beobachten. Erst die Emanzipierung der Frauen, die verständlicherweise auch vom Individualismus profitieren wollen, macht das im Individualismus inhärente Problem der Einsamkeit zum folgenreichen Problem.

Die beiden psychiatrischen Spitzenforscherinnen Myrna Weissman und Eugene Paykel fanden diesen Befund in ihren epidemiologischen Studien bestätigt. Sie publizierten 1972 eine Untersuchung, die zeigte, dass amerikanische Frauen entscheidende Nachteile durch die vielen Umzüge hatten, die durch die Karriere ihrer Männer bedingt waren. Die Mobilität stand ihrer Entwicklung entgegen und führte zu Konflikten in der Partnerschaft. Die wirklich erstaunliche Einsicht von Weissman und Paykel war, dass die Betroffenen die durch die vielen Umzüge geschwächte soziale Gemeinschaft nicht als das Grundproblem wahrnahmen, sondern nur die *Folge*probleme, nämlich Einsamkeit und Beziehungsprobleme. Sie psychologisierten also ihre sozialen Probleme. Die damaligen Psychotherapeuten halfen kräftig bei der Vernebelung der realen Ursachen mit, indem sie die soziale Isolation dieser Frauen auf Kindheitserfahrungen zurückführten. Auch Eheberater lenkten mit ihren biografisch orientierten Konzepten eher von den echten gegenwärtigen Problemen ab. Isolierte Ehen sind viel störanfälliger als Ehen, die sozial gut eingebettet sind. Und eine Scheidung bedeutet vor allem dann Stress, wenn die soziale Unterstützung fehlt (Cowen, Pedro-Carroll et al. 1990).

Warum ziehen wir überhaupt so oft um? Der Psychologe und Nobelpreisträger Kahneman hat sich eingehend mit der verzerrten Wahrnehmung bei Mobilitäts-Entscheidungen befasst. Er fand heraus, dass bei der Entscheidung, aus wirtschaftlichen Gründen umzuziehen, die psychischen Kosten typischerweise deutlich unterschätzt werden. Wir gewöhnen uns sehr rasch an materielle Gewinne wie eine größere Wohnung oder ein besseres Auto, nicht aber an soziale Entwurzelung und an Stresssymptome. Dies führt zu einer systematischen Überschätzung von materiellen gegenüber psychosozialen Werten in der Zukunft.

Nicht nur die psychischen, auch die finanziellen Kosten der geografischen Mobilität sind hoch. Denn Mobilität ist weltweit der wichtigste Umwelt-Risikofaktor für psychische Krankheiten. Migration erhöht nicht nur das Risiko für leichte depressive Störungen, sondern verdoppelt auch das Risiko für schwere psychiatrische Krankheiten wie Schizophrenie. Dies betrifft nicht nur die Migranten selbst, sondern in noch größerem Ausmaß ihre Kinder. Neurowissenschaftliche Studien zeigen, dass Migranten unbewusst übermäßig auf soziale Kritik reagieren (Akdeniz, Tost et al. 2014), was eine typische Folge von sozialer Entwurzelung und Mangel an sozialer Unterstützung ist.

Die psychischen Kosten sind nicht für alle Berufsgruppen gleich, für Universitätsprofessoren sind sie zum Beispiel geringer als für Service-Angestellte, weil eine hohe Bildung, Autonomie am Arbeitsplatz und berufliche Entwicklungsmöglichkeiten die Resilienz stärken. In den meisten westlichen Ländern werden die Kosten der Folgen von Mobilität aber nicht von denjenigen bezahlt, die davon profitieren (z. B. Firmen, welche die Löhne dank Mobilität senken können), sondern von der Allgemeinheit. Der Flächenbrand der sozialen Unterstützung wird dadurch von den Staaten indirekt subventioniert. Die systematisch unterschätzte Bedeutung sozialer Integration durch Betroffene und die fehlende Kostentransparenz verhindern, dass Widerstand gegen die zunehmenden Mobilitätsforderungen von Wirtschaft und Politik aufgebaut wird.

Die faire Verteilung der Migrationskosten würde die Attraktivität der Sesshaftigkeit erhöhen. Sesshafte leisten einen wichtigen Beitrag zur sozialen Stabilität. Dafür sollten sie nicht bestraft, sondern belohnt werden. Weil die soziale Integration schnell Schaden nimmt, aber nur langsam aufgebaut werden kann, sollten Maßnahmen Priorität haben, welche die Mobilität senken, z. B. die bessere Ausrichtung der Ausbildung auf die regionalen Bedürfnisse der Wirtschaft. Bei Flüchtlingen sollte möglichst schnell entschieden werden, ob und wo sie ihr neues Leben aufbauen können. Das gibt ihnen die Möglichkeit, sich rascher zu integrieren. Ferner lohnen sich alle Maßnahmen, welche die Integration mobiler Menschen fördern, z. B. die beständige Förderung der lokalen Sprache.

Mobilität ist auch eine häufige Ursache von Gewalt und Kriminalität, was allgemein zu einem beständigen Gefühl der Unsicherheit führt und unserer Resilienz schadet (Sampson, Raudenbush et al. 1997). Potenziell kriminelle Menschen – und wer ist das nicht? – haben weniger Hemmungen, jemandem gegenüber Gewalt anzuwenden, der unpersönlich und fremd erscheint. Wir freuen uns im Durchschnitt viel mehr, in einem großen, anonymen Geschäft zu viel Geld zurückzubekommen als in einem kleinen, persönlichen Geschäft (Halpern 2001). Wenn sich amerikanische Banker und Hauskäufer persönlich gekannt hätten, wäre es wohl nie zur Wirtschaftskrise von 2008 gekommen. Die Banker hätten ihnen dann eher abgeraten, sich finanziell derart zu belasten, statt ihnen Kredite zu verabreichen, die sie ruinieren würden.

Ich bin verstärkt auf die Mobilität in den USA eingegangen, weil sie dort besonders hoch ist und ihre Auswirkungen auf die Gesundheit gut deutlich werden. Ferner ist die hohe amerikanische Mobilität der Wunschtraum europäischer Wirtschaftsführer und Politiker. Das Paar aus Boston, das Boston so sehr liebt und nun erschöpft von der Bruthitze im Verkehrschaos von Miami steckt und sich über den undisziplinierten „kubanischen" Fahrstil der Mitbewohner ärgert, kann man auch nicht als Flüchtlinge bezeichnen. Sie sind nach Miami gezogen, weil sie dort ein günstiges Haus kaufen konnten. Ich kenne fast keinen Amerikaner, der dort wohnt, wo er wohnen möchte. Eine Psychologie-Studentin sagte mir einmal, dass man so reich und mächtig wie Georg W. Bush sein müsse, um in den USA seinen Wohnort auswählen zu können. Dieser wohnte ja als Präsident der USA nicht in Washington D.C., sondern weiterhin auf seiner Ranch in Texas. Gemäß seinen Angaben erlaubte ihm sein Fax-Gerät, auf seiner Ranch zu bleiben. Warum werden nicht mehr Fax-Geräte eingesetzt?

Meine Kollegen in den USA haben dicke Bücher über Colleges und Universitäten in ihren Regalen, weil sie für ihre Kinder den besten Ausbildungsplatz im Land finden möchten. Wenn ich ihnen sage, dass es in der Schweiz keine solchen Bücher gibt, weil ein Basler meistens das Gymnasium in Basel besucht und in Basel z.B. Medizin studiert, sind sie bass erstaunt. Die amerikanische Mobilität führt dazu, dass die besten Schüler in die wirklich besten Gymnasien gehen und an den besten Universitäten Medizin studieren, und die schwächsten Schüler auch wirklich an den schwächsten Gymnasien landen, um anschließend an der allerschwächsten Medical School des Landes Medizin zu studieren. Für die Volksgesundheit ist diese Mobilitätsbereitschaft kein Vorteil, sondern ein schwerwiegender Nachteil.

Zum Vorteil von Bushs Fax-Gerät könnte ich nun auch noch erwähnen, dass die ältesten und gesündesten Menschen der Welt in abgelegenen sardischen Dörfern und auf japanischen Inseln wohnen. Ihre Lebensgewohnheiten, ihre Ernährung, ihr Klima und ihre Kulturen sind sehr verschieden. Aber eines ist ihnen gemeinsam: Sie sind sesshaft und kaum der Migration ausgesetzt.

Was sagen eigentlich internationale Resilienz-Bestseller zu Mobilität und Vereinsamung? Kein Sterbenswort. Ein anderes, verwandtes soziales Thema dominiert aber Bücher wie Laura Hillenbrands *Unbroken*, Eric Greitens' *Resilience: Hard-Won Wisdom for Living a Better Life*, Mark Divines *Unbeatable Mind* und auch das akademisch hochstehende Buch *Resilience: The Science of Mastering Life's Greatest Challenges* von Southwick und Charney: Nationalismus. Die typische Fallbeschreibung folgt immer dem gleichen Schema: Nicht-Amerikaner erzeugen Stress, den die Amerikaner aushalten müssen. Der amerikanische Soldat wird als Inbegriff des resilienten Menschen dargestellt, von dem wir alle lernen können. Leider entspricht dieses Bild überhaupt nicht der Realität. Unter amerikanischen Soldaten ist das Risiko, an einer Depression zu erkranken, fünfmal höher als in der Zivilbevölkerung. Dies trifft auch für Soldaten zu, die nie einem Krieg oder einer Katastrophe ausgesetzt waren (Kessler, Heeringa et al. 2014). Insgesamt leiden 25 % der amerikanischen Soldaten, die nicht direkt im Krieg waren, an einer psychischen Störung. Dies hat unter anderem damit zu tun, dass Veteranen allgemein in der amerikanischen Gesellschaft schlecht integriert sind. Sie erinnern an die politische Gewalt, die man im Alltagsleben lieber verdrängt. Gerade dass sich Angehörige der amerikanischen Armee im Durchschnitt so wenig eignen, Resilienz zu veranschaulichen, belegt meines Erachtens eindrücklich, dass diese Bücher implizit Nationalismus zur Stärkung der Resilienz propagieren.

Gemäß dem Historiker Robert Wiebe ist Nationalismus eine relativ neue Antwort auf grundsätzliche Fragen der Identität und der Verbundenheit in einer zunehmend mobilen Welt (Wiebe 2002). Dadurch soll die kulturelle Zusammengehörigkeit und das Streben nach Autonomie gefördert werden. Die Kosten des Nationalismus sind allerdings hoch: Fremdenhass, Rassismus, Ausgrenzung von Minderheiten … Doch leisten Nationen tatsächlich einen Beitrag zur psychischen Widerstandskraft? Der einflussreiche Nationen-Forscher Benedict Anderson betrachtet Nationen als „imagined communities", das heißt als vorgestellte Gemeinschaften (Anderson 2005). Das wesentliche Merkmal dieser Gemeinschaften ist ihre Anonymität. Selbst in den kleinsten Nationen lernen die Mitglieder die meisten anderen Mitglieder niemals kennen.

Die Denkmäler und Gräber der unbekannten Soldaten sind ein treffendes Symbol für die Nation. Diese Gräber sind meist entleert von bestimmbaren Knochen, doch umso voller an geisterhaften nationalen Vorstellungen.

Viele Menschen übertragen ihre persönlichen Sorgen und Ängste auf die Nation. Sie fühlen sich im Alltag belastet und wollen sich zumindest auf die Nation verlassen können. Weitentfernte Probleme in Flüchtlingslagern nehmen sie deshalb sehr persönlich. Doch selbst in den Zeiten des islamistischen Terrors sterben bei Weitem mehr Menschen an Autounfällen und Suiziden als in terroristischen Anschlägen. Häufig ist es eine Illusion, innere Ruhe und Geborgenheit von der Politik zu erwarten. Denn wie ich schon gezeigt habe – Resilienz gründet vor allem in nahen, vertrauensvollen Beziehungen, welche Nationen nicht bieten können.

Weil Resilienz zu einem großen Teil ein soziales Phänomen ist, können Politiker aber durchaus Maßnahmen ergreifen, um die Resilienz zu stärken. Allerdings nicht mit Schlachtenfeiern, Gräbern unbekannter Soldaten oder der Pflege nationaler Mythen. Auch staatliche Programme zur Förderung der sozialen Integration sind oft viel weniger wirksam als erhofft. Dies hat vermutlich damit zu tun, dass „unsichtbare" soziale Unterstützung wirksamer ist als

„sichtbare". Föderalismus ist vermutlich das wirksamste Mittel, um die Bevölkerung „unsichtbar" widerstandsfähig zu machen. Der Politiker und Förderalismus-Experte Kaspar Villiger bringt dies folgendermaßen auf den Punkt: „Die Gestaltung föderalistischer Strukturen hat große Auswirkungen auf das Verhalten von Staaten, Gliedstaaten und Kommunen. Dezentrale Systeme, in welchen die Verantwortung für eine Aufgabe gemäß Subsidiaritätsprinzip so tief wie möglich und damit in Bürgernähe angesiedelt ist und in welchen sich nach dem fiskalischen Äquivalenzprinzip Entscheidung, Finanzierung und Nutzung bei der Erfüllung der Aufgabe in einer Hand befinden, sind effizienter und krisenresistenter als zentralistische Systeme." Etwas einfacher gesagt: Die Delegation staatlicher Macht an die Gemeinden fördert die Resilienz, weil dadurch konkrete, persönliche Beziehungen aufgewertet und gestärkt werden.

Die positive Wirkung des Föderalismus auf die Resilienz konnte empirisch nachgewiesen werden. Die Schweiz besteht aus vielen verschiedenartigen politischen Strukturen, in welchen die Macht in unterschiedlichem Maß an die Gemeinden und die einzelnen Bürger delegiert wird. Der Index für direkt-demokratische Rechte ist ein Maß dieser Delegation. Die Innerschweizer Kantone Uri, Schwyz und Unterwalden haben den höchsten Index, Genf und das Tessin den tiefsten. Es besteht ein deutlicher Zusammenhang zwischen den direkt-demokratischen Rechten und der Lebenszufriedenheit (Frey and Stutzer 2000). Wenn jemand aus Genf in die Innerschweiz zieht, erhöht sich seine Wahrscheinlichkeit, sich als „vollkommen zufrieden" einzuschätzen um mehr als 10 %, obwohl Genf wirtschaftlich viel mehr zu bieten hat als die Innerschweiz. Resilienz und Lebenszufriedenheit hängen zusammen. Es erstaunt deshalb nicht, dass sich die Genfer und Tessiner innerhalb der Schweiz psychisch am stärksten belastet fühlen und die Innerschweizer am wenigsten Stress empfinden.

Föderalistische Strukturen fördern nicht nur persönliche, tragfähige Beziehungen, sie stärken auch die Autonomie. Diese ist notwendig, um sich als kompetent und unabhängig zu erleben. Autonomes Handeln erhöht die Selbstwirksamkeitserwartungen, das heißt die Überzeugung, dass wir selbst etwas bewirken und auch in schwierigen Situationen selbständig handeln können. Unzählige Studien belegen, dass hohe Selbstwirksamkeitserwartungen die Resilienz stärken und das Risiko für das Auftreten von Angst- und depressiven Symptomen senken. Bei Patienten nach einem Hirnschlag ist z. B. die Erwartung an die Durchführbarkeit und Wirkung körperlicher Übungen für die Prognose wichtig. Patienten, die überzeugt sind, dass sie trotz Müdigkeit, Depression und Schmerzen fähig sind, körperliche Übungen allein durchzuführen, und dass diese Übungen wesentlich zur Genesung beitragen, erreichen eine höhere Lebensqualität als diejenigen, welche diese Erwartungen nicht teilen.

Schließlich fördert die Möglichkeit, Verantwortung zu übernehmen, den freiwilligen Einsatz für die Gemeinschaft. Ganz unterschiedliche Studien sind zum Resultat gekommen, dass Altruismus ungemein stark die psychische Widerstandskraft stärken kann. Eine Studie an Kindern, die unter schwersten Bedingungen wie wiederholter Kindsmisshandlung aufwuchsen, belegte dies auf eindrückliche Weise: Kinder, die anderen Kindern halfen, entwickelten eine deutlich bessere Resilienz als Kinder, die vorwiegend mit sich selbst beschäftigt waren (Zimrin 1986). Patienten mit der Hirn-Erkrankung Multiple Sklerose, welchen es gelang, anderen Patienten zu helfen, zeigten eine deutlich bessere Prognose in Bezug auf ihre psychische Widerstandskraft als Patienten, die sich vorwiegend um sich selbst kümmerten. Altruismus wirkt sogar dann positiv, wenn er nicht erwidert wird. Die altruistische Fähigkeit, die Aufmerksamkeit von sich auf andere zu lenken, scheint für die psy-

chische Gesundheit besonders wichtig zu sein. Neurowissenschaftler weisen darauf hin, dass diese Art von
Altruismus nicht das Resultat komplexer Kosten-Nutzen-
Analysen ist („helfen verbessert meinen sozialen Status",
oder „wer hilft, dem wird geholfen"), sondern durch das
emotionale Gehirn gesteuert wird (Watanabe, Takezawa et
al. 2014).

Psychotherapien sollten so vielfältig sein wie die Menschen,
die sie in Anspruch nehmen. Allgemein lässt sich aber sagen, dass Therapien, die das Selbst und die Biografie in den
Vordergrund stellen, an Wirksamkeit einbüßen. Im Gegensatz dazu werden Soziotherapien immer wirksamer. Allgemein gilt: Je mehr sich eine psychologische Therapie auf
das aktuelle soziale Umfeld bezieht, desto wirksamer ist sie.
Die Interpersonelle Psychotherapie (IPT) ist vermutlich die
wirksamste Psychotherapie überhaupt, die in kontrollier-
ten Studien untersucht wurde (Cuijpers, van Straten et al.
2008). IPT wirkt bei ganz unterschiedlichen Problemen wie
Depressionen, Essstörungen, bipolaren Störungen und
Trauma-Folgestörungen. Sie wirkt bei Jungen ebenso wie
bei Alten. Das gelingt keiner anderen Standard-Psychothe-
rapie. Was ist das Geheimnis dieser Therapie?
    Als erster Schritt vermittelt der IPT-Therapeut dem
Patienten, dass seine Probleme nicht biografischer, traumatischer, emotionaler oder innerpsychologischer Natur sind,
sondern die Folge einer Krankheit. Die Zuweisung der
Krankenrolle verhindert, dass sich der Patient schuldig
fühlt oder den Eindruck erhält, seine Probleme seien nicht
real. Dann wird ihm das interpersonelle Therapiemodell
erklärt: Soziale Beziehungen sind ein Grundbedürfnis des
Menschen; die Krankheit des Patienten führt dazu, dass
dieses Bedürfnis frustriert wird, was sich als Unsicherheit,
fehlende soziale Unterstützung und Mangel an sozialer Anerkennung zeigt. Die Verbesserung der sozialen Beziehun-

gen führt zur Bewältigung der Krankheit. Anschließend wird das soziale Problem des Patienten erörtert und einer der folgenden Kategorien zugeteilt: Rollenkonflikt, Rollenübergang, Abschied und Rollendefizit. Anhand von aktuellen, konkreten Beispielen hilft der Therapeut dem Patienten, sein soziales Problem zu verstehen und zu bewältigen, was dazu führt, dass sich seine soziale Integration Schritt für Schritt verbessert. Das Revolutionäre dieser Therapie besteht darin, dass sie kaum etwas mit herkömmlichen Stresskonzepten, mit psychologischen Störungsmodellen und biografischen Faktoren zu tun hat. IPT ist im Grunde die radikale Abwendung von der individualistischen Psychologie.

Der Erfolg von IPT bestätigt meine Annahme, dass die aktuelle Resilienz-Krise vor allem soziale Ursachen hat. Den Flächenbrand des alten und Jahrtausende bewährten Urwaldes der sozialen Unterstützung wird keine Psychotherapie rückgängig machen. Psychotherapie hat aber die Aufgabe, schlafende Jünger zu wecken und auf ihre große Bedeutung aufmerksam zu machen.

3   Der Dauerkampf um sozialen Status

Die Wichtigkeit des direkten Kontakts und der lokalen sozialen Vernetzung habe ich im vorigen Kapitel besprochen. Nun geht es um das Problem der Hierarchie. Nicht nur im Vatikan, sondern auch im normalen Leben stehen nicht alle Menschen auf der gleichen Stufe, sondern sind sich über- und untergeordnet. Oder anders gesagt: Jeder von uns zeichnet sich durch einen sozialen Status aus. Dies ist für die Resilienz eine große Herausforderung. Die Praxis des Duells, welche im 19. Jahrhundert den Statuskampf dominierte (und Kleinigkeiten wie die Kritik an einer Wohnungseinrichtung zum Gegenstand hatte), gibt noch eine Ahnung davon, wie mörderisch sensibel wir auf die Bedrohung unseres Status reagieren: Wir möchten am liebsten der Person, die unseren Status bedroht, eine Kugel durch den Kopf jagen. Heutzutage verdrängen wir glücklicherweise solche Mord-Impulse und fühlen uns einfach etwas wütend oder matt und depressiv.

Stresssymptome haben vermutlich ihren Ursprung im Dauerkampf um sozialen Status. Um diesen Zusammenhang zu erklären, muss ich etwas ausholen. Es wird oft behauptet, dass Hierarchien und Statusdenken etwas Natürliches seien. Tatsächlich sind gewisse Insekten stark hierarchisch organisiert und Hühner kennen eine Hackordnung. Beobachtungen an Schimpansen und Bonobos legen nahe, dass Hierarchien aufwendige und konfliktanfällige soziale Struktur sind. Die Affen mussten komplexe Strategien entwickelt, um Hierarchie-Konflikte zu lösen. Dazu gehören räumliche Trennung, konfliktlösendes Sexualverhalten, friedensstiftende Dritte und antihierarchische Koalitionen, die egoistische Alpha-Tiere verstoßen oder umbringen. Im Gegensatz zu Bienen, Hühnern und Affen lebte der Mensch aber zu mehr als 90 % seiner Geschichte in antihierarchischen, egalitären Gemeinschaften. Diese beinhalteten meistens deutlich weniger als hundert Personen. Dank der Sprache war es möglich, sich ohne einflussreichen Chef und ohne Zentralisierung von Macht auf gemeinsame Ziele zu einigen und diese gemeinsam zu verfolgen. Nahezu alle aktuell lebenden Sammler-Jäger-Gemeinschaften zeigen diese egalitäre Struktur mit einer Gleichstellung von Männern und Frauen (Dyble, Salali et al. 2015). Statusdenken und andere soziale Unterschiede sind in menschlichen Gemeinschaften also weit weniger ursprünglich und natürlich, als wir gemeinhin annehmen.

Wie ist es zur Ausbildung von Hierarchien in menschlichen Gemeinschaften gekommen? Der Evolutionssoziologe Peter Turchin geht davon aus, dass das Bevölkerungswachstum im Holozän, also vor ca. 12 000 Jahren, dazu führte, dass sich menschliche Kleingruppen immer häufiger trafen (Turchin, Currie et al. 2013). Konflikte zwischen Gruppen wurden immer häufiger und konnten immer weniger durch räumliches Vermeiden gelöst werden. Krieg wurde in dieser Entwicklung zu einem entscheidenden Faktor bei der Ausbreitung des Menschen über den Planeten. Weil egalitäre Kleingruppen wenig kriegerische Macht hatten, schlossen sie sich zusammen. Aber keine Großgruppe lässt sich rein horizontal, also nicht-hierarchisch, organisieren, weshalb sich hierarchische Strukturen ausbildeten. Diese Strukturen können neutral sein, das heißt ohne beträchtliches Machtgefälle zwischen den Hierarchie-Stufen. Die späte Entwicklung des Menschen zeigte jedoch, dass einzelne Familien oder kleine Gruppen die neuen Gesellschaftsstrukturen maßlos ausnutzten. Turchin geht davon aus, dass in dieser Zeit auf einen Schlag massive Unterschiede hinsichtlich Macht und Reichtum entstanden. Genetisch, epigenetisch und kulturell wurde der Mensch auf dem falschen Fuß erwischt. Die Waffen, welche die egalitären Jäger entwickelten, stellten plötzlich eine ernsthafte Bedrohung dar. Machtkämpfe ließen die Mordrate in die

Höhe schnellen, so dass in dieser Zeit ca. die Hälfte der erwachsenen Menschen durch Mord und Totschlag ums Leben kam. Dadurch reduzierte sich die Gruppengröße, was im Kriegsfall ein Nachteil war. Durch dieses Dilemma entstand ein massiver evolutionärer Druck auf das Sozialverhalten. Gruppen, welchen es gelang, Hierarchie-Konflikte ohne Blutvergießen zu lösen, hatten einen deutlichen Überlebensvorteil.

Die soziale Wettbewerbstheorie der Depression des Psychiaters John Scott Price (Price, Sloman et al. 1994) macht plausibel, dass die Ausbreitung von Depressionsgenen zur Überwindung dieses Dilemmas maßgebend beitrug. Price geht davon aus, dass die Natur zur De-Eskalation von Hierarchie-Konflikten Verhaltensmuster von Gewinnern und Verlierern unterscheiden musste. Depressive Symptome kennzeichnen den „Verlierer". Diese haben drei wichtige Funktionen: Sie unterdrücken die Aggression, damit niemand zu Schaden kommt. Erschöpfung, Hoffnungslosigkeit, Angst, Unsicherheit, Scham, Entscheidungsunfähigkeit und Lustlosigkeit tragen zu dieser Aggressionshemmung bei. Das Vermeiden von Augenkontakt, der gesenkte Blick, die gebeugte Köperhaltung, die verlangsamte Sprache und das Zugeben eigener Schwächen signalisieren dem Gewinner, dass vom depressiven Verlierer keine Gefahr mehr ausgeht. Das gesenkte Selbstwertgefühl hilft schließlich dem Verlierer, seinen tiefen Status zu akzeptieren. Diese Theorie passt auch gut zur Serotonin-Theorie der Depression, die besagt, dass ein Serotonin-Mangel Depressionen verursachen kann. Die Theorie basiert auf folgenden Beobachtungen: Menschen, welche wegen einer Tryptophan-armen Diät einen Serotonin-Mangel haben, werden oft depressiv, und fast alle Antidepressiva verstärken die Serotonin-Wirkung im Gehirn. Bei Affen, die in der Hierarchie aufsteigen, steigt die Serotonin-Konzentration an. Affenmännchen mit hohem Status haben doppelt so viel

Serotonin im Blut als ihre Untergebenen. Bei gesunden Menschen bewirken Antidepressiva, dass sie sich dominanter verhalten und mehr Augenkontakt mit Fremden haben (van Vugt and Tybur 2015).

Man muss davon ausgehen, dass diese Zeit keine glückliche Epoche war, in der sich die Statusschere massiv öffnete, was durch Angst und Stressreaktionen ermöglicht und stabilisiert wurde. Die Häufigkeit von Depression war vermutlich sehr hoch. Die Welt war buchstäblich ein Jammertal. Die damaligen Kulturschaffenden erkannten aber ihre einmalige Chance, mit Theorien und Techniken die Statusunterschiede erträglicher zu machen. Das Christentum, aber auch der Islam, beschäftigt sich zu einem großen Teil mit Status. Islam heißt „Unterwerfung". Bereits der Name dieser Religion bezieht sich also auf einen Statusunterschied. Im Folgenden werde ich aber nur auf das Christentum eingehen, das ich besser kenne.

In der Bibel steht an verschiedenen Stellen, dass das Leben ein Jammertal sei. Diese Behauptung hilft dem Unterdrückten, dass er sich für seine Angst und Hemmungen nicht auch noch schämen muss. Dankgebete, Lobpreisungen und Lobgesänge helfen ihm, seine bitteren Gefühle als Unterdrückter in Respekt für Autoritäten umzuwandeln. Neben dem materiellen und politischen Status, den die Römer so liebten, wurde ein spiritueller Status eingeführt. Dass diese nicht deckungsgleich sind, zeigt exemplarisch der Sohn Gottes, der ein armer Zimmermann ist. Dieser verspricht zudem eine totale Statusumkehr im Jenseits: Die Ersten werden die Letzten, und die Letzten die Ersten sein. Vanitas-Bilder erinnerten fortwährend an den Tod, der alle Statusunterschiede aufhebt. Neben diesem spirituellen Angebot und der Werbung für Gerechtigkeit hat die Kirche aber auch maßgebend dazu beigetragen, weltliche Statusunterschiede zu stabilisieren. Sie gab dem hohen Status von Königen und Adel eine göttliche Bestimmung, womit auch der tiefe Status der Untergebenen gottgegeben war. Dies erscheint nur auf den ersten Blick paradox. Alle diese widersprüchlichen Maßnahmen hatten das Ziel, das Leben in Hierarchien erträglich zu machen und blutige Statuskämpfe zu vermeiden. Ein von Gott zugeschriebener tiefer Status ist leichter zu ertragen als ein tiefer Status, den man selbst verantwortet. Stabile Hierarchien erzeugen deutlich weniger Stress als instabile. Die Vergöttlichung von Statusunterschieden verhinderte auch, dass sich Menschen aus verschiedenen Schichten miteinander verglichen. Die Komplexität und Vielfältigkeit dieser kulturellen Antwort auf Statusunterschiede zeigt, wie brennend dieses Problem damals war.

Und wie ist es heute? Eine Reihe von Studien zeigt, dass ein tiefer objektiver Status die Resilienz schwächt. Der objektive soziale Status wird typischerweise mit dem Ausbildungsstand oder dem Einkommen gemessen. Jedes Jahr Ausbildung senkt unser Risiko, depressiv zu werden, um 3 % (Peyrot, Lee et al. 2015). Unabhängig von der Bildung wirken sich regionale Einkommensunterschiede auf die Resilienz aus. Grob geschätzt gilt folgende Regel: Eine relative Einkommenssteigerung von 1 % stärkt die Resilienz um 1 %. Das ist erstaunlich, weil das absolute Einkommen die Resilienz kaum oder sogar negativ beeinflusst. Ein Vergleich von Staaten bestätigt, dass Einkommensunterschiede entscheidend für die Resilienz sind (Pickett and Wilkinson 2010). England und die ehemaligen britischen Kolonien USA, Australien, Neuseeland und Kanada zeigen die höchsten Einkommensunterschiede und auch die größte Häufigkeit psychischer Behinderungen. Der Zusammenhang ist so präzise, dass er sich selbst innerhalb dieser Staaten zeigt: Ungleichheits- und Resilienzschwäche sind am größten in den USA, gefolgt von England, Australien, Neuseeland und Kanada. Exakt in dieser Reihenfolge. Selbst wenn man die einzelnen Staaten der USA miteinander vergleicht, ergibt sich das gleiche Bild. Deutschland, Spanien und Italien schneiden in puncto materieller Gerechtigkeit und Resilienz relativ gut ab. In Japan gibt es noch weniger Einkommensunterschiede und noch weniger psychische Störungen als in Europa (dafür mehr Suizide, was damit zusammenhängt, dass diese dort kulturell als heldenhaft angesehen werden). Interessant ist, dass die meisten auswanderungslustigen Menschen nach England oder in eine ehemalige britische Kolonie ziehen möchten und nicht nach Deutschland oder Japan. Zum Beispiel möchten sich 5 Millionen Japaner und 22 Millionen Chinesen in den USA niederlassen, vermutlich weil gerade in diesen Ländern die Voraussetzungen optimal sind, seinen Status zu verbessern, was die Resilienz stärkt. Hoch motivierte, begabte und innovative Arbeitskräfte profitieren also auch gesundheitlich von großen Statusunterschieden. Im Gesamten wirken sie sich aber negativ auf die Gesundheit aus, weil der Kampf um Status die Solidarität schwächt und auf Verlierer angewiesen ist.

Resilienz besteht aus zwei Teilen:
- Resistenz: die Fähigkeit, Stress auszuhalten, ohne dass das Stresssystem aktiviert wird,
- Stressanpassung: die Fähigkeit, eine Stressreaktion nach kurzer Zeit zu stoppen.

Bei der Entwicklung der Resilienz ist ein optimales Belastungsniveau ein wichtiger Faktor. Der objektive soziale Status wirkt sich vorwiegend auf die Stressanpassung und nicht auf die Resistenz aus. Zum Beispiel treten neue Depressionen in allen sozialen Schichten etwa gleich häufig auf. Personen mit einem tiefen sozialen Status leiden aber länger an einer Depression und ihre Gefahr ist erhöht, dass nach einer symptomfreien Zeit die Depression wieder auftritt (Melchior, Chastang et al. 2013). Dieser Befund passt gut zur Depressionstheorie des sozialen Wettbewerbs von

Price: Statuskonflikte sind für alle Menschen eine Belastung. Dass die Belastung für die meisten unangenehm ist, fördert die allgemeine Vermeidung von Statuskonflikten. Zusätzlich trägt eine langanhaltende Stressreaktion bei Menschen mit tiefem Status dazu bei, die Wahrscheinlichkeit gefährlicher Eskalationen zu senken. Frauen sind im Vergleich zu Männern ebenfalls länger und häufiger depressiv. Dies geht gut mit der Annahme zusammen, dass Frauen im frühen Holozän, als der Krieg zum bestimmenden Faktor der Menschheitsentwicklung wurde, den größeren Statusverlust hinnehmen mussten.

Das Team des berühmten Psychiatrie-Soziologen Ron Kessler untersuchte kürzlich in einer Studie in 18 Ländern Europas, Asiens, Amerikas und des Mittleren Ostens den subjektiven sozialen Status in Bezug auf die psychische Gesundheit (Scott, Al-Hamzawi et al. 2014). 56 000 Versuchspersonen mussten auf einer Leiter ihren sozialen Status schätzen. Ihnen wurde erklärt, dass am oberen Ende diejenigen mit dem meisten Geld, der besten Bildung und den prestigeträchtigsten Tätigkeiten stehen und unten die mit dem wenigsten Geld, geringster Bildung, Tätigkeit und Prestige. Dann wurde ihr objektiver Status erfasst: Einkommen, Ausbildungsjahre und Arbeitsstatus (Erwerbstätige/r, Student/in, Hausfrau/Hausmann oder in Pension). Die Forscher stellten fest, dass es erhebliche Unterschiede zwischen dem objektiven und dem subjektiven Status gab. Personen, die ihren objektiven Status überschätzten, hatten ein deutlich geringeres Risiko, an 16 verschiedenen psychischen Störungen zu leiden als diejenigen, die ihren Status unterschätzten. Das heißt, dass neben dem objektiven Status der subjektive Status für die Resilienz von beachtlicher Bedeutung ist. Diese Bedeutung war vor allem in reichen Ländern stark ausgeprägt. Das tönt gut, weil so jeder Einzelne in seiner Phantasie seinen Status verändern kann, ohne die Gesellschaft aus den Angeln zu heben.

Doch wie können wir unseren subjektiven Status manipulieren? Der Philosoph und Schriftsteller Alain de Botton beschreibt in seinem geistreichen Buch *Statusangst*, dass sich die größten Geister der Literatur und Philosophie genau mit dieser Frage auseinandersetzten (de Botton 2004). Hier ein paar Beispiele ihrer Antworten: Der Philosoph Arthur Schopenhauer empfahl, allgemein anerkannte Statussymbole und die Meinung anderer über uns abzuwerten oder zu ignorieren. Das Universalgenie Jean-Jacques Rousseau legt uns nahe, Status immer als gestohlenen Status zu betrachten. Die Schriftstellerin Jane Austen zeigt in ihren Romanen, dass das Tragen einer moralischen Brille ein neues Licht auf den Statusbegriff wirft. Goethe empfiehlt, Ruinen zu besuchen, die uns an die Vergänglichkeit von materiellem Status erinnern. Die Bohème-Schriftsteller preisen Hungern und kaputte Kleider als Voraussetzung einer seelischen Höherentwicklung an. Auch das Lesen von Boulevard-Zeitungen, welche Prominenten die Hosen runterlassen, kann den Neid auf objektiven Status dämpfen und den subjektiven Status steigern.

Interessant ist in diesem Zusammenhang die Manager-Krankheit, die deutsche Psychosomatiker nach dem Zweiten Weltkrieg erfunden haben. „Erfinden" ist das korrekte Wort, weil es keine einzige methodisch korrekte Studie gibt und gab, welche die Existenz einer Manager-Krankheit belegt (Kury 2012). Im Gegenteil, fast alle Studien dazu zeigen, dass das Stresssystem bei Personen, die in einer Hierarchie oben stehen, im Durchschnitt weniger aktiv ist als bei Personen in tiefen Positionen (Sherman, Lee et al. 2012). Jede einzelne Hierarchie-Stufe, die wir erklimmen, führt im Durchschnitt zu weniger gefühltem Stress. Manager profitieren davon psychisch und körperlich. Doch auch innerhalb der Manager-Riege gilt, dass das Risiko für Depressionen und Herzinfarkte bei mächtigen Managern geringer ist als bei weniger mächtigen. Das war auch nach dem Weltkrieg in Deutschland so. Als Psychiater finde ich es beunruhigend, aber auch ein bisschen faszinierend, dass wir psychische Krankheiten einfach so erfinden können, die dann zu einem Teil der öffentlichen Wahrnehmung werden. Ich habe hochgebildete Kollegen, gewisse davon sind Mediziner und Psychologen, die immer noch an eine Manager-Krankheit glauben. Doch nicht jede Krankheit, die wir erfinden, ist gleich „erfolgreich". Der Erfolg der Manager-Krankheit war vor allem in Deutschland nach dem Zweiten Weltkrieg durchschlagend. Wie kann das erklärt werden? Hier meine Hypothese: Die Katastrophe des Zweiten Weltkriegs förderte in Deutschland egalitäre Strukturen. Frauen erlebten einen markanten Statusgewinn. Als Luxusgüter und später Esswaren knapp wurden, entstand eine solidarische Kultur des Teilens. Krisen fördern unter gewissen Umständen prosoziales Verhalten (von Dawans, Fischbacher et al. 2012). Nach dem Krieg übernahmen innerhalb von wenigen Jahren die Männer wieder die Führung und die Frauen verloren den kurz gewonnenen Status. Das Wirtschaftswunder erzeugte neue Statusunterschiede, Gewinner und Verlierer. Um die Folgen dieses für viele schmerzhaften Prozesses abzumildern, brauchte es kollektive Phantasien, welche die wachsenden Unterschiede vertuschten. Das Konzept der Manager-Krankheit eignete sich perfekt dazu, indem behauptet wurde, dass Statusgewinn mit gesundheitlichen Problemen bezahlt werden muss. Dies ist exakt das Gegenteil der empirischen Evidenz, aber vermutlich bis heute eine wohltuende Vorstellung für alle, die Statusverluste hinnehmen müssen. Wie Kesslers Studie nahelegt, ist die Vorstellung einer Manager-Krankheit für alle, die knallharten Managern unterstellt sind, tatsächlich gesund. Aber auch der Manger kann von der Krankheit, die seinen Namen trägt, profitieren. Sie ermöglicht es ihm, auf seine schier unmenschlich große Aufgabe und Verantwortung aufmerksam zu machen. Ferner kann er auch seinen hohen Lohn im Sinne einer Gesundheitsrisiko-Prämie rechtfertigen. Die Manager-Krankheit stärkt damit das Wohlbefinden aller und hat deshalb ihren Erfolg verdient.

Wie hat sich unser Statuskampf in den letzten Jahrzehnten verändert, dass er die Resilienz zunehmend schwächt? Warum genügt es nicht mehr, an eine Manager-Krankheit zu glauben, um psychisch gesund zu bleiben? Eine Veränderung ist folgende: Die Einkommensunterschiede nehmen seit 1980 in fast allen OECD-Ländern deutlich zu (Cingano 2014). Um 1980 verdienten die reichsten 10 % der Bevölkerung siebenmal mehr als die ärmsten 10 %. Dieses Verhältnis hat sich von 7:1 auf 10:1 vergrößert. In Zeiten des wirtschaftlichen Aufschwungs wachsen die unteren Einkommen langsamer als die oberen. Hinzu kommt, dass in wirtschaftlichen Krisen die unteren Einkommen mehr leiden.

Ein anderer Faktor ist paradoxerweise die Chancengleichheit, die immer besser wird. Der Kampf um Status wird damit objektiv betrachtet immer fairer. Immer weniger Status wird von oben oder per Geburtsrecht zugeschrieben bzw. angeordnet, immer mehr Status kann selbstwirksam erworben werden. Der Soziologe Alexis de Tocqueville hat in seinem Buch über Amerika auf den seltsamen Zusammenhang zwischen Gerechtigkeit, Müdigkeit und psychischer Unruhe hingewiesen: „Sind alle Vorrechte der Geburt und des Besitzes aufgehoben, sämtliche Berufe jedermann zugänglich, und kann man durch eigene Kraft überall an die Spitze gelangen, so ist es, als öffne sich dem Ehrgeiz der Menschen eine unabsehbare und bequeme Laufbahn, und sie bilden sich gerne ein, dass sie zu Großem berufen seien. Aber dies ist eine irrige Ansicht, die durch die Erfahrung täglich berichtigt wird. Dieselbe Gleichheit, die jedem Bürger weitgespannte Hoffnung erlaubt, macht sämtliche Bürger als einzelne schwach." Tocqueville beschreibt, wie sich die Amerikaner im Wettstreit aller gegen alle quälen und ermüden. Wie sich jeder die Gleichheit als politisches Ideal wünscht und trotzdem alles tut, um sich von seinen Mitbürgern abzuheben. Er spricht von einer seltsamen Rastlosigkeit, von einer Traurigkeit, die alle Vergnügungen überschattet, von ewigen Träumen über Güter, die man nicht besitzt und vom fieberhaften Streben nach mehr. Er nennt diesen Zustand die Unruhe mitten im Wohlstand. Schließlich behauptet er: „Ist die Ungleichheit das allgemeine Gesetz einer Gesellschaft, so fallen die stärksten Ungleichheiten nicht auf; ist alles ziemlich eingeebnet, so wirken die geringsten Unterschiede kränkend. Deshalb wird der Wunsch nach Gleichheit umso unersättlicher, je größer die Gleichheit ist." Eine ähnliche Beobachtung beschrieb der Soziologe Alain Ehrenberg in einem Aufsatz, der 1998 erschien. Er kommt zu dem Schluss, dass Menschen depressiv werden, weil sie die Illusion ertragen müssen, dass alles möglich ist (Ehrenberg 2015).

Dies weist darauf hin, dass unsere Psyche Leistungsgerechtigkeit nicht vorbehaltlos als gerecht wahrnimmt. Tatsächlich sind bei identischen äußeren Chancen unsere Spieße im Kampf um Status nicht automatisch gleich lang. Neben psychischen Problemen scheint die Intelligenz ein wichtiger Faktor zu sein, der bestimmt, ob unser Status besser oder schlechter als der unserer Eltern wird (Deary, Taylor et al. 2005). Konkret heißt das, dass unsere Intelligenz nur wenig Einfluss auf unseren Status bei der *ersten* Anstellung hat, aber maßgebend beeinflusst, welche Karriereziele wir später im Leben erreichen. Leider können wir unseren IQ bekanntlich nicht selbst auswählen. Er hängt von genetischen Faktoren und der Bereitschaft unserer Eltern ab, uns intellektuell zu fördern. Sozialpsychiater haben eine Zeit lang gehofft, dass neurobiologische Erklärungen für psychische Störungen, aber auch für Persönlichkeitsunterschiede und Intelligenz, dazu beitragen, die Leistungsfähigkeit mehr genießen zu können und die Stigmatisierung von Menschen mit psychischen Behinderungen zu senken. Dies ist aber nicht gelungen. Im Gegenteil, die neurobiologische Betrachtungsweise scheint das Selbstwertgefühl von Menschen mit tiefem Status eher zu senken als zu heben. Das Verbreiten neurobiologischer Erklärungsmodelle für psychische Probleme verstärkte eher die Stigmatisierung der Betroffenen. Wir mögen Mitleid haben mit einem Menschen, nicht aber mit einem Gehirn. Für unser Wohlbefinden scheint es von großer Bedeutung zu sein, Statusunterschiede und psychische Probleme durch unabhängige, äußere Faktoren zu erklären. Nervenzellen, Gene und Eltern sind ja in gewisser Weise außerhalb unserer Psyche, doch erleben wir sie in Bezug auf unseren Status als innere Faktoren. Im Gegensatz dazu erleben wir gesellschaftliche Missstände, Ungerechtigkeit am Arbeitsplatz, körperliche Krankheiten und traumatische Erfahrungen als äußerlich. Diese Faktoren eignen sich deshalb als Erklärungsmodelle viel besser, Misserfolge beim Erwerben von Status zu verkraften.

Vergleiche zu vermeiden ist eine wirksame psychische Strategie gegen Statusstress. Leutnant Trotta wäre es im Traum nicht in den Sinn gekommen, sein Vermögen mit dem Reichtum seines Kaisers zu vergleichen. Ein Handwerker vergleicht sein Einkommen nur selten mit dem einer Bankdirektorin. Bohème-Künstler betrachteten ihre Leistungen als unvergleichbar mit denjenigen eines Augenarztes. Verschiedene Umstände tragen aber dazu bei, dass wir uns immer häufiger mit immer mehr Personen vergleichen. Ein Umstand ist beispielsweise der Siegeszug des wirtschaftlichen Denkens. „Nutzen" ist ein zentraler Begriff der Wirtschaftswissenschaften. Das Nutzen-Konzept geht davon aus, dass alle „Güter" auf einer einzigen Dimension verglichen werden können. Praktisch bedeutet dies, dass wir allen Dingen der Welt ein Preisschild aufkleben könnten, und zwar nicht nur Autos und Nähmaschinen, sondern auch der Freizeit, einer Freundschaft, einem Kunstwerk, einem Doktortitel und einer Liebesbeziehung. Um den offiziellen Preis zu erfahren, braucht es einen Markt. Die Anzahl der Märkte nimmt dramatisch zu. Mit ihrer Hilfe können wir bereits heute den Preis nahezu aller Dinge schätzen, die unser Leben ausmachen. Über eine Internetauktion erfahren wir den Preis der Aquarelle, die wir am Sonntagnachmittag gemalt haben. Das Fitnessstudio um die Ecke gibt gerne Auskunft über den Stundenlohn eines persönlichen Trainers, der sich wie ein guter Freund verhält. Unseren Unterhaltungswert und unsere intellektuelle Potenz können wir ohne viel Aufwand quantifizieren, z. B. mittels der Klickzahl für ein Youtube-Video, in welchem wir über ein Kochrezept oder eine Reiseerfahrung berichten. Dating-Plattformen haben sogar Methoden entwickelt, den Wert unseres potenziellen Partners zu ermitteln. Selbst für Kinder gibt es Märkte. Schöne Kinder sind teurer als intelligente. Angelina Jolie und Madonna, die gegen alle ethischen Regeln ihre Adoptivkinder in großen Waisenhäusern aussuchen, tragen zu dieser Preisbildung bei. Das Konzept eines eindimensionalen Nutzens erlaubt es uns also, den Gesamtwert unseres Daseins zu berechnen – einschließlich unseres Alters, unseres Aussehens, unserer sozialen Beziehungen, unserer Familie, unserer Kreativität, unseres Arbeits- und Unterhaltungswerts, unserer Fotoausrüstung und unseres Kontostands.

Theoretisch könnten wir jetzt schon grob unseren Statusrang unter den sieben Milliarden Menschen der Welt abschätzen. Der oberste Teil der Welt-Status-Rangliste wird regelmäßig in Zeitungen und Magazinen publiziert. Die Google-Gründer und Wladimir Putin gehören zweifellos zur Welt-Statusspitze. Wer resilient ist, kümmert sich nur wenig und selten um diesen Einheitsstatus und den offiziellen Wert seiner Existenz. Er verfügt über einen Innenraum, der ihn vor dem Zugriff dieses Statusdenkens schützt.

Es gibt jedoch Anzeichen, dass die Wand zwischen Innen und Außen immer dünner wird, dass das moderne Individuum mit seinem Anspruch auf Einzigartigkeit, Einmaligkeit, Freiheit und Unabhängigkeit in der Spätmoderne zunehmend unter Druck gerät.

Die Psychologin Jean Twenge belegt, dass in den letzten Jahrzehnten in den USA intrinsische Werte wie innere Unabhängigkeit, stabile Moralvorstellungen, kulturell verwurzelte Sicherheit, soziale Zugehörigkeit, enge Freundschaften, Gemeinschafts- und Familiensinn verdrängt werden von extrinsischen Werten wie Einkommen, jugendliches Aussehen und materieller Wohlstand, also Status. Auch in psychologischen Experimenten konnte nachgewiesen werden, dass starke extrinsische Belohnungen die intrinsische Motivation senken. Damit gewinnt unser offizieller Status, also die durchschnittliche Bewertung unserer Leistungen durch andere, zunehmend an Bedeutung. Dies ist für unsere heutige Gesellschaft eine Belastung, weil Statusdenken die Resilienz schwächt (Creswell, Welch et al. 2005).

Der negative Zusammenhang zwischen extrinsischer Statusmotivation und Resilienz ist komplex. Die Arbeit von vorwiegend äußerlich motivierten Menschen zeigt eine niedrigere Qualität als diejenige von selbst-motivierten (Cerasoli, Nicklin et al. 2014). Äußerer Druck senkt auch die Kreativität. Eine Untersuchung an 9 000 Managern, die innovative Arbeit erbringen mussten, hat gezeigt, dass Zeitdruck durch Abgabefristen, gefüllte Terminkalender und Aufforderungen durch Vorgesetzte die Kreativität der untersuchten Personen deutlich verringerten. An Tagen, an denen die Manager in Ruhe gelassen wurden und sich frei von Druck fühlten, waren sie deutlich kreativer und produktiver. Kreativität stärkt die Resilienz.

Die Motivation, Freunde zu gewinnen und zu behalten, kann intrinsisch oder extrinsisch sein. Zu den intrinsischen

Motivationen gehören Spaß, gegenseitige Wertschätzung und Intimität. Zu den extrinsischen gehören sozialer Status, berufliche Vorteile und Ausbau des sozialen Netzwerks. Studien zeigen, dass zwar die extrinsische Motivation zu größerer Aktivität, Freunde zu „erwerben" und zu mehr neuen Freunden führt, dass aber die Qualität der Freundschaftsbeziehungen nicht tief ist und sich langfristig eher noch verschlechtert (Ojanen, Sijtsema et al. 2010). Die intrinsische Motivation führt im Durchschnitt zwar zu weniger neuen Freunden, aber zu einer hohen Qualität von Freundschaftsbeziehungen, die sich über die Zeit noch verbessert. Dass die Qualität und nicht die Quantität sozialer Beziehungen für die Resilienz entscheidend ist, erklärt einen Teil der großen Bedeutung intrinsischer Motivation für die psychische Gesundheit. Studien der sozialen Neurowissenschaften zeigen, dass starke extrinsische Motivation z. B. den Spieleinsatz und die Spielfreude mindert, weil sie das Hirnbelohnungssystem für natürliche Situationen und Reize abstumpft. Dies ist vergleichbar mit dem Effekt von wiederholtem Kokain-Konsum, der zu einer deutlichen Minderung von sozialen Interessen führt.

Das Statusdenken hält auch Einzug in die Schulen. Die intrinsische Motivation am Lernen wird immer mehr durch extrinsische Belohnungsstrukturen abgelöst. Wie in den USA bereits deutlich zu sehen, wo Studenten sich für ihre Ausbildung verschulden und dadurch motiviert werden, ihre Ausbildung vorwiegend aufs Geldverdienen auszurichten. Im Jahr 1970, also noch vor der Ökonomisierung aller Lebensbereiche, sagten 39 % der amerikanischen College-Studenten, dass Geldverdienen das Hauptziel ihrer Ausbildung sei. Im Jahr 1987 waren es bereits 73 % und aktuell dürfte der Anteil noch höher liegen (Schwartz 2001).

Die Macht extrinsischer Motivation scheint zunehmend die Hirnfunktion zu beeinflussen. Aus einer evolutionären Perspektive würde man nicht annehmen, dass das Hirn lebenswichtige „Belohnungen" wie Wasser, Essen und Sex gleich verarbeitet wie abstrakte Belohnungen wie z. B. Punkte in einem Computerspiel. Aus einer moralischen Perspektive wäre es erstaunlich, wenn ethische Werte wie das Tötungsverbot gleich wie eine Summe Geld behandelt würden. Doch die Hinweise aus der biologischen Psychologie mehren sich, dass das spätmoderne Gehirn genau dies tut. Es rechnet Belohnungen aus verschiedenen Domänen wie Sex, Geld und Moral in eine Einheitswährung um. Der Wert in dieser Währung zeigt sich als Hirnaktivität im mittleren unteren Stirnlappen (Hasler 2012). Untersuchungen mittels funktioneller Magnetresonanz-Tomografie zeigten z. B., dass das Hirnbelohnungssystem von Frauen das Lächeln eines Kindes und den Gewinn eines US-Dollars auf identische Art verarbeitete. Das heißt, dass intrinsische Werte, welche den Vergleich zwischen Moral, Mitgefühl und Geld verböten oder zumindest behinderten, nicht mehr nachweisbar sind. Es wäre interessant zu wissen, ob das Gehirn von Sokrates mit dieser Nonchalance den Wert der Wahrheit mit der Größe einer Ziegenherde verglichen hätte und Meister Eckhart die Bedeutung einer mystischen Erfahrung mit dem Preis eines Fasses Essig. Indem alles über einen Kamm geschert wird, verlieren Tätigkeiten wie das Handwerk oder die Pflege, die traditionell wenig Geld einbringen, ihre Würde.

Ein anderes Anzeichen dafür, dass die psychische Wand zwischen Innen und Außen immer dünner wird, ist die zunehmende Bedeutung von Transparenz. Dadurch wird unsere Vergleichsgruppe immer größer, die Vergleiche werden immer häufiger und wir können uns auch immer präziser vergleichen. In den Urzeiten der Menschheit musste ich mich vielleicht einmal oder zweimal im Leben damit abfinden, dass ein anderer und nicht ich zum Jagd-Koordinator gewählt wurde, was nicht so schlimm war, weil jeder gleich viel Fleisch erhielt, unabhängig vom Status. Heutzutage kommt es nahezu täglich zu solchen unangenehmen Ereignissen, die mich auf meinen Status verweisen. Kürzlich erfuhr ich z. B., dass ein deutscher Chefarzt der Psychiatrie, den ich auf einem Kongress traf, mehr als doppelt so viel verdient wie ich (vor ein paar Jahrzehnten hätte man kaum mit seinem Lohn geprahlt). Mein Nachbar hat sich kürzlich einen Porsche gekauft, damit sein Jaguar nicht so allein in der Garage stehen muss. Ein Kollege verdient mit einem Spin-Off-Unternehmen Abermillionen Euro und baut nun eine Villa am Starnberger See. Auf der Amazon-Website sehe ich, dass ein ehemaliger Schulkollege einen Bestseller geschrieben hat, der in 15 Sprachen übersetzt wurde. Und wo stehe ich?

Dass Status-Faustschläge in die Magengegend ungesund sind, bestätigen empirische Untersuchungen. In einer kalifornischen Studie hatte die Information über das Einkommen der Mitarbeiter einen desaströsen Effekt: Diejenigen, die ein unterdurchschnittliches Einkommen hatten, wurden unzufrieden, verloren die Freude an ihrer Arbeit und suchten vermehrt nach einer neuen Stelle. Und allein das Wissen darüber, dass andere einen höheren IQ haben, kann das Selbstwertgefühl senken, besonders gegenüber Personen, die einen höheren sozialen Status haben. Aus diesem Grund weigere ich mich strikt, meinen IQ testen zu lassen. In Verhaltensexperimenten über die Kooperation in großen Gruppen zeigte sich, dass die Sichtbarmachung des Kontostands Einkommensunterschiede vergrößerte und die Bereitschaft, zusammenzuarbeiten, schwächte (Nishi, Shirado et al. 2015). Es wäre also für alle besser, wenn wir darauf verzichteten, mit unserem IQ, unserem Einkommen oder unserem Vermögen zu prahlen.

Als Universitätsprofessor und Chefarzt stehe ich trotz des Porsches und Jaguars meines Nachbarn und des Bestsellers meines ehemaligen Schulkollegen in Bezug auf die sieben Milliarden Erden-Mitbewohner nicht schlecht da. Warum nicht einfach hinunterschauen zu den Menschen, die kein Auto besitzen, keinen korrekten Satz schreiben können und in einem düsteren Zimmer an einer Autobahn wohnen?

Der Psychiater Andreas Meyer-Lindenberg und sein Forschungsteam untersuchten in einer originellen Studie, wie unser Gehirn mit Status umgeht (Zink, Tong et al. 2008). Sie zeigten Versuchspersonen Gesichter von Menschen, welchen sie jeweils einen Status zuwiesen, der sich auf die Leistung in einem Computerspiel bezog. Sterne, die wie militärische Rangabzeichen aussahen, unterstrichen den Status der Personen. Die Betrachtung von Gesichtern mit einem höheren Status erregte große Teile des Gehirns, einschließlich der Sehrinde, des Stresssystems und des Hirnbelohnungssystems. Das Betrachten von Gesichtern mit einem tieferen Status berührte das Gehirn jedoch kaum. Unser Holozän-Gehirn will sich offensichtlich mit Personen, die statusmäßig unter uns stehen, nicht näher befassen. Deshalb stärkt das Wissen um Milliarden von Menschen, die es in Sachen deutsche Sportautos, Schweizer Uhren und französische Damentaschen in keiner Weise mit uns aufnehmen können, unsere Resilienz nicht.

Die Studie von Meyer-Lindenberg zeigte ebenfalls, dass Veränderungen der Statushierarchie während des Experiments zu einer starken zusätzlichen Aktivität des Stresssystems führten. Dies weist darauf hin, dass das Ertragen instabiler Hierarchien ein besonderer Schwachpunkt unserer Resilienz ist. Dieser Schwachpunkt wird immer bedeutsamer und trägt vermutlich maßgebend zum Zerfall der Resilienz bei, weil Hierarchien dank zunehmender sozialer Mobilität immer instabiler werden. Gilden und Zünfte, die das Sozialleben bis ins 19. Jahrhundert prägten, zeugen davon, dass man sich früher mit seinem beruflichen Status identifizierte. Bäcker, Schuhmacher und Gastwirte waren stolz auf ihren Beruf, hatten wenig Möglichkeit, ihren Status zu verändern und mussten im Gegenzug auch nicht viel Energie darauf verwenden, diesen zu erhalten. Dieser stabile Status förderte die soziale Integration und das Gefühl von Zugehörigkeit. Der Statuskampf wurde nicht individuell geführt, sondern betraf ganze Gruppen. Als Psychiater habe ich in den USA miterlebt, dass sich heutzutage umgekehrt die Gruppenzugehörigkeit laufend dem individuellen Status anzupassen hat. Wer weniger verdient, weil seine Firma nicht gut läuft, muss aus seinem Country-Club austreten, weil er dessen horrende Jahresgebühr nicht mehr bezahlen kann. Zudem werden er und seine Frau nicht mehr zu den Partys seiner nun viel reicheren Freunde eingeladen. Bald muss er auch von seiner noblen *Gated Community* in eine normale Wohnung ziehen, womit er und seine Familie die Nachbarschaft verlieren. Die Kinder müssen in eine günstigere Schule wechseln, woraufhin ihre „besten" Freunde ihre E-Mails nicht mehr beantworten.

Soziale Medien wie Facebook treiben den Dauerkampf um Status tüchtig an. Das fortlaufende Posten von Fotos, die uns auf dem Kilimandscharo, in den Tauchferien am Roten Meer, bei der Übergabe des Master-Diploms und mit einer neuen Chanel-Sonnenbrille zeigen, dient ja deutlich mehr dazu, unseren Status zu markieren als unsere soziale Integration zu fördern. Der schnelle Wechsel von Mitarbeitern, insbesondere Führungspersonen, macht den Kampf um Anerkennung ebenfalls nicht einfacher. Bei jedem neuen Chef und in jedem neuen Team muss ich meinen Leistungsstatus neu beweisen. Zudem ist die Anerkennung von Vorgesetzten und Mitarbeitern, die in rascher Folge wechseln, oberflächlich und kurzfristig.

Es ist paradox: Einerseits machen wir das Leben immer sicherer, andererseits verwandeln wir es in einen Dauerkampf. Unser Stresssystem ist aber gerade nicht auf einen

Dauerkampf vorbereitet, sondern auf kurze, vorübergehende Kämpfe eingestellt. Natürlich ist das Arbeitsumfeld kompetitiv, es braucht Hierarchien – gewisse Mitarbeiter werden befördert, andere nicht; irgendwann erkennt man, dass man für die Klassenschönste oder die hübscheste Kollegin keine Partneroption ist ... Stresspsychologisch entscheidend ist, dass man mit dieser Leistungswahrheit nicht andauernd konfrontiert wird. Das Wettrüsten der Staaten scheint sich jedoch in die Privatsphäre zu verlagern, wo es viel schwerer zu begrenzen ist. Man kann ja nicht mit jedem einen Abrüstungsvertrag aushandeln.

Dieser Dauerkampf in Kombination mit zunehmender Transparenz führt neben unspezifischen Stresssymptomen zu einem bestimmten psychologischen Problem: Scham. Sie entsteht einerseits in Situationen, in welchen eine Leistung oder eine soziale Erwartung nicht erfüllt wird. In der Moderne heißt die Erwartung Autonomie, Selbstverwirklichung und materieller Erfolg. Andererseits ist Scham das Gefühl der ungewollten Bloßstellung und der Verletzung von Intimsphären. Mit Google Street View ist es jedem jederzeit möglich, meine feudalen oder erbärmlichen Wohnverhältnisse einzusehen. Das ewige Gedächtnis des Internets erlaubt es zudem, peinliche Teenager-Selfies, impulsive Meinungsäußerungen und unternehmerische Konkurse auf alle Zeiten abzurufen. Der Philosoph Jean-Paul Sartre sah die Scham als ein Geständnis. In der Scham schäme ich mich dessen, was ich bin, und ich bin das, was die anderen von mir sehen. In der Scham begreife ich mich als Objekt, zu dem mich die anderen gemacht haben. Der Soziologe Georg Simmel beobachtete, dass Menschen uns in Schamgefühle stürzen, die uns weder völlig fern noch völlig nah stehen. Gerade diese Menschengruppe nimmt derzeit dramatisch zu: indem die soziale Integration abnimmt und sich unsere Leistungsideale gleichzeitig mehr und mehr vereinheitlichen.

Entsprechend nehmen Schamprobleme in der psycho-therapeutischen Arbeit immer mehr Raum rein. Schuld-gefühle werden dafür immer seltener. Das Problem ist nicht mehr, dass wir Regeln überschreiten, und uns dabei schuldig fühlen, sondern dass wir in den Augen der anderen die Leistungsziele nicht erreichen. Schuldgefühle sind einfacher auszuhalten als Schamgefühle. Bei Schuld gibt es die Möglichkeit der Wiedergutmachung. Die Scham dagegen ist ohne Ausweg. Der Beschämte möchte sich verstecken, doch lässt dies die Forderung nach Transparenz nicht zu. Gemäß der evolutionären Theorie von Price haben Scham- und Schuldgefühle die Funktion, einen tiefen Status zu akzeptieren und zu kommunizieren, um in diesem tiefen Status akzeptiert zu werden. Der sich globalisierende amerikanische Traum, dass jeder ein Phönix ist, der jederzeit aus der Asche steigen kann und soll, erschwert aber das Akzeptieren von Statusverlust. Die protestantische Arbeitsethik hat Armut zur Schande hervorgebracht. Das moderne Individuum ist angehalten, sich täglich abzustrampeln, um sein Gesicht zu bewahren. Nichts wird einem geschenkt, nichts ist stabil. Die Definition körperlicher Schönheit als Verhältnis von Fett- zu Muskel- und Knochenmasse bringt auch in diesem Bereich Dynamik und Aussicht auf Verbesserung. Marx' Vorstellung von stabilen Klassen, mit denen sich Menschen identifizieren und für welche sie kämpfen, entpuppt sich als romantische Wunsch-vorstellung. Besonders schwierig haben es Menschen, die einen inkongruenten Status haben. Das bedeutet, dass verschiedene Aspekte ihres Status nicht zusammenpassen. Hohe Bildung bei einer beruflich untergeordneten Stellung oder bei tiefem Einkommen erzeugt besonders viel Scham (Lundberg, Kristenson et al. 2009). Die Akademisierung von immer mehr Berufen wird dieses Schamproblem noch verstärken. Und nicht alle haben die Möglichkeit, ihre Scham mit Streiks zu bekämpfen, wie die deutschen Lokomotivführer, deren Status unklar zwischen Flugpilot und Zugbegleiter schwebt.

Ein besonderes Problem des instabilen Status ist das Älterwerden. Dies trifft vor allem Menschen, die sich in ihrem Leben an einen stetigen Statusgewinn gewöhnt haben. Der Grund dieses Problems ist, dass gegenläufig zum Status intellektuelle Fähigkeiten im Verlauf des Lebens abnehmen. Diese Abnahme beginnt bereits ab dem 18. Lebensjahr. Zwischen dem 35. und 45. Lebensjahr verändern sich diese Fähigkeiten nicht. Doch ab 45 nehmen sie deutlich ab. Dies betrifft vor allem die geistige Geschwindigkeit, die maßgebend den IQ bestimmt. In weniger starkem Ausmaß nehmen aber auch das logische Denken, die räumliche Vorstellungskraft und das Gedächtnis ab. Je mehr gefühlter Stress, desto schneller findet die Abnahme dieser Fähigkeiten statt (Brevik, Eikeland et al. 2013). Die Erfahrung nimmt zwar mit dem Alter zu, aber die zunehmend schnelle Veränderung der Arbeitswelt entwertet zusehends Erfahrungswissen und Erfahrungsintelligenz. Es wird deshalb im Alter immer schwieriger, den sozialen Status zu halten. Die Chefsekretärin hat zunehmend Mühe, eine neue Software zu beherrschen. Jüngere Kolleginnen, die ihren Chef umschwärmen, machen sich lustig über sie. Ein gestandener CEO stellt mit Erstaunen fest, dass er mit dem Sitzungsmarathon, der Reisetätigkeit, den Rapporten an den Verwaltungsrat und dem kritischen Bericht eines Wirtschaftsprüfers überfordert ist. Undenkbar aber, dass er seine Stelle aufgibt! Weder das Unternehmen noch die Gesellschaft haben einen Exit-Plan für ihn. Seine junge Freundin ist sichtlich verstimmt, als er ihr von seinem Dilemma erzählt.

Ein selbständiger Software-Experte verliert seinen Hauptkunden, weil er einen Programm-Fehler nicht in der geforderten Zeit beheben kann. Gleichzeitig verliert seine Frau ihre Stelle als Kassiererin in einem Warenhaus, weil das Unternehmen Selbstbedienungskassen eingeführt hat. Für eine Weiterbildung wird sie als zu alt eingeschätzt.

Diese Beispiele veranschaulichen, warum das Alter zum wichtigsten Grund für Suizide geworden ist. Bei Männern nimmt das Suizidrisiko zwischen dem Alter von 45 und 55 Jahren deutlich zu, also genau dann, wenn die intellektuelle Leistungsfähigkeit abnimmt. Ab dem 70. Lebensjahr nimmt es noch stärker zu. Wenn nur noch Leistung zählt, sind Krankheit und körperlicher Zerfall schwer zu ertragen.

Das ökonomische Leistungsdenken hat auch große soziale Vorteile, sonst wäre es nicht so erfolgreich. Ein ganz bedeutender Vorteil besteht darin, dass es Diskriminierung aufgrund von Merkmalen bestraft, die nichts mit individueller Leistung zu tun haben. Eine amerikanische Basketball-Mannschaft kann es sich nicht mehr leisten, auf schwarze Spieler zu verzichten, selbst wenn ihr Besitzer ein verkappter Rassist ist. Die Walt Disney Company könnte sich nicht an der Weltspitze halten, wenn sie auf die Mitarbeit von Schwulen und Lesben verzichtete, obwohl sie damit Gefahr läuft, dass sich ihr homophober Gründer deswegen im Grab umdreht. Diese Bestrafung von sozialer Diskriminierung stärkt die Resilienz auf bedeutsame Weise und verändert das Zusammenleben spürbar. Es spielt nicht mehr so eine wichtige Rolle, ob eine Mitschülerin aus Syrien oder aus Deutschland kommt. Viel wichtiger ist, dass ihre Eltern Akademiker sind, keinen verbeulten Mitsubishi Colt fahren und keine ausgelatschten Schuhe tragen.

Soziale Diskriminierung, die nicht auf Leistung beruht, gehört zu den größten psychischen Belastungen überhaupt. Der Philosoph Axel Honneth weist darauf hin, dass erst durch die Individualisierung von Status die Missachtung aufgrund von Gruppenmerkmalen zu einer existenziellen Erniedrigung und Demütigung geworden ist (Honneth 1994). Die Konsequenzen dieser Missachtung werden typischerweise mit Metaphern beschrieben, die sich auf den körperlichen Zerfall beziehen: „Kränkung" bei Herabwürdigung einer Lebensform und „sozialer Tod" bei vollständigem Ausschluss aus der Gemeinschaft. Die rechtliche Unterprivilegierung, wie sie Schwarze in Südafrika erfahren haben, führt zu derartigen Schamgefühlen, dass Menschen bereit waren, lebenslängliche Haftstrafen oder sogar den Tod in Kauf zu nehmen, um auf ihre Würde aufmerksam zu machen. Aber auch in Ländern wie Deutschland oder den USA, die aktuell viel Wert auf die rechtliche Anerkennung aller Menschen legen, gehört die Zugehörigkeit zu einer Minderheit zu den wichtigsten Umwelt-Risikofaktoren für psychische Störungen. Eine neurobiologische Studie zeigte, dass türkischstämmige Menschen in Deutschland deutlich mehr chronischen Stress erlebten und mehr Hirnaktivität im limbischen Hirnsystem aufwiesen als deutschstämmige Versuchspersonen (Akdeniz, Tost et al. 2014).

Die Mechanismen der Diskriminierung werden immer versteckter und subtiler. Die Bewunderung des Charmes und der Fürsorglichkeit von slawischen Frauen oder der Körperkraft und des musikalischen Talents von Migranten aus Haiti sind für die Statusgerechtigkeit kein Vorteil. Komiker, die sich über Italiener lustig machen, weil sie sich so zielstrebig und ehrgeizig wie Deutsche verhalten, sind auch nicht sehr hilfreich. Auch das begeisterte Staunen darüber, dass es ein Halb-Kenianer tatsächlich geschafft hat, Präsident der USA zu werden, enthält mehrere diskriminierende Elemente. Solche kleinen, aber alltäglichen Spitzen gegen Minderheiten sind ein unspezifischer, aber bedeutsamer Risikofaktor für fast alle psychischen Störungen (Rodriguez-Seijas, Stohl et al. 2015).

Was kann man gegen den zermürbenden Dauerkampf um Status und Anerkennung tun? Wichtig scheint mir, wettbewerbsfreie Zeiten und Zonen zu schaffen. Eine der erfolgreichsten Tennis-Trainerinnen aller Zeiten, Larisa Dmitrievna Preobrazhenskaya, die unter anderem den Tennis-Star Anna Kournikova trainierte, schuf eine solche Zone auf ihre berüchtigt radikale Weise. Sie verbot ihren Schülern, in den ersten drei Jahren an Wettkämpfen teilzunehmen. Sie hielt es für einen absoluten Fehler, jemanden in einen Wettkampf zu schicken, der die notwendigen Voraussetzungen nicht mitbrachte. „Wenn ihr ohne Technik spielt, ist das ein großer Fehler! Ein großer, großer Fehler!", sagte sie mit Vehemenz, wenn die ehrgeizigen Eltern, die ihren teuren Unterricht bezahlten, mit dieser Regel nicht einverstanden waren. Der Erfolg gab ihr recht. Auch neurobiologisch macht ein solches Wettbewerbsverbot Sinn, weil wiederholtes Üben zur Ausbildung von Myelin-Scheiden um die Nervenzellen führt, die für die rasche, eingespielte Übertragung von Informationen notwendig sind. Möglicherweise stört ein frühzeitiger oder Dauer-Wettbewerb, in dem die Bewegungen impulsiver und ungenauer als im Training sind, die Ausbildung von Myelin. Dies gilt nicht nur für Lernende. Roger Federer plant ausgedehnte wettkampffreie Zeiten in seinen Tournier-Kalender ein.

Kein Tier lässt sich auf einen Dauerwettkampf ein. Zwei Enten treffen sich, führen einen kurzen Territorial-Kampf aus, drehen sich vom Gegner ab, schlagen zweimal mit den Flügeln, um sich von der negativen Statusenergie zu befreien, und schwimmen in aller Ruhe weiter.

Wirksam im „Kampf gegen den Statuskampf" ist das beständige Hinterfragen extrinsischer, materialistischer Werte. Der Schriftsteller Michel Houellebecq beobachtete, dass sich moderne Menschen selber in zwei Gruppen einteilen. Die eine Gruppe – die Minderheit – erzeuge Interesse und sexuelles Begehren bei der anderen Gruppe, nämlich der Mehrheit, der dies nicht gelinge. Dass eine Elite der Schönen und Reichen sich einen narzisstischen Dauer-Wettkampf um Geld und Attraktivität liefere, sei nicht so erstaunlich, meint der Autor. Erstaunlich sei vielmehr, dass einfache Leute, die arbeiten und die Waren für den täglichen Bedarf produzieren und sich für ihre Kinder aufopfern, sich freiwillig diesem Kampf ausliefern. Diese Menschen seien in ihrer Jugend nicht schön, später nicht ehrgeizig und zu keinem Zeitpunkt reich gewesen. Doch aus tiefstem Herzen würden sie Jugend, Reichtum und Sex als verbindliche Werte anerkennen. Warum eigentlich? Immerhin helfen gewisse Firmen, wie das Modehaus H&M, den Kampf um materiellen Status zu entschärfen. H&M platziert seine Flagship-Stores an den berühmten Luxus-Einkaufsstraßen in London, Mailand und Paris zwischen Armani- und Chanel-Boutiquen. Dort werden Kleider, die wie teure, besondere Mode aussehen, zu billigen Preisen verkauft. Das bringt den Mode-Status-Kampf auf erfreuliche Weise durcheinander (zumindest für das ungeübte Auge).

Das Zusammenarbeiten von Kollegen sollte nicht unnötig in Wettkampf verwandelt werden. Die absolute und nicht die relative Leistung von Mitarbeitern tragen zu einem Firmenergebnis bei. Wenn eine Autofirma zwei Spitzenverkäufer hat, Herrn A. und Herrn B., spielt es für die Firma keine Rolle, ob Herr A. 2 % mehr Autos verkauft als Herr B. Für Wohlstand und Stabilität ist es wichtig, dass möglichst viele Menschen gut ausgebildet sind. Auch hier geht es um die absolute und nicht um die relative Bildung. Dass Schülerin W. von Dorf X. 1,5 % weniger Rechtschreibfehler als Schülerin Y. im Städtchen Z. macht, ist bedeutungslos. Trotzdem werden immer mehr Ranglisten erstellt, womit die relativen anstelle der absoluten Leistungen belohnt werden. Oder anders gesagt: Belohnung gibt es nur für Zusatzleistungen. Der Grund dafür ist oft banal, nämlich dass relative Leistungen einfacher zu messen sind als absolute. Damit wird Kooperation unnötig in Kompetition verwandelt. Die Vergabe von Status mittels Ranglisten ist immer ein Nullsummenspiel. Für jeden Erfolg dieser Art braucht es ein Scheitern. Im Gegensatz dazu können gemeinsame moralische Werte und Solidarität helfen, das Ranglisten-Denken in ein Wir-Gefühl zu überführen.

Um das Statusproblem des Älterwerdens zu entschärfen, helfen Karrieren, die nicht als Treppen oder Leitern, sondern als Bogen geplant werden. Führungspersonen gleichen nach dem 50. Lebensjahr oft Hamstern, die den Ausstieg aus dem Rad nicht finden. Tatsächlich gibt es oft keinen guten Ausstieg. Das Aufgeben von Führungsverantwortung kommt einem schweren Gesichtsverlust gleich. Es wird erwartet, dass man immer mehr Mitarbeiter dirigiert und immer mehr verdient. Wer Verantwortung abgibt, gilt als Loser oder fühlt sich als ein solcher. Verlustangst und Sorgen um den eigenen Besitz sind wichtige Motive, die das Hamsterrad in Schwung halten. Für Spitzenmanager wäre es wichtig, ehrenvolle Exit-Möglichkeiten zu haben, z. B. die Übernahme einer Beratungstätigkeit oder einer Professur, in welcher sie ihr Wissen und ihre Erfahrung vermitteln könnten, oder das Präsidium eines Vereins, bei welchem sie ihr soziales Netz nutzbar machen könnten.

Ein seit Jahrhunderten bewährtes Mittel gegen Statusstress ist Humor. Am Karneval können wir in eine andere Statusrolle schlüpfen, ungehemmt über uns und das Statusdenken lachen und die Manager-Krankheit der Mächtigen, sprich relative Stressfreiheit, genießen. Die Narrenkappe macht alle gleich. Humor aktiviert das Hirnbelohnungssystem, was das Stresssystem mächtig dämpft. Ferner hilft Humor, Gefühle und Gedanken neu miteinander zu verknüpfen. Damit trägt er dazu bei, Dinge in einem anderen Licht zu sehen. Wer regelmäßig die Welt mit Humor betrachtet, wird mit einer Zunahme an grauer Hirnsubstanz belohnt (Kipman, Weber et al. 2012). Dies stärkt die psychische Widerstandskraft im Status-Dauerkampf.

4 Die Faszination des Negativen

Merken Sie sich bitte die folgenden Wörter:

Vers[A], Schaden[B], Zeit[A], Ärger[B], Schritt[A], Sorge[B], Glanz[A], Wunde[B], Lob[A], Last[B].

Am Ende dieses Kapitels werde ich Sie auffordern, sich an die Wörter dieser Liste zu erinnern.

Wie ich gezeigt habe, sind die wichtigsten Gründe für den Zerfall der Resilienz kultureller und sozialer Natur: Bedeutungsverlust, soziale Desintegration und Status-Dauerkampf. Diese Gründe erklären den größten Teil des Resilienz-Zerfalls, und ich könnte hier eigentlich das Buch beenden. Dies wäre aber ein deprimierendes Ende, weil ich diese Faktoren nicht beliebig verändern kann. Wenn jeder Mensch, den wir kennen, jedes Jahr in eine andere Stadt zieht, ist die Verwurzelung keine Option, auch wenn wir mit den allerbesten „social skills" ausgerüstet sind. Wenn mir meine früheren Kommilitonen, die ich auf einer Weiterbildung treffe, ausschließlich soziale Anerkennung für die Anzahl der mir unterstellten Personen und mein Forschungsbudget geben, konfrontieren sie mich mit einem Statuskampf, dem ich mich nur schwer entziehen kann. Die Fähigkeit, auf soziale Anerkennung zu verzichten, ist nur wenigen Menschen gegeben. Ein wohlwollendes Arbeitsklima, eine gute Unterstützung durch Freunde und Familie und die Fokussierung auf die Gegenwart (siehe Kapitel 9) fördern innere Unabhängigkeit. Die Sucht nach Anerkennung ist aber ein gemeinsames Problem, das man nicht allein in den Griff kriegen kann. Ratgeber-Bücher über Resilienz erwähnen oft die wirklichen Ursachen unseres Stressgefühls nicht, sondern beschäftigen sich stattdessen von der ersten bis zur letzten Seite mit psychologischen Faktoren, die Einzelpersonen betreffen. Dies ist wissenschaftlich fragwürdig, ja geradezu irreführend, weil die Zunahme des gefühlten

Stresses kein Einzel-, sondern ein Gesellschaftsphänomen ist.

Ich dramatisiere nun etwas. So negativ und ausweglos ist unsere Situation zum Glück nicht. Die psychologische Forschung hat mit Erfolg Faktoren gefunden, die unser Stresslevel maßgebend beeinflussen und die wir auch als Einzelperson beeinflussen können. Der Hauptbefund dieser Forschung ist folgender: Menschen, welche sich und die Welt positiv sehen, sind resilienter als solche, die sich und die Welt in ein negatives Licht tauchen. Man dürfte nun erwarten, dass Journalisten, Philosophen, Psychotherapeuten, Filmemacher und Buchautoren uns im Stress-Jammertal zur Seite stehen und uns helfen, unsere Vergangenheit, unsere Gegenwart und unsere Zukunft positiv zu sehen. Doch sie denken nicht daran! Unbarmherzig beschießen sie uns mit Informationen, die vor allem eines tun: unser Stresssystem zusätzlich zu aktivieren. Und sie tun dies natürlich vor allem deshalb, weil wir liebend gern ihre Produkte des Negativen konsumieren, als seien sie eine Lebensnotwendigkeit. Mit diesem Paradoxon – und was wir dagegen tun können – beschäftige ich mich in diesem Kapitel.

Negativität ist ein grundlegendes Kennzeichen der menschlichen Existenz und der historischen Realität der Menschheit, die wir uns nicht aussuchen können. Davon zu unterscheiden ist das Negativitätsdenken und die Faszination am Negativen, bei dem wir zu einem gewissen Grad eine Wahl haben. Buddhistische Mönche denken ausgesprochen positiv, gerade weil sie sich der existenziellen Dimension des Negativen sehr bewusst sind. Die Mehrheit der Menschen hat einen psychologischen Hang zum Negativen. Wissenschaftlich nennt man diesen Hang „negativity bias". Unser Gehirn reagiert stärker auf negative als auf positive Informationen, seien dies Wörter, Bilder, Gesten oder Nachrichten. Dieser Hang ist teilweise absichtlich oder bewusst, teilweise automatisch und unbewusst. Das heißt, wir können diesen Hang nicht ganz frei wählen und steuern. Er hat einen großen Einfluss auf unser Verhalten, Fühlen und Denken. Nach einem Bewerbungsgespräch, das schlecht lief, machen wir uns mehr Gedanken über das Gespräch, als wenn es gut lief. Ehepartner müssen im Durchschnitt fünfmal mehr positive Momente mit ihrem Partner erleben als negative, damit die Ehe stabil bleibt. Das zeigt, dass negative Interaktionen schwerer wiegen als positive. Wenn eine Mutter ihr Kind anschreit, erzeugt das eine größere Veränderung des kindlichen Verhaltens als wenn sie es lobt, zumindest kurzfristig. Wir müssen doppelt so viel gewinnen, z. B. 200 Euro, um einen Verlust von 100 Euro psychisch auszugleichen. Ein negatives Ereignis genügt, unseren Ruf zu schädigen; es braucht dann übermäßig viele positive Erfahrungen mit uns, bis unser Ruf wieder intakt ist.

Es gibt Ausnahmen von dieser Negativitätsregel: Eine Person, die wir einmal als extrem intelligent erlebt haben, werden wir als intelligent einstufen, selbst wenn sie ziemlich viele Dummheiten von sich gibt. Viele Menschen vergessen negative Erfahrungen schneller als positive. Die allgemeine Überzeugung, dass ursprünglich und früher alles viel besser war als heute, zeugt von dieser verzerrten Wahrnehmung. Auch bei Informationen zu unserer Person blenden wir negative zugunsten von positiven aus (Baumeister, Bratslavsky et al. 2001).

Warum wird dennoch prinzipiell das Negative stärker beachtet als das Positive? Das hat vermutlich damit zu tun, dass es wichtig für unser Überleben ist. Die Vermeidung eines negativen Ereignisses wie die Gefahr, die Straße zu überqueren, wenn gerade ein Sattelschlepper auf uns zukommt, kann unser Leben retten. Das Verpassen einer positiven Chance ist fast nie lebensbedrohlich. Kinder haben einen ausgeprägten Hang zum Negativen, weil ihr Leben durch äußere Gefahren besonders bedroht ist. Im Alter nimmt der „negativity bias" deutlich ab. Dieser Entwicklungs- und Alterungsprozess betrifft eine Reihe von Hirnfunktionen einschließlich Wahrnehmung, Aufmerksamkeit, Emotionalität, Gedächtnis und Interpretation von Informationen und Situationen. Der „negativity bias" der Aufmerksamkeit ist besonders bedeutsam, weil Aufmerksamkeit ein knappes Gut ist. Es braucht nur den Ton einer Alarmanlage oder den Duft nach Verbranntem, und schon kürzt unser Hirn die Aufmerksamkeitsressourcen für ein Goethe-Gedicht oder das Betrachten eines Fliederbusches derart rigoros, dass jegliche Lust auf Schönes und Erhabenes unmöglich wird.

Der Hang zum Positiven beziehungsweise Negativen ist vermutlich der wichtigste individuelle Resilienzfaktor überhaupt. Menschen, welche die Welt eher positiv sehen, haben eine deutlich bessere Resilienz als Menschen, die sie negativ einfärben. Dies zeigt sich bereits im Kindesalter. Um die Resilienz vorauszusagen, hat sich folgendes Experiment bewährt (Joormann, Talbot et al. 2007): Das Kind, dessen Resilienz man untersuchen möchte, schaut sechs Minuten lang einen traurigen Film. Zum Beispiel über ein Kind, das sich von seiner todkranken Mutter verabschiedet, oder einem Teenager-Mädchen, das gerade erfährt, dass die beste Freundin gestorben ist. Dann werden den Kindern auf einem Computer-Bildschirm 98 Paare von Gesichtern gezeigt. Eines der Gesichter hat immer einen neutralen Gesichtsausdruck, das andere hat in 50 % einen glücklichen und in 50 % einen traurigen Gesichtsausdruck. Die Präsentation eines Gesicht-Paars dauert eine Sekunde, danach erscheint auf einer Seite ein Punkt. Das Kind hat zwei Tasten vor sich und muss, sobald es den Punkt sieht, die linke Taste drücken, falls der Punkt auf der linken Seite erscheint, und die rechte Taste, falls der Punkt rechts zu sehen ist. Kinder mit einem starken Hang zum Negativen brauchen relativ viel Zeit zum Drücken der Taste, wenn sie ein trauriges Gesicht sehen und der Punkt auf der anderen Seite erscheint, also dort, wo das neutrale Gesicht gezeigt wurde. Das traurige Gesicht nimmt ihre Aufmerksamkeit derart gefangen, dass sie Mühe haben, sich plötzlich mit der anderen Seite des Bildschirms zu befassen. Glückliche Gesichtsausdrücke beschäftigen sie kaum, was sich in einer schnellen Reaktionszeit beim Wechsel der Bildschirmseite zeigt. Bei Kindern, die einen Hang zum Positiven haben, ist es gerade umgekehrt. Eine Unmenge von Studien belegt, dass Kinder, aber auch Erwachsene, mit einem Hang zum Positiven deutlich resilienter sind als Personen mit einem Hang zum Negativen (Disner, Beevers et al. 2011).

Gemäß Umfragen glauben die meisten Menschen, dass das Negative zunehme. Sie glauben, dass frühere Epochen friedlicher, gewaltloser und konfliktfreier als unsere waren. Der Psychologe Steven Pinker ist dieser Frage wissenschaftlich nachgegangen. Er zeigt, dass unsere Wahrnehmung einer gewaltigen Täuschung unterliegt. Leichenbefunde belegen, dass in vorstaatlichen Zeiten bis zu 50 % aller Menschen durch Mord oder Krieg ums Leben kamen. Der Eismann Ötzi wurde von einem Pfeil an der Schulter verletzt. Dies führte vermutlich zu einem Sturz mit tödlichem Schädelbruch. In der Ötzi-Zeit, vor ca. 5 000 Jahren, waren solche Schicksale ziemlich normal. Im blutigen 20. Jahrhundert mit seinen Schützengräben, Blitzkriegen und Atombombenabwürfen starben gerade noch 0,7 % der Menschen durch Gewalt. Im 21. Jahrhundert, dem Jahrhundert terroristischer Sprengstoffanschläge und Selbstmordattentate, sterben in westlichen Ländern gerade 1 von 100 000 Personen pro Jahr bei Krieg, Mord und Totschlag. Experten können sich eine tiefere Mordhäufigkeit kaum vorstellen. Noch nie lebten Menschen unbedrohter und friedlicher als wir in diesem Moment. Daran ändern auch die tragischen Terroranschläge in jüngster Zeit nichts.

Statt diesen einmaligen relativen Frieden in vollen Zügen zu genießen, quälen wir uns mit immer mehr Sorgen über unsere Sicherheit und all dem Negativen, das in der Welt passiert. Was macht das Negative so attraktiv, sogar attraktiver als das Gefühl realer Sicherheit? Woher dieser regelrechte Hunger nach existenziellem Stress? Ein Grund ist, dass extremer Stress das Gefühl von Tiefsinnigkeit vermittelt. Ganz unterschiedliche Denkströmungen, die sich gegen die oberflächliche Rationalität der Aufklärung richteten, teilen die Faszination am Negativen. Hegel dachte das Verhältnis von Herr und Knecht als einen Kampf um Leben und Tod. Entsprechend hielt er Krieg für eine Notwendigkeit. Er betrachtete den Militärstaat Preußen als anderen Staaten überlegen, weil diese ihre Ressourcen vorwiegend in nicht-militärische Dinge wie Bildung, Kunst und Industrie steckten. Marx sah die Geschichte als einen anhaltenden Kampf sozialer Klassen. Novalis und Hölderlin besangen die poetische Kraft des Krieges. Der Sozialist und Schriftsteller Émile Zola hielt z. B. den Krieg für das Leben selbst. Thomas Mann hielt ihn für reinigend und befreiend. Der Musiker Igor Strawinsky glaubte, Krieg sei notwendig für den Fortschritt des Menschen. Der Philosoph Friedrich Nietzsche befürchtete, dass ohne Krieg die Welt im Materialismus versinke. Für ihn diente die Verherrlichung und Verklärung der Schreckmittel und Furchtbarkeiten des Daseins als Heilmittel vom Dasein. Auch der Soziologe Max Weber hielt den Tod in der Schlacht für den zentralen Sinnstifter. Es ist klar, dass für all diese Koryphäen die psychische und körperliche Gesundheit normaler Menschen nicht das höchste Ziel war. Hegel brachte es auf den Punkt: „Die Idee des göttlichen Lebens sinkt zur Fadheit herab, wenn der Schmerz darin fehlt."

Das Aushaltenkönnen von Fadheit ist tatsächlich eine Fähigkeit, die unsere Resilienz stärkt. Weil diese aber nur wenigen gegeben ist, vereinigen sich Schriftsteller aller Art im Kampf gegen diese Fadheit. Nicht nur Kriminalromane werden immer brutaler, Darstellungen und Reflexionen über rohe Gewalt setzen sich auch in der anspruchsvollen Literatur durch. Werke, die in den letzten Jahren mit dem Büchner-Preis geehrt wurden, beschäftigen sich mit dem Schreiben im Todesstreifen, mit der Genealogie des Tötens und dem Leben als Mörder. Die Abnahme realer Morde und real existierender Todesstreifen scheint der Aktualität dieser Bücher, die ich nicht gelesen habe, keinen Abbruch zu tun.

Auch die Medien opfern zunehmend ihre Funktion, die Bevölkerung objektiv zu informieren, der „Aufgabe", der Hegel'schen Fadheit entgegenzuwirken. Im Jahr 1980 bezogen sich gerade 7 % der Nachrichten auf Gewalt und Verbrechen. Im Jahr 1998 waren es bereits 13 % und der Anteil steigt weiterhin (Patterson 2000). Mit Großaufnahmen und farbkräftigen Bildern verstärken sie die Wirkung des Negativen noch. Politisch relevante, „harte" Informationen werden in diesem Prozess zunehmend von „weichen" verdrängt, nämlich sensationsgeladenen Geschichten über Verbrechen, Katastrophen und Familientragödien. Der Trend zu mehr emotionsgeladenen, negativen Berichten ohne politische Relevanz betrifft auch die öffentlich-rechtlichen Rundfunkanstalten ARD und ZDF (Donsbach and Büttner 2005). Wie schon erwähnt: Diese Medienkampagne ist äußert wirksam darin, den Zuschauern zu vermitteln, wir lebten in einer äußert gefährlichen und brutalen Zeit.

Der Sozialpsychologe Roy Baumeister untersuchte in Experimenten den Zusammenhang zwischen extremem Stress und Bedeutung. Er wies nach, dass Negatives uns anregt, über Sinnfragen nachzudenken (Baumeister, Bratslavsky et al. 2001). Andere Forscher fanden, dass schwerwiegende negative Ereignisse unsere Fähigkeit fördern, Bedeutung zu konstruieren. Gemäß Hegel ist die Negativität eine ungeheure Macht, in der absoluten Zerrissenheit zu sich selbst zu finden. Religiöse Bedeutungssysteme haben zwar auch Sinn aus Leiden, Folter und Tod konstruiert, doch weisen die Religionssoziologen Rodney Stark und Roger Finke nach, dass der Erfolg und Nutzen von Religionen vor allem darin besteht, positive Bedeutung im Sinne von Hoffnung und Anerkennung zu gewähren, nach denen eine allgemeine und unerschöpfliche Nachfrage herrscht. Offensichtlich braucht es für die Bedeutung aus dem Positiven eine umfassend geglaubte Religion, sprich Sinn-Totalität, die wir verloren haben. Die Wirtschaft hat zwar erfolgreich neue Belohnungsquellen geschaffen, doch erleben viele Menschen diese als oberflächlich und nicht tiefsinnig genug, um daraus einen Lebenssinn abzuleiten. Was bleibt ist das Negative, das auch nach dem Zerfall der Sinn-Totalität das Gefühl tiefer, existenzieller Bedeutung erzeugt.

Die Faszination am Negativen ist vermutlich auch eine Antwort auf die gefühlte Beziehungslosigkeit. Wie ich schon erwähnt habe, besprechen 44 % der Menschen in den USA ihre Probleme mit niemandem oder ausschließlich mit einem Familienmitglied, also meist nicht mit einem Außenstehenden. Dieser Trend nimmt zu und macht vor Europa keinen Halt. Er bedeutet, dass tiefe Freundschaften mit Personen außerhalb der Familie nur noch selten vorkommen. Brauchen wir solche Beziehungen überhaupt? Das Banker-Paradox ist eine evolutionspsychologische Erklärung unserer Fähigkeit, stabile Beziehungen zu entwickeln, die weder genetisch noch rein rational zu begründen sind (Tooby and Cosmides 1996). Dazu gehören tiefe, langfristige Freundschaften. Rationale Banker geben nur demjenigen Kredit, dem es bereits gut geht. Wer in Not ist, kriegt keinen Kredit, weil er ja ein Risiko für die Bank darstellt. In der Frühzeit der Menschheit sind vermutlich viele Menschen, z. B. Waisenkinder oder Witwen, wegen dieses Paradoxes gestorben. Die Evolution der menschlichen Psyche stand deshalb unter Druck, ein Beziehungssystem zu entwickeln, das es ermöglicht, auch Menschen in Not zu helfen. Dieses System baut auf der nachhaltigen Dankbarkeit und Beziehung zu Menschen auf, die einem in der Not helfen. Aussagen wie „Ich bin dir ewig dankbar", „Du kannst immer auf mich zählen" und „Du bist ein echter Freund" sind Ausdruck dieses Beziehungserlebens, das mehr ist als das Verfolgen rationaler Interessen. Es besteht eine gute Chance, dass solche Freunde einem helfen, wenn man in Not gerät. Die Hilfe in einer Notlage ist das Fundament solcher Beziehungen. Die Not sollte möglichst schwerwiegend und existenziell sein, z. B. verletzt auf einem Schlachtfeld liegen, damit sich tiefe und nachhaltige Bindungen ausbilden. Da existenzielle Notlagen immer seltener werden, und der Staat fast alle Samariter-Rollen übernommen hat, fehlen die Möglichkeiten und der Bedarf, tiefe Freundschaftsbeziehungen zu entwickeln. Was aber bleibt, ist der Hunger nach tiefen, vertrauensvollen Beziehungen. Der sexuelle Erfolg von Tauchlehrern und Bergführern belegt, dass dieses alte Beziehungssystem immer noch bestens funktioniert. Gemeinsame Klettertouren, Segeln auf der unruhigen Nordsee, Tauchen in verbotenen Tiefen und andere Faszinationen an existenziellem Stress sind oft Versuche, zwischenmenschliche Beziehung zu vertiefen. Unser Beziehungssystem merkt aber leider, dass diese Notlagen inszeniert sind. Und so gleichen wir immer mehr dem Banker, der uns zum Freund wählt, wenn es uns gut geht, uns aber fallen lässt, sobald wir langweilig, krank oder zum sozialen Risiko werden.

Die Fähigkeit von Negativität und existenziellem Stress, Beziehungen emotional zu vertiefen, zeigt sich nicht nur bei Freundschaften, sondern auch in sozialen Hierarchien. Die Beliebtheit und Begeisterung für den ehemaligen US-Präsident George W. Bush hielt sich nach seiner Wahl in engen Grenzen. Erst die Terroranschläge vom 11. September 2001 gewährten ihm die Begeisterung der Massen, und seine Beliebtheit stieg um 50 %. Seine irrational-existentialistischen Reden halfen ihm 2004, sich gegen den vernünftigeren, lösungsorientierten Kandidaten John Kerry durchzusetzen. Bushs Faszination am Negativen, an einer verschworenen Achse des Bösen und phantasierten Massenvernichtungswaffen im Irak, kostete die Amerikaner und die ganze Welt weit mehr Tote als die Terroranschläge auf das World Trade Center.

Experimentelle Studien zeigen, dass die Begeisterung für einen überzeugten Führer, der zu allem entschlossen ist, kein Bush-spezifisches Phänomen ist. Künstlich induzierte Todesängste führten in diesen Studien zur Bevorzugung charismatischer Führer und zur Abwertung sozial- und sachorientierter Politiker (Cohen, Solomon et al. 2004). Dazu passt auch die beunruhigende Tatsache, dass die beiden bedeutendsten Existenzphilosophen, also die Meister des Negativen, des Todes und des Nichts, zeitweise charismatische Diktatoren unterstützten: Heidegger Hitler und Sartre Stalin. Diese Zusammenhänge helfen zu erklären, weshalb populistische Politiker und populäre Medien uns weismachen wollen, dass wir in der gefährlichsten und krisengeschütteltsten aller Zeiten leben. Das Verbreiten negativer Informationen ist ein wichtiger Machtfaktor. Die Regel „Macht durch Negatives" gilt nicht nur für Politik und Medien. Auch in sozialen Mikrosystemen kann man sich mit Klatsch und Tratsch wichtigmachen. Selbst Gebrauchsanweisungen mit bedrohlichem Inhalt werden als kompetenter wahrgenommen als solche, die auf bedrohliche Informationen verzichten.

Trägt die sozial, medial und kulturell geförderte Faszination am Negativen zu einer Schwächung der Resilienz bei? Interessant sind in dieser Hinsicht kulturvergleichende Studien. In Texten kann man negative und positive Wörter und Ausdrücke zählen und so einen kulturellen „negativity bias" bestimmen. Allgemein zeigen Texte aller Sprachen, die bisher untersucht wurden, ein Überwiegen positiver Wörter (Dodds, Clark et al. 2015). Das Ausmaß dieses Überwiegens ist aber je nach Kultur unterschiedlich. Texte in südamerikanischem Spanisch und Portugiesisch weisen den größten Anteil positiver Wörter auf. Englische, deutsche und französische Texte liegen im Mittelfeld. Am wenigsten positive Wörter verwenden Menschen, die russisch und chinesisch schreiben. Interessanterweise entspricht diese Verteilung ziemlich genau dem Suizid-Risiko in den entsprechenden Gebieten. Südamerikaner bringen sich vergleichsweise selten um, in Russland ist das Suizid-Risiko höher als in Europa und Amerika. Man kann deshalb spekulieren, dass eine Kultur, die den Gebrauch positiver Wörter fördert, die Resilienz stärkt. Dass gerade russische Autoren den größten und nachhaltigsten Einfluss auf die Weltliteratur ausübten, ist vom Standpunkt der Resilienzpsychologie unglücklich. Dostojewskis Roman *Schuld und Bestrafung*, ein Vorläufer des modernen Kriminalromans, weist z. B. viel mehr negative Wörter auf als der amerikanische Roman *Moby Dick* oder der auf Französisch geschriebene *Graf von Monte Christo*.

Die physiologischen Folgen einer Überschwemmung mit negativen Reizen können vielfältig sein. Seit langem ist bekannt, dass häufiger Fernsehkonsum zu Übergewicht führt. Viele Experten machen die körperliche Inaktivität und nicht die Inhalte des Programms dafür verantwortlich. Diese Annahme schien mir schon immer fragwürdig, weil wir ja ganz oft körperlich inaktiv sind, z. B. bei Sitzungen oder vor dem Computer, was aber nicht zu einer Gewichtszunahme führt. Neuere Untersuchungen zeigen, dass das Schauen von Wissenschaftssendungen und informativen Talkshows kein Übergewicht verursacht. Es sind spezifisch Sendungen mit brutalen Szenen, abrupten Schnitten und lauten, unerwarteten Tönen, welche die Nahrungsaufnahme im Durchschnitt um 98 % erhöhen (Tal, Zuckerman et al. 2014). Auch hier gilt: Die Dosis macht das Gift. Meine Schwäche für Matrix und Quentin-Tarantino-Filme hat mir noch keine Fettsucht beschert.

Eine langfristige Folge der Faszination am Negativen ist die Abstumpfung. Das zeigt z. B. die Forschung über Video-Spiele. Vor ein paar Jahrzehnten wurden eine Handvoll dieser Spiele zuhause auf platzraubenden Konsolen gespielt. In der Zwischenzeit bietet eine wachsende Industrie eine unüberschaubare Menge von Produkten an, die auf mobilen Computern und Smartphones fast immer und überall gespielt werden können. Diese Spiele strotzen vor existenziellen Grenzsituationen. Gewalt gibt es in 85 % dieser Spiele, ca. die Hälfte enthalten eindeutig gewalttätige Handlungen. Experimentelle Studien zeigen, dass der wiederholte Konsum aggressiver Video-Spiele zu einer Abstumpfung gegenüber realer Gewalt führt. Die Abstumpfung zeigte sich in einer geringen physiologischen Erregung, in fehlender emotionaler Empathie, Zynismus, Reizbarkeit und der geminderten Bereitschaft, sich für Gewaltopfer einzusetzen (Carnagey, Anderson et al. 2007). Diese Erscheinungen weisen nicht auf ein tiefes Bedeutungserleben hin, welches die Resilienz stärkt, sondern sie gleichen eher den Symptomen eines Burnout-Syndroms.

Die Geschichte von Hiob und das Leben von Goethe zeigen exemplarisch, wie der Verzicht auf die bedeutungsstiftende Funktion des Negativen die Resilienz stärken kann. Hiob ließ sein ganzes Unglück – den Verlust seines Besitzes, den Tod seiner Kinder und ein bösartiges Geschwür – von der Fußsohle zum Scheitel an sich abprallen. Seine Freunde forderten ihn wiederholt auf, in seinem Leiden eine Bedeutung zu suchen, z. B. eine Schuld oder ein schwerwiegendes Versäumnis. Doch Hiob lehnte es ab, nach Ursachen oder nach dem Sinn seines Leidens zu forschen. „Der Herr hat's gegeben, der Herr hat's genommen; der Name des Herrn sei gelobt", war seine lapidare

Lebensweisheit. Er überlebte sein Unglück ohne jeden Schaden.

Goethe war ein Meister des Ignorierens negativer Ereignisse. Über den Tod seines einzigen Sohnes sagte er: „Ich habe immer gewusst, dass ich einen Sterblichen gezeugt habe." Die Botschaft des Todes seines Gönners Karl August kommentierte er folgendermaßen: „Die Mitteilung seines Todes hat das Fest gestört." Diese Resilienz-Strategie, die zugegebenermaßen keine Sympathie weckt, half Goethe, eine depressive Störung in Schach zu halten. Wissenschaftlich und poetisch ließ er sich von schöpferischen Augenblicken leiten.

Ein sehr aktuelles Thema der psychotherapeutischen Forschung ist das Wegfokussieren von negativen Informationen. Zum Beispiel hilft die Cognitive Bias Modification, die unwillentliche und unbewusste Aufmerksamkeitsorientierung auf negative Reize zu vermeiden. Erste klinische Studien legen nahe, dass damit tatsächlich die Resilienz gestärkt werden kann (MacLeod and Mathews 2012). Entscheidend ist dabei die Auswahl der negativen Informationen, die wir vernachlässigen können. Meistens handelt es sich um Informationen, die uns nicht direkt bedrohen und auf die wir keinen Einfluss haben. Die klassische kognitive Psychotherapie hat das Ziel, die Interpretation negativer Ereignisse zu verändern. Dies hat sich jedoch als schwieriger erwiesen, als man ursprünglich angenommen hatte.

Yoga hilft, negative Gefühle wahrzunehmen, ohne ihnen eine besondere Bedeutung zu geben. Selbst bei schweren chronischen Stressstörungen hat Yoga meist zu einer nachhaltigen Verbesserung geführt (van der Kolk, Stone et al. 2014). Yoga fördert die Ausschüttung des Botenstoffs GABA, der das Gehirn beruhigt. Auch das Gebet erwies sich als wirksame Methode, um sich von negativen sozialen Vorstellungen und Gedanken langfristig zu verabschieden. Aufmerksamkeitsbasierte Psychotherapien helfen, der Faszination am Negativen entgegenzuwirken, indem sie schlechte Gedanken und Gefühle wie ein Gewitter vorbeiziehen lassen. Ein weiteres Ziel dieser Behandlungsformen ist es, sogenannte Gedanken-Handlungs-Fusionen aufzulösen. Diese Auflösung bedeutet, dass der Einfluss negativer Bewusstseinsinhalte auf das Verhalten schwächer wird. Die Reduktion von Negativität ist nicht nur ein wichtiger Wirkfaktor von Psychotherapien, sondern auch von medikamentösen Behandlungen. Eine systematische Zusammenfassung neurowissenschaftlicher Studien zur Wirkung von Antidepressiva ergab, dass diese in erster Linie das Ansprechen des limbischen Systems (Mandelkern, Hirnbelohnungssystem, Inselrinde und das Innere des Stirnlappens) auf emotionale Reize und Informationen veränderten (Ma 2015). Das System sprach unter Antidepressiva-Einfluss stärker auf positive Emotionen an und weniger auf negative.

Auch die mimische Muskulatur ist maßgebend bei der Entstehung von Emotionen beteiligt. Injektionen von Botulinum-Toxin A („Botox") in die Hautregion zwischen den Augenbrauen führt zu einer Lähmung der Muskeln, welche die Zornesfalten verursachen. Diese sind bei der Entwicklung von Ärger, Wut und Furcht beteiligt. Ihre Lähmung führt dazu, dass negative Gefühle weniger empfunden werden und die nonverbale Kommunikation weniger beeinflussen. Mehrere Placebo-kontrollierte Studien ergaben, dass diese Behandlung bei depressiven Patienten eine deutlich antidepressive Wirkung entfaltete (Magid, Finzi et al. 2015). Seine Emotionen und seine Ausdrucksmöglichkeiten auf eine derart brachiale Art zu beeinflussen, mag für viele Menschen in Europa, wo Authentizität ein hoher Wert ist, keine wählbare Anti-Stress-Strategie sein. Von allgemeinem Interesse dürfte aber die langfristige Wirkung dieser Therapie sein. Nach ein paar Wochen nimmt die Botox-Wirkung ab. In dieser Phase kann man wieder

Zornesfalten bilden, doch die Bewegung der mimischen Muskeln zwischen den Augenbrauen löst eine leichte Missempfindung aus. Diese jetzt bewusster zu erkennen erleichtert es, sich seiner negativen Emotionen und deren Ausdruck bewusst zu werden. Dies wiederum hilft, diese künftig besser zu steuern, nachdem der Botox-Effekt aufgehört hat.

Erinnern Sie sich noch an die Wörter, die ich Ihnen als Wort-Liste an Anfang dieses Kapitels genannt habe? Normal-resiliente Menschen erinnern sich im Durchschnitt an mehr positive Wörter (gekennzeichnet mit [A]) als an negative (gekennzeichnet mit [B]). Wenn Sie sich vorwiegend an negative Wörter erinnern, ist das ein Zeichen, dass Ihre Resilienz geschwächt ist. In diesem Fall sollten Sie Boulevardzeitungen und Gespräche mit tratschenden Nachbarn, sinnsüchtigen Philosophen und rechtspopulistischen Politikern meiden und stattdessen einen Yoga-Kurs besuchen und sich für Ihre Freunde und Bekannte engagieren.

5 Optimismus als Opium für Nonnen und Soldaten

Im letzten Kapitel ging es darum, dass die Faszination und die Fokussierung auf Negatives nachweislich die Resilienz schwächt. In einer verhältnismäßig sicheren Umgebung führt der „negativity bias" zu unnötigem Energieverbrauch. Der Bias mit entsprechender Aktivierung des Stresssystems ist auch wenig hilfreich, um Lösungen für komplexe Bedrohungen wie den Klimawandel zu finden.

Der Zusammenhang zwischen dem Hang zum Negativen und der Resililenz ist komplex, weil negative Ereignisse das Bedeutungssystem aktivieren, was die Widerstandskraft wiederum auch stärken kann. Diese Komplexität hat vermutlich damit zu tun, dass wir Menschen über Jahrtausende lernen mussten, trotz widriger Umstände wie Kriege, hoher Kindersterblichkeit, einer 50 %-Wahrscheinlichkeit, umgebracht zu werden, und staatlichen, kirchlichen und pädagogischen Folterpraktiken psychisch widerstandsfähig zu bleiben. Nun wende ich mich dem Positiven zu. Bei resilienten Menschen hängen negative und positive Gefühle weniger voneinander ab, als man meinen könnte. Dies spricht dafür, dass verschiedene neuronale Regulationssysteme für positive und negative Gefühle zuständig sind.

Der Zusammenhang zwischen positiven Gefühlen und Resilienz scheint auf den ersten Blick einfach zu sein. Die sogenannte Nonnen-Studie ist ein eindrücklicher Beleg für die große gesundheitliche Bedeutung positiver Gefühle (Danner, Snowdon et al. 2001). Nonnen eignen sich hervorragend, um bestimmte Gesundheitsfaktoren zu untersuchen, weil sie sehr ähnliche Lebensbedingungen haben: keine Ehemänner, keine Kinder, kein Alkohol, keinen Tabak, sinnvolle soziale Aktivitäten und eine gute soziale Unterstützung. Im Jahr 1930 wurden alle angehenden Nonnen der katholischen Schwesternschule Notre Dame in den

USA aufgefordert, eine Autobiografie zu schreiben. Das Durchschnittsalter beim Verfassen der Biografie betrug 22 Jahre. Sechs Jahrzehnte später untersuchten Psychologen die Lebensdauer (ein objektives Maß der Resilienz) von 180 Nonnen in Bezug auf die Autobiografien, die sie als Schülerinnen verfasst hatten. Dabei fanden sie heraus, dass der Gehalt positiver Emotionen bedeutsam war. Eine Nonne schrieb z. B.: „Ich bin am 20. März 1910 geboren als Älteste von acht Kindern, fünf Jungen und drei Mädchen ... Ich verbrachte mein Einführungsjahr im Mutterhaus des Klosters, wo ich Chemie und Latein für Fortgeschrittene unterrichtete. Mit Gottes Gnade beabsichtige ich mein Bestes zu tun, um zu meinem Orden, zur Verbreitung der Religion und zu meinem persönlichen Heil beizutragen." Die Psychologen beurteilten den Gehalt positiver Emotionen dieser Schilderung als gering. Eine hohe Dichte positiver Emotionen attestierten sie z. B. folgender Autobiografie: „Gott begann mein Leben ausnehmend günstig, indem er mich schon ganz früh an seiner unschätzbaren Gnade teilhaben ließ ... Mein Einführungsjahr verlief glücklich und froh. Jetzt freue ich mich herzlich und mit großem Tatendrang auf die Aufnahme in den Orden und auf mein Leben in Vereinigung mit der Liebe Gottes." Die Untersuchung ergab, dass die Zunahme positiver Emotionen um 1 % einer Zunahme der Lebensdauer um 1,5 % entsprach. Für Personen, die an einfache Stress- und Traumatheorien glauben, mag von Interesse sein, dass negative Sätze und der Bericht negativer Ereignisse keinen Einfluss auf die Lebensdauer hatten.

Woher kommt diese Kraft des Positiven? Eine Erklärung ist relativ einfach. Resiliente Menschen erleben viele Ereignisse als positiv, die psychisch Geschwächte als negativ und stressig beurteilen. Ferner genießen sie die positiven Dinge intensiver und anhaltender als ihre stressgeplagten Mitmenschen. Dazu gehören alltägliche Dinge wie eine Mahlzeit in der Mensa, ein Gespräch mit dem Vorgesetzten, das Beheben eines Plattens am Fahrrad, das Beantworten geschäftlicher E-Mails und das Verfassen einer Geburtstagskarte. Wenn man ganz viele Persönlichkeitsmerkmale gemeinsam berücksichtigt und in verschiedenen Kulturen untersucht, sticht Hedonismus in Sinne von Genussfähigkeit als positiver Resilienzfaktor heraus. Je westlicher die Kultur, desto wichtiger ist diese Fähigkeit (Maercker, Chi Zhang et al. 2015). Hirnphysiologisch bedeutet dies, dass ein Hirnbelohnungssystem, das schnell anspringt, unkompliziert und flexibel auf viele verschiedene Reize reagiert und nach einem Belohnungsreiz eine anhaltend positive Stimmung bewirkt, die Resilienz maßgebend stärkt. Nichts trägt mehr zu einem positiven Gefühl bei, als die Welt positiv zu erleben. Der Schriftsteller Gustave Flaubert spielte vermutlich auf diesen Umstand an, als er feststellte, dass das Geheimnis des Glücks darin bestehe, bereits glücklich zu sein.

Nun geraten aber auch glückliche Menschen in unglückliche Situationen. Es wäre geradezu krankhaft, Krieg, sexuellen Missbrauch oder den Verlust eines Kindes als etwas Positives zu erleben. Doch gerade bei solchen Belastungen haben Menschen mit allgemein positiver Emotionalität einen entscheidenden Vorteil. Die Forschergruppe um den Psychiater Jim van Os wies nach, dass ein gut funktionierendes Hirnbelohnungssystem Menschen befähigt, selbst ein äußerst ungünstiges Zusammentreffen von Belastungsfaktoren schadlos zu überstehen. Wie schaffen positive Gefühle solche Wunder? Aus der neurowissenschaftlichen Forschung weiß man, dass das Hirnbelohnungssystem Teile des Stresssystems wie die Mandelkerne im Schläfenlappen massiv hemmen kann. Die psychologische Forschung zeigt, dass für die Resilienz vor allem die positiven Emotionen wichtig sind, die unter Belastung gemeinsam mit den negativen auftreten. Sie ermöglichen es, unter

Stress Lösungsmöglichkeiten zu sehen, sich neue Lösungs-
strategien auszudenken, sich besser unter Kontrolle zu haben und dem Negativen eine positive Seite abzugewinnen.
Sie fördern auch die vollständige Erholung nach dem Ende
der Belastung. Die Psychologin Barbara Fredrickson wies
in ihren Studien nach, dass positive Emotionen das Feld
möglicher Gedanken und Handlungen erweitern. Dies
führt dazu, dass psychische Ressourcen und die Komplexität der Bewältigung von Belastungen zunehmen, was nicht
nur kurzfristig, sondern auch langfristig die Resilienz
stärkt. Sie schließt daraus, dass positive Emotionen Auf-
wärtsspiralen in Richtung psychisches Wohlbefinden erzeugen (Fredrickson and Joiner 2002). Je differenzierter positive Gefühle wahrgenommen und ausgedrückt werden,
desto besser können sie diese Aufgabe erfüllen.

Wie können positive Emotionen gefördert werden? Eine
schwierige Aufgabe. Zum Beispiel führte die einfache Anweisung, sich beim Schauen eines heiteren Films extrem
glücklich zu erleben, gerade zum Gegenteil. Versuchspersonen, die diese Anweisung erhielten, erlebten weniger positive Gefühle als diejenigen, die sich nicht bemühten, sich positiv zu fühlen (Catalino, Algoe et al. 2014). Das Problem
ist, dass die Anweisung die Erwartungen an den Film erhöhte, was eine Enttäuschung, also negative statt positive
Gefühlen auslöste. Die Studie scheint dem Philosophen
Arthur Schopenhauer recht zu geben, der über die Freude
sagte: „Wo sie sich wirklich einfindet, da kommt sie, in der
Regel, ungeladen und ungemeldet, von selbst und sans
façon, ja, still herangeschlichen, oft bei den unbedeutends-
ten, futilsten Anlässen, unter den alltäglichsten Umständen,
ja, bei nichts weniger als glänzenden, oder ruhmvollen Ge-
legenheiten: sie ist, wie das Gold in Australien, hierhin und
dorthin gestreut, nach der Laune des Zufalls, ohne alle Regel und Gesetz, meist nur in ganz kleinen Körnchen, höchst
selten in großen Massen."

Wir Psychologen, Psychiater und Lebensberater geben natürlich nicht so schnell auf und haben trotz Schopenhauers Warnung nach Methoden gesucht, positive Emotionen willentlich zu steigern. Zwei Konzepte, die bei dieser Entwicklung eine wichtige Rolle spielten, sind der Optimismus und das Selbstwertgefühl.

Zuerst zum Optimismus. Wenn ich mich sehr gesund fühle, alle meine Blutsverwandten gesund sind, ich nicht rauche, auf dem Land wohne, Sport treibe, ausgewogen esse, wenig Stress erlebe und nicht übergewichtig bin, darf ich getrost optimistisch in meine gesundheitliche Zukunft sehen. Studien finden denn auch, dass ein solch realistischer Gesundheitsoptimismus im Durchschnitt ein langes Leben vorhersagt. Bei diesem Zusammenhang geht es aber nicht darum, wie einige Psychologen behaupten, dass dieser Optimismus psychologisch die Gesundheit fördert. Vielmehr entspricht dieser Optimismus der realistischen Einschätzung positiver Tatsachen. Davon ist hier nicht die Rede. Optimismus als psychologische Methode, positive Gefühle anzuregen, hat fast immer einen „unrealistischen" Aspekt: Wir Ungarn sind die besten! Kein Auto kann es mit meinem Ford Mustang aufnehmen! ... Fast jeder Mensch nutzt unrealistischen Optimismus, um sich gut zu fühlen. Männer tun dies deutlich häufiger als Frauen. Circa 90 % der Männer glauben, über eine überdurchschnittliche Intelligenz zu verfügen, 80 % glauben, überdurchschnittlich gute Liebhaber zu sein, 75 % überdurchschnittlich gut Auto fahren zu können und 70 %, eine überdurchschnittlich gute Führungspersönlichkeit zu haben. Weil ja nur 50 % der Bevölkerung überdurchschnittlich sein können, ist dies der Beweis dafür, dass wir unrealistische Optimisten sind. Frauen überschätzen sich übrigens auch gern, z. B. wenn sie ihre Popularität bei Freunden, die Dauer ihrer neuen Ehe oder ihre Fähigkeiten als Mutter als überdurchschnittlich hoch einschätzen. Viele Menschen fühlen sich sicherer am

Steuer ihres Autos als in einem fremden Flugzeug als Passagier, obwohl Autofahren viel gefährlicher ist als Fliegen. Dies entspricht der allgemeinen Überschätzung unserer Fähigkeiten im Vergleich zu den Fähigkeiten anderer, z. B. eines professionellen Piloten.

Wie ich zeigen werde, beeinflusst diese Art von Optimismus die Resilienz je nach Situation positiv oder negativ. Um dies zu verstehen, muss ich etwas ausholen und der Frage nachgehen, wie unrealistischer Optimismus entsteht. Bei der Einschätzung der Vergangenheit sind wir nicht frei, weil es meistens klare Tatsachen gibt, die unsere Phantasie bremsen. Wenn ich viermal bei der Fahrprüfung durchgefallen bin, ist es schwierig, mich als übermäßig begabten Autolenker zu betrachten. Wir haben aber viel Interpretationsfreiraum, wenn es um die Zukunft geht, vor allem um Dinge, die in der Vergangenheit noch nicht geprüft wurden. Zum Beispiel die Schätzung der Dauer einer Ehe bei der ersten Hochzeit, die Fähigkeiten als Führungsperson während der Schulzeit und die Widerstandsfähigkeit in Bezug auf Alkohol und Tabak, wenn man jung und gesund ist. Ebenfalls besteht viel Denkfreiheit, wenn es um Dinge geht, die man aus kulturellen oder methodischen Gründen nur selten ernsthaft vergleicht: Fähigkeiten als Liebhaber, Alltagsintelligenz und Beliebtheit bei Freunden. Das Hirn hat im limbischen System ein Netzwerk, das für die Schätzung ungemessener Fähigkeiten und künftiger Ereignisse zuständig ist. Allein die Tatsache, dass dieses Netzwerk nicht im modernen Vorderhirn, sondern im älteren limbischen Hirn sein Zentrum hat, weist darauf hin, dass diese Schätzung eher affektiv-archaischer als wissenschaftlicher Natur ist. Der Botenstoff Dopamin scheint bei der Einstellung des Systems eine wichtige Rolle zu spielen. Ist die Dopamin-Konzentration übermäßig gesteigert, z. B. nach Kokain-Konsum oder in einer Manie, ist der unrealistische Optimismus besonders ausgeprägt. Das System führt bei den meisten Menschen zu einer systematischen Unterscheidung zwischen sich und den anderen. Schwächen, Risiken und negative Erfahrungen filtert das System heraus, wenn es um uns selbst geht, gleichzeitig werden negative Eigenschaften überschätzt, wenn es um die Beurteilung anderer geht. Ein noch weiter ausgeprägter und unverbrüchlicher Optimismus entsteht dann, wenn unser Hirn nicht nur Unwissen zu unseren Gunsten ausnützt, sondern vorhandene negative Informationen, die uns persönlich betreffen, gezielt wegfiltert (Sharot, Korn et al. 2011). Dieser Super-Optimismus unterscheidet sich deutlich von meiner Empfehlung im letzten Kapitel, von negativen Informationen, *die uns nicht betreffen*, wegzufokussieren.

Bei depressiven Menschen funktioniert das Optimismus-System in Bezug auf sich und andere verkehrt: Das Positive an der eigenen Person wird weggefiltert, die positiven Eigenschaften der anderen werden überschätzt. Der Dopamin-Mangel bei Depression trägt zu dieser Verkehrung bei. Bei depressiven Patienten ist es wirksam, diesen unrealistischen Pessimismus mit einem realistischen Selbstbild zu ersetzen. Dies geschieht weniger durch Einreden als durch die Steigerung positiver Aktivitäten und die verbesserte Wahrnehmung positiver Feedbacks.

Basierend auf der Erfahrung mit depressiven Menschen haben Vertreter der Positiven Psychologie vorgeschlagen, bei Gesunden die Resilienz mit unrealistischem Optimismus zu verbessern. Dies ist aber nur in wenigen Situationen sinnvoll, die ich am Schluss des Kapitels erwähne. Allgemein ist die unrealistische Optimismus-Steigerung eine gefährliche und kurzfristige Strategie.

Winston Churchill warnte, dass man nie sicher sein sollte, einen Krieg zu gewinnen, weil es keinen Krieg gäbe, wenn der Feind nicht ebenfalls überzeugt wäre, eine Chance zu haben. Auch moderne Militärpsychologen wissen, dass es ohne optimistische Politiker und Soldaten keinen

Krieg gibt. Sie werden deshalb nicht müde, in ihren wissenschaftlichen Studien und öffentlichen Empfehlungen das Loblied des Optimismus anzustimmen. Der erfolgreiche Militärpsychologe Martin Seligman erhielt vom amerikanischen Staat 125 Millionen US-Dollar, um die Truppen für die Irak- und Afghanistan-Kriege optimistisch zu stimmen. Seine Optimismus-Intervention zielte darauf ab, selbst das schlimmste Kriegselend als positiv zu bewerten. Hier sind einige seiner konkreten Empfehlungen an die Truppen:

- *Denke daran, dass diese Schwierigkeiten bei der Kampfhandlung nur begrenzt andauern.*
- *Wenn es jetzt auch nur psychische und körperliche Schmerzen gibt, später, irgendwann einmal, kommen gute Sachen zurück.*
- *Denke über deine Stärken und Ressourcen nach, diese können dir helfen, die Situation zu überstehen.*
- *Nehme gute Dinge zu Kenntnis, z.B. die Liebenswürdigkeit der Kollegen, die deinen Kampf sehen.*

Seligman bemerkt auch, dass Optimismus und Pessimismus ansteckend seien. Um die Truppe optimistisch zu halten, müssen pessimistische Kollegen entfernt werden. Ihre Einstellung wirke wie ein Gift.

Genau diesen Seligman-Optimismus teilten die Menschen vor dem Ersten Weltkrieg. Deutsche und Österreicher, aber auch Engländer, Franzosen und Russen glaubten, der Krieg sei ein kleiner Ausflug, und sie wären an Weihnachten wieder zuhause. Das Dilemma der Optimismus-Strategie ist, dass sich, wenn beide Kriegsparteien sie erfolgreich anwenden, ein katastrophaler Zermürbungskrieg entwickelt. Die Aussage, dass Kampfhandlungen oder der Krieg als Ganzes nur begrenzt andauern, trifft also nur dann zu, wenn eine Kriegspartei bereit ist, auf ihren unrealistischen Optimismus zu verzichten. Zudem führt unrealistischer Optimismus nicht selten zu Enttäuschung und Frustrationsaggression. Namhafte Experten gehen davon aus, dass Seligmans Optimismus-Strategie maßgebend zur Gewalt der US-Truppen an der irakischen Zivilbevölkerung beigetragen hat. Soldaten, die sich selbst als extrem positiv und ihre Gegner als extrem negativ einschätzen, sind besonders rücksichtslos und aggressiv. Mit der Wahl Barack Obamas zum Präsidenten der USA haben sich die Amerikaner vom unrealistischen Optimismus der Herren Bush, Cheney, Rumsfeld und Seligman verabschiedet. Weite Teile der Bevölkerung waren damit aber offenbar unzufrieden, was Donald Trump den Weg zur Präsidentschaft geebnet hat.

Unrealistischer Optimismus in Bezug auf die eigene Gesundheit scheint besonders nachteilig zu sein. Eine repräsentative Umfrage der OECD ergab, dass sich keine Bevölkerung gesünder fühlt als die Menschen in den USA. 90 % der Amerikaner glauben, bei guter Gesundheit zu sein. Doch im Hinblick auf die Lebenserwartung zahlt sich dieser Gesundheitsoptimismus nicht aus. Im Gegenteil, die Lebensdauer der Menschen in den USA ist unter dem OECD-Durchschnitt, obwohl das amerikanische Gesundheitssystem das teuerste der Welt ist. Der Gesundheitsoptimismus in den USA verleitet die Menschen, überdurchschnittlich viel zu essen und zu arbeiten und wenig zu schlafen. Die amerikanischen Arbeitnehmer preisen sich auf dem Arbeitsmarkt als die weltweit flexibelsten und mobilsten Menschen an. Viele betrachten Ferien als unnötigen Luxus und verrichten mehrere Jobs, um sich den amerikanischen Traum zu erfüllen. Yes, we can! Kein Wunder, dass sich dieser Optimismus ungünstig auf die Lebenserwartung auswirkt.

Epidemiologische Studien belegen, dass Optimismus besonders schädlich ist bei Suchtkrankheiten und bei der Vorbeugung von Infektionskrankheiten wie AIDS und Hepatitis B. Bei vielen Gesundheitsproblemen scheint ein gewisser Pessimismus günstig zu sein. Nur 30 % der Japaner glauben, gesund zu sein. Sie halten ihren Körper für fragil und schutzbedürftig. Dieser Pessimismus wirkt sich günstig auf ihre Gesundheit aus – Japaner gehören zu den ältesten Menschen der Welt.

Amerikaner sind übrigens nicht durchgehend optimistisch. Die Gesundheit der US-Wirtschaft erachten sie als äußerst anfällig. Die Mehrheit der Amerikaner befürchtet, dass Steuererhöhungen, die Einschränkung der unternehmerischen Freiheit und ein griffiger Kündigungsschutz die größte Wirtschaftsmacht der Welt gefährden und zu Jugendarbeitslosigkeit europäischen Ausmaßes führen können.

Gesundheitsoptimismus bezieht sich nicht nur auf die körperliche und psychische Widerstandskraft, sondern auch auf die Veränderbarkeit von Psyche und Körper. Unrealistische Vorstellungen hinsichtlich des Erfolgs von Diäten hindern die Betroffenen daran, die wirklichen Ursachen ihrer mittel- und langfristigen Diät-Misserfolge einzusehen. Sie geben dem Diät-Pulver, dem Diät-Programm, der Diät-Ideologie und allem möglichen die Schuld und werden nicht müde, mit neuen Methoden zu versuchen, das ideale Gewicht zu erreichen. Die Gewichtsschwankungen, die durch diesen Optimismus verursacht werden, führen aber oft zu einer langfristigen Gewichtszunahme und anderen Gesundheitsproblemen wie Diabetes. Die Wahrheit, die Diät-Optimisten nicht einsehen wollen, ist folgende: Die meisten Menschen können langfristig nicht frei über ihr Körpergewicht entscheiden. Studien zur Gewichtsreduktion zeigen ein düsteres Bild. Der Erfolg ist fast immer nur kurzfristig. Aber Ausnahmen bestätigen die Regel. Den größten Erfolg verzeichnet das Weight-Watchers-Programm, weil es nicht auf Diätoptimismus, sondern auf sozialer Kontrolle und sozialer Anerkennung beruht.

Auch Persönlichkeitszüge wie Emotionalität, Perfektionismus und Introversion können nur zu einem begrenzten Grad verändert werden. Die Lösung psychischer Probleme besteht oft nicht darin, dass wir uns ändern, sondern dass wir uns eine Umgebung aussuchen, in welcher unsere Persönlichkeitszüge ein Vorteil sind. Veränderungsoptimismus verleitet uns, Ehepartner und Berufe auszuwählen, die nicht zu uns passen. Die optimistische Einstellung hindert uns daran, das eigentliche Problem einzusehen, nämlich die enttäuschend geringe psychische Veränderbarkeit von uns und unseren Mitmenschen. Ein Individuum mit starken Emotionen wird eine gute Chance haben, in einer Werbeagentur zu reüssieren, gerät aber vermutlich in Stress, wenn er für die Buchhaltung zuständig ist. Bei wenig emotionalen Menschen ist es gerade umgekehrt. Daran können keine Psychotherapie und kein Psychopharmakon etwas ändern. Auch nicht Qigong und LSD.

Eine andere problematische, aber beliebte Strategie, positive Emotionen zu fördern, ist die Steigerung des Selbstwertgefühls. Der Journalist David Brooks fand in einer Analyse, dass um 1945 in Amerika ein kultureller Wandel stattgefunden hat. Die Generationen, welche die Weltwirtschafskrise und die Weltkriege erlebt hatten, waren bescheiden und bereit, für das Gemeinwohl viele Opfer zu bringen. Ihr Selbstwertgefühl war nicht übermäßig groß, obwohl sie gute Gründe hatten, sich gut zu fühlen. Dann setzte ein Boom psychologischer Selbsthilfebücher ein, welche die Steigerung des Selbstwertgefühls propagierten. Bücher wie *Keine Angst vor versteckten Impulsen*, *Liebe dich selbst* und *The Magic of Thinking Big* dominierten über zwei Jahrzehnte die Bestseller-Listen.

Carl Rogers, der einflussreichste Psychologe des 20. Jahrhunderts, entwickelte die humanistische Psychotherapie, welche diese Ideen zu einer psychotherapeutischen Technik weiterentwickelte: Der Mensch ist fundamental gut. Die Selbstliebe muss gefördert werden. Wir müssen die äußeren Schranken des glorreichen Selbst entfernen. Daraus leitete sich die populär-psychologische Idee ab, dass ein tiefer Selbstwert der Grund für *alle* psychologischen Probleme sei. Bei pop-psychologischen Theorien scheint es keine Banalitätsobergrenze zu geben, denn „alle" meinte wirklich „alle": Depression, Psychose, Essstörung, Konzentrationsstörungen, Misserfolg in der Schule oder im Beruf, unglückliche Wahl des Ehepartners, Schwierigkeiten bei der Kindererziehung, der fehlende Bezug zu Gott ... Ein geringes Selbstwertgefühl wurde auch für schlechte soziale Integration, Impulsivität und Gewaltbereitschaft verantwortlich gemacht.

Die empirische Forschung zum Selbstwertgefühl ergab ein ganz anderes Bild. Der Epidemiologe Jules Angst, der mich in die psychiatrische Forschung einführte, konnte bereits 1985 anhand von Daten einer repräsentativen Kohorten-Studie, in welcher er die Entwicklung junger Erwachsener über viele Jahre erforschte, belegen, dass ein geringes Selbstwertgefühl kein wesentlicher Risikofaktor für Angst und depressive Störungen war. Eine genaue Zeitanalyse ergab, dass ein mangelndes Selbstwertgefühl die Folge und nicht die Ursache neurotischer Störungen war. Zehn Jahre später wies der Psychologe Roy Baumeister nach, dass ein hohes Selbstwertgefühl das Risiko für fehlende Empathie, asoziales Verhalten, Gewalt und Psychopathie nicht senkt, sondern deutlich erhöht (Baumeister, Smart et al. 1996). Viele Experten gingen irrtümlicherweise davon aus, dass ein hohes Selbstwertgefühl die Resilienz in Bezug auf Kritik und Zurückweisungen stärkt. Empirische Studien zeigten jedoch das Gegenteil: Menschen mit hohem Selbstwertgefühl sind besonders verletzlich und reagieren deshalb eher mit Verstimmung, Aggression und Gewalt auf Kritik und Missachtung. Ferner haben viele Menschen mit erhöhtem Selbstwertgefühl ein erhöhtes Bedürfnis nach Bewunderung und einen Mangel an Mitgefühl. Psychiater nennen dies eine narzisstische Persönlichkeit. Früher hat man vermutet, dass hinter narzisstischen Größenvorstellungen ein tiefes Selbstwertgefühl steckt. Doch die neuere Forschung widerlegt diese tröstliche Vermutung. Selbst unter Stress, nach Niederlagen und bei automatischen Handlungen verhalten sich die meisten Narzissten „großartig". Donald Trump wird immer der Größte sein.

Eine Ego-Kultur, wo jede und jeder Selfies von sich schießt und gleich postet, wo jeder nur noch auf seine innere Stimme hört und wo jeder auf Teufel komm raus Selbstverwirklichung einfordert, ist der Resilienz nicht zuträglich. Eine solche Selbst-Kultur erschwert die Entwicklung verlässlicher sozialer Bindungen, und soziale Unterstützung stiftet deutlich mehr Stressschutz als ein durch Selbstfokussierung und Suggestion erhöhtes Selbstwertgefühl. Die Einsicht, dass wir alle unsere Fehler und Schwächen haben, und deshalb auf andere angewiesen sind, ist die bessere Resilienz-Strategie als die systematische Filterung negativer Selbst-Informationen. Die Psychotherapie-Forschung legt nahe, dass nicht Veränderung und Umstrukturierung des Selbstwerts, sondern positive Aktivitäten und Erfahrungen nachhaltig die Resilienz stärken. Oder anders gesagt: Ein gutes Selbstwertgefühl stärkt nur dann die Widerstandskraft, wenn es auf positiven Qualitäten und realen Leistungen beruht. Eine Ausnahme dieser Regel besteht bei sozial diskriminierten Menschen. Soziokulturelle Faktoren senken ihr Selbstwertgefühl, so dass es unrealistisch tief ist. Dem Feminismus und dem Kampf gegen Stigmatisierung von Minderheiten, z. B. homosexueller Menschen, ist es zu verdanken, diese unguten Minderungen des Selbstwertgefühls abzuschwächen.

Nun aber zurück zu den Nonnen. Mein Beispiel der emotional-positiven Autobiografie der Klosterschülerin enthält deutliche Hinweise auf unrealistischen Optimismus. Die Klosterschülerin glaubte, dass Gott ihr seit ihrer Geburt ausnehmend günstig gesinnt gewesen sei. Die vorgestellte Gunst ist also nicht erworben, sondern eigentlich eine Ungerechtigkeit Gottes. Religionen fördern solchen unrealistischen Optimismus: Gott liebt gewisse Menschen angeblich mehr als andere, und die Angehörigen einer Religion zählen sich selbstverständlich zu den Mehrgeliebten. Seit dem Bedeutungsverlust der Religionen haben Nationen und Ideologien die Rolle übernommen, solchen Optimismus zu stiften. Der Philosoph Martin Heidegger behauptete, dass die letzte Wahrheit nur auf Altgriechisch und auf Deutsch gedacht werden kann. Damit schränkte er die Gruppe der Personen massiv ein, die im Besitz der letzten Wahrheit sein könnten. Auch marxistische Ideologen hatten keine Zweifel, dass nur ihr Gesellschaftsmodell das Paradies auf Erden bringen würde. Nationale, kulturelle und ideologische Ansprüche auf Vorherrschaft gehören zu den wichtigsten Ursachen von Krieg und Terror. Immer mehr Menschen, vor allem in Europa, sind bereit, auf solchen Gruppen-Optimismus zu verzichten. Nur noch wenige glauben, dass der Kommunismus, der Faschismus, der russische, serbische, japanische oder deutsche Nationalismus oder der Glaube an einen ausschließlichen Gott der Welt Heil bringen würde. Meines Erachtens ist der Verzicht auf unrealistischen Gruppen-Optimismus eine große kulturelle Leistung. Es ist aber zugleich die Opferung eines äußerst mächtigen Resilienzfaktors, den wir gelegentlich mit Gefühlen der Unsicherheit, des Selbstzweifels und der Sinnlosigkeit bezahlen.

Nach allen meinen Warnungen vor unrealistischem Optimismus und künstlicher Steigerung des Selbstwerts möchte ich dieses Kapitel nun doch optimistisch schließen. So viel ich weiß, haben die Abgängerinnen der Schwesternschule

Notre Dame keine Terrorakte verübt und ihr Leben der Ausbildung von Schülern, dem Schutz der Schwachen und der Unterstützung Notbedürftiger gewidmet. Auch die Leistungsbilanz der optimistischen US-Soldaten sieht in den letzten hundert Jahren nicht so schlecht aus, finde ich. Sie waren und sind bereit, ihr Leben – neben anderen Zielen – zu Gunsten von Frieden, Freiheit und Demokratie zu riskieren. Ferner hilft Optimismus, unheilbare Krankheiten, den Tod Angehöriger, Kriegs- und Foltererfahrungen und die Erschwernisse des hohen Alters tapfer und ohne Groll auszuhalten. Offensichtlich stärkt der unrealistische Optimismus in bestimmten Situationen Resilienz, ohne folgenschwere Nebenwirkungen zu haben. Meines Erachtens sind dies Situationen, in welchen wir eine gegebene Situation akzeptieren müssen, ohne darauf Einfluss nehmen zu können. Dies ist typischerweise beim Leben in einem Kloster, bei Soldaten im Kriegseinsatz, bei unheilbaren Krankheiten und sehr alten Menschen der Fall, nicht aber bei der Berufs- und Partnerwahl, der Verhinderung von Krieg, der Vorbeugung von Krankheiten und beim Umweltschutz. Dies ist vermutlich der Grund, weshalb der unrealistische Optimismus im Alter deutlich zunimmt (Chowdhury, Sharot et al. 2014). Je geringer unser Handlungsspielraum, desto wirksamer und ungefährlicher ist Optimismus. Das heißt aber auch, dass wir optimistische Nonnen, Soldaten und Greise nicht in wichtige Führungsrollen befördern sollten. Politikerinnen und Päpste sind gut beraten, den Optimismus ihrer Gefolgschaft gelegentlich zu dämpfen.

Hier noch ein paar zusätzliche Ratschläge, die ich von Seligmans Optimismus-Programm abgeleitet habe, geeignet für Situationen, in welchen wir wenig Einfluss haben (und diese kommen in unserem Leben relativ häufig vor):

Wenn etwas Positives passiert:
- *Belohne dich für alle deine möglichen Beiträge zum Erfolg.*
- *Sei dankbar für alle Dinge, bei denen du nicht mitgewirkt hast, und bedanke dich bei den großzügigen Mitmenschen und beim Glück.*
- *Versuche, das meiste aus diesen positiven Dingen herauszuholen:*
  Denke an Wege, um den Bereich und die Bedeutung der positiven Situation zu erweitern. Wenn dich jemand anlächelt, wirst du vielleicht merken, dass dich ganz viele Menschen mögen. Wenn dich jemand lobt, gehe davon aus, dass du ganz viele Dinge gut machst.
- *Erinnere dich an das Positive:*
  Schreibe jeden Abend drei positive Dinge auf, die du am Tag erlebt hast.

Wenn etwas Negatives passiert:
- *Das negative Ereignis oder die negative Situation, an der du leidest, ist nur kurzfristig. Bald wird sich deine Situation ändern. Auf die Ebbe folgt die Flut, auf den Winter folgt der Frühling.*
- *Deine negative Erfahrung betrifft dich nicht als Person. Sie durchdringt auch nicht dein ganzes Leben. Es handelt sich um eine Ausnahme, die mit einer ganz bestimmten Person oder Situation zu tun hat. Wir nehmen allgemein die Dinge viel zu persönlich.*
- *Du hast deine missliche Situation nicht selbst verschuldet. Unser Einfluss ist begrenzt. Pech und äußere Umstände können unser Leben ganz schön durcheinanderbringen.*

6 Fürchten falsch gelernt

Als optimistischer Medizinstudent habe ich davon geträumt, ich könnte mein Leben lang die Fragen beforschen, die mich gerade interessierten, und die Öffentlichkeit würde mich dabei großzügig unterstützen. Tatsächlich ist mein Traum teilweise in Erfüllung gegangen. Eine Frage, die ich mir damals gestellt habe, war folgende: Weshalb musste ich vor 22 Uhr ins Bett und ca. acht Stunden lang schlafen, damit ich so ausgeruht war wie meine Mitstudenten, deren Sozialleben dann begann, wenn meines schon aufhörte? Dies ist eine Ungerechtigkeit, die mich bis heute quält. Sie schloss und schließt mich von einem wichtigen Teil des sozialen Lebens aus. Wenn ich einmal gegen das unbarmherzige Diktat meines inneren Schlaf-wach-Rhythmus rebelliere und mich mit Freunden um 21 Uhr treffe, um ins Theater oder Kino zu gehen, bezahle ich dafür mit Müdigkeit, Konzentrationsproblemen und reizbarer Stimmung an den folgenden Tagen. Der Schlafforscher Alexander Borbély, der damals an der Universität Zürich lehrte, empfahl mir, mich mit diesem Problem abzufinden und etwas mehr Kaffee zu trinken. Koffein helfe, die Schlafdauer zu senken. Das machte ich aber bereits.

In den Neurologie- und Pneumologie-Vorlesungen wurden seltene Krankheiten besprochen, welche die Erholsamkeit des Schlafes minderten. Ich stellte bei mir jedoch keine Anzeichen dieser Krankheiten fest. Schließlich besprach ich mein lästiges Langschläfertum mit Jules Angst, dem ehemaligen Ordinarius für psychiatrische Forschung an der Universität Zürich. Er erzählte mir von seiner Zürcher Kohortenstudie, in welcher er junge Erwachsene über viele Jahre immer wieder nach ihrer psychischen und körperlichen Gesundheit befragt hatte. Die Befragung beinhaltete ein eigenes Kapitel zum Schlaf, z.B. zur Wunschschlafdauer, zur minimal notwendigen Schlafdauer, zur Schlafqualität, zur Schlafzufriedenheit, zur Tagesmüdigkeit, ob jemand ein Morgen- oder ein Abendmensch sei etc. Er bot mir an, alle Aspekte meiner Schlaf-Unzufriedenheit in seinen Daten zu untersuchen. Mit dem Eifer eines forschenden Grünschnabels machte ich mich ans Werk. Als Mediziner interessiert mich zuerst einmal die körperliche Gesundheit. Ein grober Überblick über die Daten zeigte, dass Langschläfer im Durchschnitt gesünder waren als Kurzschläfer. Einen besonders auffälligen Unterschied gab es beim Körpergewicht: Je kürzer der Schlaf, desto schwerer waren die Versuchspersonen, die zu einer repräsentativen Stichprobe des Kantons Zürich gehörten. Eine Analyse über die verschiedenen Zeitpunkte der Erhebung ergab, dass eine Schlafdauer von weniger als sechs Stunden zu einer jährlichen Gewichtszunahme von 0,5–1 Kilogramm führt. Die Wirkung des Zusammenhangs wurde über die Jahre so groß, dass sich eine kurze Schlafdauer als ein wichtiger Risikofaktor für die Entwicklung von krankhaftem Übergewicht herausstellte, vergleichbar mit exzessivem TV-Schauen und geringer körperlicher Aktivität.

Das konnte die Unzufriedenheit mit meinem Schlafwach-Rhythmus etwas dämpfen, weil die Befunde mir zeigten, dass mein langer Schlaf auch zu etwas gut war. Wir publizierten die Resultate in der Zeitschrift *Sleep* (Hasler, Buysse et al. 2004). Kurz nach der Publikation erlebte ich meine „15 minutes of fame". BBC, CNN, Washington Post, aber auch das Baby Talk Magazine und eine Reihe von Frauenzeitschriften baten mich um ein Interview, in welchem ich meine Befunde erklären durfte. Bis jetzt ist dieser Artikel der erfolgreichste meiner gesamten Karriere, das heißt, kein anderer meiner Beiträge wird in Fachzeitschriften häufiger zitiert als dieser. Hunderte von Studien haben den Zusammenhang zwischen Schlaf und Gewicht seither bestätigt. Fast jeder Gesundheitsratgeber, jedes Diät-Buch und jeder Artikel über den Kampf gegen Bauch-

Fettröllchen empfiehlt den Langschlaf, den ich ursprünglich erforscht habe, um ihn loszuwerden.

Jules Angst empfahl mir, mich von diesem ersten, unerwarteten Erfolg nicht berauschen zu lassen, sondern unbeirrt an seinen Daten weiterzuarbeiten. Im zweiten Schritt untersuchte ich die psychische Gesundheit in Bezug auf die Schlafdauer und die Tagesmüdigkeit. Hier zeigte sich ein anderes Bild: Kurzschläfer, und gerade diejenigen mit leichtem Übergewicht, waren extrovertierter, weniger neurotisch und verdienten im Durchschnitt mehr als Langschläfer wie ich (Hasler, Pine et al. 2004). Verfeinerte Zeit-Analysen ergaben, dass Angststörungen und ein ängstliches Temperament über die Zeit Tagesmüdigkeit, häufige Erschöpfung und eine lange Schlafdauer voraussagten (Hasler, Buysse et al. 2005). Damit hatte ich nun etwas in der Hand: Durch die Bekämpfung von Ängsten sollte es möglich sein, Schlafdauer und Tagesmüdigkeit zu reduzieren. In der Folge führte ich eine Reihe von Studien zur Angst durch, bildete mich zum Angst-Psychotherapeuten aus und behandelte viele Menschen mit übertriebener Ängstlichkeit. Wir wissen über keine andere psychiatrische Krankheit so viel wie über Angststörungen. Dies hat damit zu tun, dass bereits Tiere wie Hunde, Ratten und Mäuse einen äußerst raffinierten Umgang mit Gefahren und Bedrohungen entwickelt haben und dass unser Gehirn diese tierische Angst-Software weitgehend übernommen hat. Damit ist es möglich, einen Teil unserer Ängste an Tieren zu untersuchen, was für den wissenschaftlichen Fortschritt entscheidend ist. Ich werde nun die wichtigsten Befunde dieser Forschung an einem Erlebnis veranschaulichen, das mich nachhaltig beeindruckt hat. Es geschah auf einer Südamerika-Reise, die ich nach Abschluss des Gymnasiums allein unternahm. Es war das erste Mal, dass ich Europa verlassen habe.

Irgendwo in Ecuador: Eine tiefe Schlucht, tief unten ein reißender Fluss. Etwa 500 Meter sind es, um von einer zur anderen Seite zu gelangen. Darüber gespannt ist ein dünnes, verfranstes, völlig verrostetes Stahlseil. Ein Seil, das in Deutschland schon längst verschrottet wäre. An dem Seil hängt eine kleine, ebenfalls verrostete und zerbeulte Eisenkiste. Drei mal drei Meter Platz, um dicht gedrängt etwa 25 Ziegen über die Schlucht transportieren zu können. Oder 15 Menschen. Zwei Menschengruppen stehen am Einstieg auf einer Seite der Schlucht. Beide Gruppen wollen auf die jeweils andere Seite der Schlucht. Die eine Gruppe: deutsche Wandertouristen, aufs Beste ausgerüstet mit Mammut-Wanderstiefeln und regenfesten Jacken. Die andere Gruppe: eine ecuadorianische Großfamilie, das jüngste Mitglied noch ein Baby, keine Ausrüstung, nur Flipflops an den Füßen. Die deutsche Gruppe beäugt kritisch die Stahl- und Eisen-Konstruktion, der sie sich wohl oder übel anvertrauen muss. Angst, Skepsis, Unbehagen spiegelt sich in ihren Gesichtern. Gibt es kein Ersatzseil? Kann es sein, dass nur ein Velo-Antrieb genügt, um das Seil zu bewegen? Sind die Haken verrostet, an denen die Eisenkiste hängt? Halten sie überhaupt? Wie tief ist die Schlucht? Gibt es keine andere Möglichkeit, zur anderen Seite zu gelangen? Nein, es gibt keine.

Die ecuadorianische Familie ist fröhlich: endlich der langersehnte Familienausflug. Heiter und mit viel Tohuwabohu werden alle Familienmitglieder in die Eisenkiste gezwängt. Die deutsche Gruppe beobachtet kritisch, wie vertrauensvoll die Einheimischen ihr Leben diesem verrosteten Stahlseil anvertrauen. Als Groß und Klein dichtgedrängt Platz in der Kiste gefunden haben, geht die Fahrt los. Tatsächlich, die Ecuadorianer scheinen die Fahrt über die Schlucht zu genießen. Man sieht strahlende Gesichter und hört bei jedem Gewackel vergnügtes Gekreische, sogar bei dem unfreiwilligen Zwischenstopp während der etwa dreiminütigen Fahrt. Dann folgt die deutsche Wandergruppe. Wie sehr würde man sich hier nur einen Anflug vertrauter, europäischer Technik wünschen! Eine kleine Prüfplakette würde ja schon genügen. Es gibt aber keine. Trotzdem muss die Fahrt sein. Aber welche Strategie hilft, um die nächsten drei Minuten zu überstehen? Naivität, nach dem Motto „es wird schon gutgehen"? Oder Abenteuerlust? Gottvertrauen? Wie schaffen es die Einheimischen, solch eine riskante Situation so entspannt zu ertragen? Ist für sie die Vorstellung, in die Tiefe zu stürzen, gar nicht so schlimm? Oder stellen sie es sich einfach gar nicht vor? Sind sie solche Situationen mehr gewohnt als unser sicherheitsverwöhnter Kulturkreis? Oder hilft die Großfamilie um einen herum, die Fahrt als Familienausflug zu interpretieren – egal, was kommt? Es sind ja alle wichtigen Personen in der Nähe. Vielleicht hilft diese Vorstellung?

André, ein französischer Tourist, der wie ich nicht zur deutschen Gruppe gehört und mit dem ich über die Alpen plauderte und meine E-Mail-Adresse austausche, weigert sich, in die Kiste zu steigen. Er sei ein guter Bergsteiger, sagt er, und verschwindet fluchtartig. Ich steige mit den Deutschen ein. Wir lenken uns ab mit Gesprächen über archäologische Grabungen und seltene Vogelarten. Eine Frau erzählt von einem Restaurant, in welchem es einen besonderen Hochland-Mais gibt. Die Kiste schwankt. Ein Mann sagt zu seiner Frau, dass er feuchte Hände habe. Einer älteren Dame wird es schwindelig. Sie will sich setzen, was aber nicht möglich ist. Ein Einheimischer lässt einen kleinen Stein fallen, der wie im Nichts verschwindet. Plötzliches Schweigen. Zwei deutsche Männer reden über das Gravitationsgesetz. Uneinigkeit über eine mathematische Formel. Unter den Ecuadorianern bricht Gelächter aus. So laut, dass wir uns fragen, was los ist. Alles in Ordnung? Schweißperlen auf der Stirn eines Manns, dessen Frau trocken hustet. ... Schließlich kommen wir gestresst, aber wohlbehalten an der anderen Seite an. Erschöpfte, erleichterte Gesichter.

Diese Erfahrung zeigt mir eindrücklich, dass die subjektive Wahrnehmung von Gefahren das Stresserleben maßgeblich beeinflusst. Die Ecuadorianer und wir Europäer waren der genau gleichen Gefahr ausgesetzt. Eine Gruppe hatte Spaß, die andere litt unter Stress. Das Beispiel zeigt auch, dass der gefühlte Stress nicht auf persönliche Faktoren wie biografische Ereignisse, die Persönlichkeit und Genetik reduziert werden kann. Soziale und kulturelle Faktoren sind ebenfalls maßgebend. Leider ist es nicht möglich, im Nachhinein die neuronalen Angst-Netzwerke in unseren Gehirnen zu untersuchen, als wir über dem Abgrund schwebten. Basierend auf wissenschaftlichen Studien ist es aber möglich, ein paar plausible Annahmen darüber zu treffen.

Ein wichtiger Unterschied in Bezug auf das Stresserleben zwischen den beiden Gruppen ist folgender: Die Einheimischen haben die Luftseilbahn schon oft benutzt. Sie selber haben vielleicht noch nie einen Unfall damit gesehen, aber schon davon gehört. Vielleicht verstarb sogar die Tante bei einem Seilbruch, und alle hatten Kenntnis von diesem tragischen Unfall. Die Ecuadorianer wussten vielleicht nur zu gut, dass diese Bahn nicht besonders sicher war. Trotzdem erlebten sie keine Angstsymptome, weil für sie die Fahrt ein *bekanntes* Risiko darstellte. Für uns Europäer handelte es sich um ein *unbekanntes* Risiko. Dies ist ein entscheidender Unterschied. Zum Beispiel leiden Krebspatienten mit einer unbekannten Prognose unter mehr Stress als Patienten mit einer sehr negativen, aber bekannten Prognose. Die Sicherheit des Todes scheint besser zu ertragen zu sein als die Unsicherheit des Todes. Menschen mit unklarem erhöhten Risiko für Morbus Huntington, einer schweren genetischen Krankheit, die zu Bewegungsstörungen, Persönlichkeitsveränderungen und Demenz führt, haben eine schlechtere Lebensqualität als solche mit gesichert hohem Risiko (Dolan 2014). Als Assistenzarzt in einem

Allgemeinspital war ich immer wieder erstaunt, dass meine Information an die Patienten über ein Risiko von schweren Komplikationen einer geplanten Operation von 1 % oder sogar von 5 % keine große Angstreaktion hervorrief.

Gemeinsam mit dem Experimentalpsychologen Christian Grillon verglich ich in einem Experiment die Verarbeitung bekannter und unbekannter Risiken im menschlichen Gehirn (Hasler, Fromm et al. 2007). Das Risiko bestand darin, elektrische Schläge in der Stärke eines geladenen Weidezauns zu erhalten. In einer Bedingung wussten die Versuchspersonen, dass sie mindestens einen Schlag erhalten würden, auf den mit einem roten Licht hingewiesen wurde. In einer zweiten Bedingung sagten wir, dass wir selbst nicht so genau wüssten, was während des Experiments geschehen werde. Wir könnten das Risiko elektrischer Schläge nicht ausschließen, es sei aber auch gut möglich, dass nichts Unangenehmes passiere. Es stellte sich heraus, dass in der ersten Gruppe, die wusste, was auf sie zukommt, im Durchschnitt weniger Angst auftrat; das Stresssystem war nur leicht aktiv. Unter der zweiten Bedingung der Ungewissheit stieg der gefühlte Stress deutlich an und das Gehirn zeigte eine eindrückliche Aktivität, vor allem im Seitenlappen des Großhirns und im Hippocampus. Diese Hirnregionen sind zuständig für die Aufmerksamkeit und die Vernetzung alter und neuer Sinneseindrücke. Diese Hirnaktivität legt nahe, dass unser Gehirn bei unklar erhöhtem Risiko die Umgebung fortlaufend nach Gefahrensignalen absucht. Diese Aktivität ist anstrengend und fühlt sich als anhaltende, diffuse Angst an. Deshalb waren wir nach der Fahrt über den Abgrund erschöpft.

Für unsere Resilienz ist es ausschlaggebend, dass wir das „richtige Fürchten" lernen, das heißt unsere diffusen Ängste in angemessene, bestimmte Furcht umwandeln. Das Grimm'sche Märchen von einem der auszog, das Fürchten zu lernen, handelt von diesem Prozess. Der Held der Geschichte bemerkt, dass ihn nichts gruselt. Sein Vater will ihm helfen, das Gruseln zu lernen. Doch weder ein Kirchendiener, der sich als Gespenst verkleidet, noch die Toten an einem Galgen und auch nicht die makabren Mutproben in einem Spukschloss machen ihm richtig Angst. Erst als seine Frau ihm nachts kaltes Wasser mit Fischen ins Gesicht schüttet, lernt er das Fürchten. Der Philosoph Wilhelm Salber deutet Märchen allgemein dahingehend, dass mithilfe von Gespenstern und Toten diffuse, existenzielle Ängste aufgebaut und vernichtet werden. Dies fördert aber in diesem Märchen die psychische Entwicklung des Helden nicht. Die „herkömmliche" Art, sich zu gruseln, führt nicht zu einer Stärkung seines Realitätssinns, sondern trägt im Gegenteil dazu bei, die Nähe zum banalen Leben zu vermeiden. Erst der Kontakt mit dem richtigen Leben, symbolisiert durch die Ehefrau, das kalte Wasser und die Fische, führt zur Entwicklung einer reifen Emotionalität.

Die psychische Widerstandskraft von Menschen, die sich häufig Sorgen machen, ist deutlich gemindert. Warum eigentlich? Sorgen beziehen sich vorwiegend auf Gefahren, die uns selbst oder unsere Nächsten betreffen, z. B. gesundheitliche, soziale und finanzielle Bedrohungen. Die häufige Beschäftigung mit realistischen Gefahren sollte eigentlich dazu beitragen, sich auf diese vorzubereiten und ihnen vorzubeugen, was die Resilienz stärken würde. Warum das *nicht* der Fall ist, zeigen psychologische Studien zum Inhalt und zur Struktur von Sorgen (Hirsch, Hayes et al. 2012). Sorgen sind vorwiegend abstrakt, ungenau, wenig konkret und beinhalten kaum bildhafte Vorstellungen: Wer weiß, ob mir diese Reise wirklich gut tut? In Brasilien kann vieles passieren. Meine Tochter will tatsächlich diesen Max heiraten. Kann das gut gehen? Und wer garantiert mir eigentlich, dass meine Rentenkasse nicht bankrott geht? Finanzexperten sind egoistische Scharlatane, das steht in jeder Zeitung. Und sterben nicht auch Nichtraucher an Lungenkrebs? … Dieses Denken fördert das Lernen des „richtigen Fürchten" nicht. Im Gegenteil, es verhindert es. So wie der Märchenheld beschäftigen sich Bedenkenträger und Sorgentanten mit geisterhaften Dingen. Und weil dieses Denken so wenig konkret ist, löst es keine Handlungen aus und kommt nicht zu einem Ende.

Der Psychologe Thomas Borkovec geht davon aus, dass Sorgen eine Form der Vermeidung des richtigen Fürchtens sind. Konkrete, bildhafte Vorstellungen von Gefahren aktivieren das Stresssystem auf eine Weise, die intensiv und subjektiv unangenehm ist und deshalb eine aktive Bewältigung fördert: Jetzt lese ich den Jahresbericht meiner Rentenkasse. Morgen treffe ich Max, um mir ein richtiges Bild von ihm zu machen. Übermorgen telefoniere ich mit meinem ehemaligen Kollegen João, der sich in Brasilien gut auskennt … Gewisse Gefahren, z. B. das Lungenkrebsrisiko bei Nichtrauchern, lassen sich nur wenig konkretisieren. Sie hängen stark vom Zufall ab. Hier gilt es, die Unsicherheit einzusehen und auszuhalten.

Da sich Sorgen um Bedrohungen unseres Selbst drehen, spielt es eine Rolle, wie groß dieses Selbst ist. Mit „Selbst" sind nicht nur wir als Person gemeint, sondern alles, was mit unserer Person zu tun hat: unsere Familie, Freunde und Bekannte, unser Besitz, unsere Identifikation mit sozialen Gruppen, Religionen, Kulturen und Fußballmannschaften … Je größer dieses Selbst ist, desto größer die Angriffsfläche. Je mehr und je stärker die Identifikationen, desto häufiger und größer die Sorgen. Wenn Menschen einen Monarchen als Teil ihres Selbst erleben, kann bereits der Mord des Thronfolgers, wie es 1914 in Sarajevo geschah, als derartig bedrohlich empfunden werden, dass der Beginn eines totalen Krieges gerechtfertigt erscheint. Ein übergroßes Selbst, das sich für zu viele Dinge verantwortlich fühlt, ist ein wichtiger Risikofaktor für eine geschwächte Resilienz bis hin zur Depression (Lythe, Moll et al. 2015).

Nicht nur Sorgen, sondern auch Erinnerungen, sollten für die Ausbildung von Resilienz bildhaft und konkret sein. Bei der Einschätzung von Risiken stützen wir uns nämlich auf frühere, persönliche Erfahrungen. Studien zum autobiografischen Gedächtnis zeigen, dass überallgemeine, wenig konkrete Angsterinnerungen die Einschätzung aktueller Risiken erschweren. Um dieses Gedächtnis in Studien zu testen, werden den Versuchspersonen fünf positive und fünf negative Wörter vorgelesen, um das Gedächtnis zu aktivieren. Dann haben sie eine halbe Minute Zeit, eine konkrete Erinnerung zu erzählen. Konkrete Erzählungen beziehen sich auf einen bestimmten Zeitpunkt und eine spezifische Handlung. Diese fördern die Resilienz, weil sie der Ungewissheit wenig Raum lassen. Sogenannte überallgemeine Erinnerungen sind unbestimmt: „Irgendwann hat mich irgendjemand extrem bedroht" oder „es ist ein großer, unbestimmter Schatten, der mich aus meiner Vergangenheit bedroht". Eine Reihe von Studien zeigt, dass überallgemeine Erinnerungen oder ein verzögertes Erinnern von bestimmten Inhalten das Risiko für Angst- und depressive Störungen erhöhen (Liu, Li et al. 2013). Veteranen mit unbestimmten, diffusen Kriegserinnerungen haben ein erhöhtes Risiko, eine Posttraumatische Belastungsstörung zu entwickeln. Das Führen eines Tagebuchs mit genauen Schilderungen und Skizzen kann helfen, die Umwelt präziser und bildhafter wahrzunehmen, was der Ausbildung eines überallgemeinen autobiografischen Gedächtnisses vorbeugt.

Präzision spielt auch bei moralischen Ängsten eine wichtige Rolle. Schamgefühle sind unpräzise. Sie haben oft keine bestimmte Ursache und betreffen nicht einzelne Eigenschaften und Handlungen, sondern unsere ganze Person. Deshalb gibt es keinen Ausweg aus der Scham. Die

Betroffenen möchten sich am liebsten verhüllen und verstecken. Das häufige Erleben von intensiven Schamgefühlen schwächt die psychische Widerstandskraft. Im Gegensatz dazu beziehen sich Schuldgefühle auf eine konkrete Handlung. Durch Wiedergutmachung können diese Gefühle gemindert werden. Meiner Meinung nach haben Schuldgefühle zu Unrecht einen schlechten Ruf in der Psychiatrie. Sie gelten als Symptom der Depression. Neuere Studien zeigen aber, dass Menschen, die öfter unter Schuldgefühlen leiden, erstaunlich robust und prosozial sind (Stuewig, Tangney et al. 2015).

Die Präzision des Furchtwissens reicht natürlich nicht, um für die Gefahren des Lebens gewappnet zu sein. Eine gewisse Verallgemeinerung des Furchtwissens ist notwendig. Selbst der Märchenheld hat keine Lust, das Fürchten vor jedem einzelnen Fisch zu lernen. Vor dem Einstieg in die ecuadorianische Seilbahn blieb uns Touristen nichts Anderes übrig, als frühere Erfahrungen mit Höhen, Seilbahnen, Stahlseilen, Kabinen etc. in unsere Risikobeurteilung einfließen zu lassen. Unser Gehirn betreibt einen großen Aufwand, um die Erfahrung oder das Wissen über eine bestimmte Gefahr auf andere Situationen zu übertragen (Onat and Buchel 2015). Dieser Prozess ist zentral für unser Überleben. Die Furcht-Verallgemeinerung ist sehr komplex, weil wir nicht im Voraus wissen, welche Kategorie für die Risikobeurteilung wichtig ist: Die Höhe der Schlucht? Die Dicke des Stahlseils? Der Rost des Stahlseils? Die seltsamen Ritzen im Boden der Kabine? Die Ausgelassenheit der Einheimischen? Andrés Fluchtverhalten? Da von uns vorher niemand eine solche Seilbahn benutzt hatte, mussten wir wild spekulieren. Aber selbst bei einer sehr konkreten Erfahrung, wie die eines Hundebisses, ist es anspruchsvoll, künftige Risiken im Umgang mit Hunden vorauszusagen. Was macht die Gefahr aus? Die Lautstärke des Gebells? Die Hunderasse? Das Verhalten des Hundehalters? Unser Verhalten? Leider führt diese Komplexität zu häufigen Störungen. Nach einem Hundebiss erscheinen einem alle Hunde gefährlicher. Viele Kinder fürchten sich nach einer schlechten Hunde-Erfahrung vor dem Bild eines Hundes oder einem Stoff-Hund. Diese unnötige Angst ist das Resultat einer übermäßigen Verallgemeinerung. Eine fehlerhafte Furcht-Verallgemeinerung ist ein Kernmerkmal aller Angststörungen. Seit dem Boom von Traumatheorien beziehen immer mehr Menschen all ihre Ängste, Sorgen und Nöte auf ein ganz bestimmtes Ereignis in ihrer Vergangenheit. Wie ich im Kapitel zur Komplexität zeigen werde, ist diese Kombination aus unrealistischer Spezifizierung und entsprechender Verallgemeinerung kein Vorteil für die Resilienz. Eine geringe Verallgemeinerung erlaubt zwar ein unbekümmertes Leben, erhöht aber das Unfallrisiko. Wenn man nach dem gefährlichen Biss eines aufgehetzten Kampfhundes mit braunen Ohren zu dem Schluss kommt, dass nur Kampfhunde mit braunen Ohren gefährlich seien, könnte einen der Biss eines Kampfhundes mit schwarzen Ohren eines Bessern belehren. Eine angemessene Übertragung von erlernter Furcht auf ähnliche Situationen ist ein wichtiger Bestandteil der Resilienz.

Man hat lange vermutet, dass ängstliche Menschen eine allgemeine Abneigung gegen Risiken haben, und dass risikofreudige Menschen allgemein das Risiko lieben. Neuere Untersuchungen widersprechen aber dieser Theorie einer allgemeinen Risikopräferenz (Weber, Blais et al. 2002). In Bezug auf den *allgemeinen* Risikoappetit sind sich Menschen erstaunlich ähnlich. Fast alle Menschen und Tiere haben die Neigung, Risiken zu vermeiden. Der Unterschied im Risikoverhalten erklärt sich vielmehr durch die unterschiedliche Einschätzung von Risiken. Im Durchschnitt halten Männer die Welt für weniger gefährlich als Frauen. Der Motorradfahrer, der gefährliche Überholmanöver liebt, unterschätzt das Risiko seines Verhaltens meistens massiv. Diät-Fanatiker überschätzen die Risiken von Kalorien. Raucher unterschätzen die gesundheitlichen Folgen des Tabakkonsums. Dass Ängstlichkeit nicht einfach eine Neigung ist, sondern mit konkreten Risikoeinschätzungen zu tun hat, belegt auch die Tatsache, dass die gleiche Person in einem Bereich sehr viel und in einem andern eher zu wenig Angst hat. Katzenangst und die Freude am Extremklettern schließen sich nicht aus. Eine meiner Patientinnen, die an schweren Panikattacken litt, bei denen sie Angst hatte zu ersticken, schrieb mir aus den Ferien: „Ich bin zurzeit etwas in den Bergen unterwegs. Skifahren, Snowboarden, außerdem habe ich eine Skeletonschule besucht. Das müssten Sie auch mal machen. Da ist man mit 100 km/h kopfüber im Eiskanal unterwegs, mehr Adrenalin gibt's nicht. Da ist Tennis wie Schlafen dagegen." Die Patientin wusste, dass ich gerne Tennis spiele … Praktisch heißt das: Wir sind nicht einfach Opfer einer angeborenen Risikoneigung, sondern können ein Stück weit durch objektive Informationen zu realen Gefahren unangemessenes Risiko- oder Vermeidungsverhalten ändern.

Aus diesen Gründen ist das Vermitteln eines objektiven Gefahren-Wissens maßgeblich für die Entwicklung von Resilienz. Eltern, Lehrer, Ärzte, Psychotherapeuten, Wissenschaftler und Journalisten sollten sich dieser wichtigen Aufgabe bewusst sein. Bei der Supervision angehender Psychotherapeuten sehe ich oft, dass diese Aufgabe unterschätzt wird. Ein junger Kollege stellte z. B. bei der Untersuchung einer Patientin mit übermäßiger Hundeangst folgende Fragen: Wie lange leiden Sie schon unter dieser Angst? Wann ist sie das erste Mal aufgetreten? Hat es eine Rolle gespielt, dass der Hund, vor dem Sie das erste Mal Angst hatten, ihrem Onkel gehört hat? … In seinen einfühlsamen Gesprächen vergaß er, die Kriterien zu vermitteln, die dabei helfen, die Gefährlichkeit eines Hundes einzuschätzen. Das Erlernen von Furcht ist nicht grundsätzlich verschieden vom Lernen einer Sprache. Ein Kind, das „der Fenster" statt „das Fenster" sagt, fragen wir auch nicht nach Ursachen, Dauer und erstem Auftreten dieses Fehlers. Wir sagen einfach, was Sache ist. Das heißt nicht, dass Psychotherapeuten keine raffinierten Strategien beherrschen sollten.

Fürchten wird wie eine Sprache zu einem wichtigen Teil ohne Absicht in sozialen Beziehungen gelernt. Wenn die Mutter eine heiße Herdplatte, ein scharfes Messer und einen heranrasenden Lastwagen als gefährlich einstuft, übernehmen ihre Kinder diese Furcht. Die Mutter muss die Gefahren nicht explizit erklären, ihr Gesichtsausdruck, ihr Verhalten und ihre Gefühle genügen, um diese wichtigen Informationen zu übermitteln. Im Gesicht gibt es allgemein verständliche Zeichen, die Furcht ausdrücken. Je mehr Weiß in den Augen sichtbar ist, desto gefährlicher schätzt die Person die Gefahr ein. Ein offener Mund signalisiert ebenfalls Gefahr. Diese präzise mimische Vermittlung von Gefahren ist beim Menschen besonders ausgeprägt. Der Mensch hat die größte sichtbare Sklera (Lederhaut des Auges) aller Lebewesen, die erst noch durch ihre fehlende Pigmentierung einen scharfen Kontrast zur Pupille bildet. Bei Tieren dient die kleine, pigmentierte Sklera zur Tarnung. Bei Menschen steht statt Tarnung die Kommunikation im Vordergrund. Die Vermittlung von Gefahren durch die Augen kann sehr wirksam sein, weil sie ohne Worte innerhalb von Millisekunden funktioniert. Selbst wenn wir jemandem nicht ins Gesicht schauen, nehmen wir unbewusst seine Augen-Alarmsignale im ganzen Gesichtsfeld wahr. Die Unfähigkeit, Emotionen in Gesichtern korrekt zu lesen, schwächt die Resilienz (Demenescu, Kortekaas et al. 2010), was bestätigt, dass Furchtlernen anhand sozialer Signale bedeutsam ist.

Die Ecuadorianer haben sich mimische Sicherheitssignale zugesendet. Ihre Augen waren klein und sie ließen ihre

Unterkiefer nicht hängen. Wir Europäer beäugten mehr die Stahlseile und den Velo-Antrieb, statt uns gegenseitig zu beobachten und die Hände zu geben oder uns zu umarmen. Diesen Unterschied hat die Kulturpsychologin Patricia Greenfield in Studien untersucht (Greenfield 2009). Kollektivistische Gemeinschaften legen in der Erziehung viel Wert auf gegenseitige Abhängigkeit, soziale Nähe, Körpernähe und soziale Stimulation. In individualistischen Gesellschaften sind Unabhängigkeit, selbständige Entscheidungen und Sachlichkeit wichtig. In diesem Sinne haben wir Europäer uns bewusst an den technischen Eigenschaften der Seilbahn orientiert, unbewusst aber auch die sozialen Signale wahrgenommen. Beide Arten der Gefahrenbeurteilung haben ihre Vorteile. Das soziale Vermitteln von Risiken stärkt Bindungen, fördert die Integration und bescherte den Einheimischen eine stressfreie Fahrt über die Schlucht.

Das absolute Vertrauen auf andere hat aber auch Nachteile. Wenn das Führerschaf in die Schlucht fällt, folgen ihm die anderen nach. Die Auswahl der Furcht-Führer spielt beim sozialen Furchtlernen eine entscheidende Rolle. Für viele Amerikaner war das Playmate Jenny McCarthy ein Führungsschaf in Sachen Impfungen. Sie führte die psychischen Probleme ihres Sohnes auf die Masern-Impfung zurück, und Millionen von Menschen glaubten ihr. Die Angst vor Masern-Impfungen verallgemeinerte sich, und viele Eltern entschieden, ihre Kinder überhaupt nicht impfen zu lassen und ihnen jegliche medikamentöse Therapie vorzuenthalten. Gegen diesen starken sozialen Einfluss halfen auch Dutzende sorgfältig durchgeführte Studien nicht, die keinen Zusammenhang zwischen Masern-Impfung und Autismus fanden. Erst tragische Todesfälle und Lähmungen, verursacht durch vermeidbare Virusinfektionen, brachten die McCarthy-Herde zur Vernunft.

Der Hauptnachteil der individuellen Risikobeurteilung, die in westlichen Gesellschaften gefördert wird, ist der

Energieaufwand. Dieser ist umso größer, je mehr neuen Gefahren wir ausgesetzt sind. Was bedeuten schmelzende Eisberge? Sind moderne Atomkraftwerke gefährlicher als das Verbrennen von Kohle? Sind E-Zigaretten harmlos? Die fortlaufenden Risikoeinschätzungen, die zu den wichtigen Aufgaben des mündigen Bürgers gehören, tragen zum Grundgefühl der Erschöpfung bei.

Die häufigsten Befürchtungen des spätmodernen Menschen beziehen sich nicht auf Spinnen, Höhen und Kohlekraftwerke, sondern auf andere Menschen. Die häufigste soziale Angst betrifft das Reden vor einer Gruppe. Soziale Ängste können aber alle Bereiche des Soziallebens betreffen, z.B. die Verhandlung des Lohns oder ein Gespräch über Verhütungsmethoden. Sie fördern Unterwürfigkeit, sei es in der Schule, beruflich oder familiär. Außerdem führen sie oft dazu, dass sich die Betroffenen in Hierarchien unterordnen oder zurückziehen. Wer den Mut nicht hat, einen Vortrag zu halten, wird sich kaum zu einem Alpha-Tier entwickeln. Häufiges Foppen, Auslachen, Mobbing, übertriebenes Prestigedenken und sozialer Ausschluss fördern soziale Ängste, vor allem wenn dies anhaltend und ohne Grund geschieht. Im Kapitel über den Dauerkampf um sozialen Status habe ich die große Bedeutung sozialer Ängste beim aktuellen Resilienz-Zerfall ausführlich besprochen.

Die zweithäufigsten Befürchtungen beziehen sich ebenfalls nicht auf das Ozonloch oder die nächste Finanzkrise, sondern auf unseren Körper. Panikattacken zeichnen sich durch einen schnellen Anstieg intensiver Angst oder unangenehmer Körpersymptome aus, die innerhalb von Minuten ihr Intensitätsmaximum erreichen. Zu den typischen Symptomen gehören Herzklopfen, Schwitzen, Zittern, Brustdruck, Übelkeit, Atemnot und Hitzegefühl. Das Erleben von Panikattacken ist ganz normal und weist fast nie auf eine schwere körperliche Krankheit hin. Menschen mit einer Panikstörung deuten aber ihre Paniksymptome als Ausdruck einer schweren Krankheit, z.B. eines Herzinfarkts. Diese Deutung entspricht einem klassischen Furcht-Verallgemeinerungsfehler. Bei alten Menschen mag Atemnot Zeichen eines Herzproblems sein. Im Alter von 15 bis 30 Jahren, in welchem die Panikstörung typischerweise aufzutreten beginnt, ist Atemnot fast nie Ausdruck einer Herzkrankheit. Panikpatienten verallgemeinern also die Bedeutung von Körpersymptomen über die ganze Lebensspanne und berücksichtigen nicht, dass das Alter beim Einschätzen von Krankheitsrisiken extrem wichtig ist. Unglücklicherweise verstärkt die Krankheitsangst die Paniksymptome. Das Herz schlägt noch wilder, die Atemnot nimmt zu und das Schwitzen wird noch unangenehmer. Die Betroffenen deuten diese Angstreaktion als Bestätigung, dass sie kurz vor dem Tod stünden. Diese Interpretation führt oft zu einer anhaltenden Angst vor Panikattacken. Sie schaltet das Hirn-Bedeutungssystem ein, das nicht nur nach inneren, sondern auch nach äußeren Ursachen der Attacken sucht (Bouton, Mineka et al. 2001). Dabei werden typischerweise öffentliche Plätze, Menschenmengen und längere Reisen verdächtigt. Menschen mit Panikstörungen weisen oft eine gute soziale Verwurzelung auf, weil sie auf die psychische Unterstützung anderer angewiesen sind. Ihre Fähigkeit zur geografischen Mobilität ist oft eingeschränkt. Ihre Stärke ist, sich der großen Bedeutung sozialer Integration bewusst zu sein. Im schlimmsten Fall ziehen sich die Menschen in ihre Wohnung zurück, werden von der Unterstützung nahestehender Personen und Ärzten abhängig und leben in ständiger Angst vor der Angst. In der Behandlung müssen Patienten lernen, dass Panikattacken keine besondere medizinische oder soziale Bedeutung haben, und dass es unmöglich ist, diese ganz zu vermeiden oder vor ihnen zu fliehen.

Nicht jede Furcht ist individuell erlernt. Während der Entwicklung der Menschheit haben sich Furcht-Erfahrungen ins Gehirn eingeschrieben, so dass nicht jedes Individuum diese neu machen muss. Die Angst vor Schlangen, Spinnen, Höhen, Wasser, Blut und engen Räumen müssen wir nicht lernen. Dieses angeborene Angstwissen ist leider ziemlich veraltet – unser Lebensraum ist weitgehend frei von gefährlichen Spinnen und Schlangen. Die Höhe, die in meinem Ecuador-Erlebnis eine maßgebliche Rolle spielte, ist nur noch ein seltener Grund für ein kurzes Leben. Fliegen ist viel sicherer als Fahrradfahren. Das Fahren in geprüften Seilbahnen ist sicherer als Motorradfahren. Dass Autos, Springmesser und Kokain gefährlich sind, ist Jugendlichen leider nicht ins Gehirn gebrannt. Diese Risiken müssen mühsam vermittelt oder schmerzlich erlernt werden.

Zurück zu André. Er hatte massiv Angst vor der verlotterten Seilbahn, ließ sich selbst von unserem Mut nicht beeindrucken und floh. Da er ein guter Bergsteiger war, versuchte er, in die Schlucht hinunterzuklettern, um über Land und Wasser auf die andere Seite zu kommen. Zum Glück kam er, wie er mir später erzählt hat, nicht weit, wurde von Einheimischen entdeckt, die ihn retteten und ihn in ihrem Auto mitnahmen. Nach drei Tagen Autofahrt erreichte er die andere Seite der Schlucht. Er erwähnte, dass er als neunjähriges Kind in den Skiferien in den Alpen seine Eltern aus den Augen verloren hatte und sie suchen musste. Ganz allein erlebte er einen Föhnsturm, der das Seil einer Sesselbahn zur Entgleisung brachte. Die Sessel stürzten in die Tiefe. Später fand er seine Eltern wieder, doch dieses Erlebnis saß fortan tief und verstärkte seine Höhenangst. Er vermied seither Sessel- und Seilbahnfahrten in offenen Kabinen. Diese Vermeidung kann man als traumatische Verarbeitung einer Kindheitserfahrung deuten. Für die Posttraumatische Belastungsstörung sind Wiedererkennungssymptome typisch, z.B. sich aufdrängende und belastende Erinnerungen an das Unglück in Flashbacks und

Albträumen. Darunter litt André nicht. Seine traumatische Erfahrung zeigte sich nur in der Höhenangst und in der Vermeidung von Höhen.

Allgemein hängt die langfristige Wirkung negativer Erfahrungen auf das Fürchten erstaunlich wenig von der objektiven Gefahr ab, z. B. ob es beim Unglück keine Toten oder zwölf Tote gab. Die *Umstände* sind entscheidend. Hätte André im Voraus gewusst, dass an diesem Tag ein Föhnsturm ein Sesselbahn-Unglück verursachen würde, wäre seine psychische Reaktion darauf viel geringer gewesen. Soldaten, die wissen, dass Kriegsgefangene gefoltert werden und sich darauf vorbereiten, sind ungemein resilienter als Soldaten, die nicht damit rechnen. Solche Befunde bestätigen meine These des letzten Kapitels, dass ein gesundes Maß an Pessimismus und eine eher kritische Selbsteinschätzung die Resilienz stärken und nicht schwächen – „ich bin verletzlicher, als ich zu Beginn meines Armee-Dienstes angenommen hatte, deshalb muss ich mich gut vorbereiten." Für Andrés Furchtlernen war von großer Bedeutung, dass er den Unfall in einer Situation allgemeiner Verunsicherung erlebte: Er war allein und suchte seine Eltern.

Andrés Verhalten weist zudem auf ein anderes wichtiges Phänomen hin: Wir lernen nicht nur das Fürchten, sondern auch die Sicherheit. Sein Vertrauen in die gefühlte Sicherheit der Einheimischen, an der wir anderen uns orientierten, war äußerst gering. Dies hat vermutlich mit seinen Eltern zu tun, die ihn immer wieder aus den Augen verloren und sich wenig um seine Sicherheit gekümmert hatten. Der Einfluss des Verhaltens unserer Eltern auf unser Verhalten ist äußerst schwierig abzuschätzen, weil wir ja auch die Gene, gewisse epigenetische Marker und die soziokulturelle Umgebung mit ihnen teilen.

Studien an Affen, die von ihren Eltern getrennt werden, eignen sich gut, um den Einfluss des elterlichen Verhaltens abzuschätzen. Verwaiste Affen sind besonders aggressiv und trinken gerne Alkohol, wenn man ihnen diesen in Studien anbietet (Heinz, Higley et al. 1998). Sie zeigen also das typische Verhalten von Männern mit einer geringen Resilienz. Das Serotonin-System, das unter anderem für die psychische Beruhigung zuständig ist, bildet sich bei diesen Affen nicht voll aus. Affen, die in einer Gruppe Gleichaltriger aufwachsen, lernen das Fürchten erstaunlich gut. Ihr Problem ist aber, dass sie die Anzeichen von Sicherheit nicht richtig erkennen (Sanchez, McCormack et al. 2015). Zum Beispiel können sie zwischen echtem und spielerischem Bedrohungsverhalten nicht unterscheiden. Sie wissen also nicht, dass das Spiel Regeln kennt und dadurch eine Sicherheit bietet, die es ermöglicht, neue Verhaltensweisen ohne Stress auszuprobieren und einzuüben. Das Erkennen von Sicherheitssignalen unterdrückt direkt im Schläfenlappen die Angstreaktion auf Gefahrensignale. Zudem löst es positive Emotionen aus, weil es das Hirnbelohnungssystem aktiviert (Rogan, Leon et al. 2005). Sicherheitslernen ist besonders wichtig, weil es nur wenig von der Umgebung und den Umständen abhängig ist, und somit ein allgemeines Gefühl von Sicherheit vermittelt (Jovanovic, Kazama et al. 2012).

In meiner Ecuador-Erfahrung hätte eine plausible Prüfplakette deutlich zur Beruhigung beigetragen, obwohl dieses Sicherheitssignal in eine unbekannte und unberechenbare Situation eingebettet gewesen wäre. Es gibt erste Hinweise, dass Sicherheitslernen störanfälliger ist als Furchtlernen. Dies würde dafür sprechen, dass bei der Entwicklung von Ängstlichkeit und von Angststörungen dem Lernen von Sicherheit eine zentrale Bedeutung zukommt (Gazendam, Kamphuis et al. 2013). Dieser Befund hätte weitgehende Folgen für die Prävention und Therapie von Angst- und Stressstörungen. Vielleicht muss ich schon bald den Titel dieses Kapitels anpassen.

Sicherheitslernen, das direkt mit unseren Fähigkeiten zu tun hat, ist besonders wirksam, weil wir diese Fähigkeiten immer mit uns tragen. Dazu gehört z. B. die Erfahrung, dass wir einen aggressiven Hund besänftigen und einen beginnenden Brand löschen können. In Andrés Fall zeigt sich ein relativ neues Phänomen. Er vertraut übermäßig auf seine Bergsteiger-Fähigkeiten, die ihn vor Höhenangst bewahren, aber kaum auf soziale Sicherheitssignale. Diese Einschätzung von Sicherheit ist vermutlich eine Anpassung an die allgemein abnehmende soziale Integration und den steigenden Wert individueller Autonomie. Ich kenne zwar bis heute das objektive Risiko unserer Seilbahnfahrt in Ecuador nicht, vermute aber, dass sich André durch sein Verhalten einem größeren Risiko ausgesetzt hat als wir Seilbahnfahrer. Nach den Terroranschlägen vom 11. September 2001 konnte dieser Autonomie-gleich-Sicherheit-Effekt eindrücklich belegt werden. Viele Amerikaner misstrauten danach den Piloten, Flughäfen, Fluggesellschaften und Sicherheitsbeamten und stiegen aus Angst vor dem Fliegen aufs Auto um. Dies führte dazu, dass der Verkehr in den USA um 5 % zunahm. Eine Folge davon war, dass 1500 Amerikaner durch zusätzliche Straßenunfälle ums Leben kamen.

Das zunehmende Misstrauen in unsere Mitmenschen, obwohl diese im Durchschnitt immer verlässlicher und harmloser werden, zeigt sich in vielen Bereichen. Rückstände von Pestiziden, die von Menschen hergestellt werden, besorgen uns mehr als die viel gefährlicheren Pilze, Schädlinge und Bakterien der Natur. Nicht selten vertrauen Drogensüchtige blind auf die Substanzen, die sie selber züchten, kaufen oder herstellen; bei der Verschreibung eines offiziell zugelassenen Medikaments lesen sie aber sehr genau die Packungsbeilage.

Andrés Verhalten zeigt noch etwas Anderes: Allgemein überschätzen wir einzelne, markante Ereignisse wie einen

Sessellift-Unfall, über den die Medien ausführlich berichten. Die Gefahren des Bergsteigens zeigen sich weniger in *einem* markanten Ereignis, sondern in häufigen Unfällen, die Einzelpersonen betreffen, was einen verhältnismäßig geringen Einfluss auf das Furchtlernen hat. Seltene, aber filmtaugliche Ereignisse wie Blitzeinschläge, Hai-Attacken und Terror-Anschläge werden deutlich überschätzt, sich langsam aufbauende Gefahren wie Luftverschmutzung und Klimawandel dagegen unterschätzt.

Viele Menschen, die das Fürchten nicht richtig gelernt haben, sind allgemein ängstlich und verzichten auf sehr vieles im Leben, weil sie Gefahren- und Sicherheitssignale nicht präzise deuten können. Andere vertrauen übermäßig auf ihre Gefühle. Eine Patientin, die von mehreren Partnern emotional missbraucht wurde, erklärte mir, dass sie bei der Partnerwahl vor allem auf ihre innere Stimme höre: „Ich wähle Männer, weil sie mir ein gutes Gefühl geben und mich speziell fühlen lassen." Mit dieser Methode, die man auch Innenorientierung nennt, übersah sie regelmäßig objektive Gefahrensignale bei ihren Partnern wie Drogenprobleme, unüberlegte Geldausgaben und Vorbestrafung wegen Vergewaltigung. Der Blick nach innen, den klärungsorientierte Psychotherapien und die Psychoanalyse schärfen, hat das große Potenzial, seine Wünsche und den roten Faden im Leben zu finden. Er taugt aber nicht dazu, das Risiko realer Gefahren abzuschätzen.

Zwanghafte Menschen reagieren auf ihre Furcht mit vermehrter Kontrolle. Habe ich die Haustüre wirklich geschlossen? Die Gas- und Wasserhähne abgedreht? Den Ofen ausgeschaltet? Den richtigen Betrag von der Bank erhalten? Eine mehrfache Kontrolle von Türschlössern, Gas- und Wasserhähnen und das wiederholte Nachzählen von Geldscheinen bringt ihnen vorübergehend eine Beruhigung. Die andauernde Prüfung, ob neue E-Mails, SMS oder Whatsapp-Meldungen eingetroffen sind, ist unter anderem ein Symptom der zunehmenden Verunsicherung in Bezug auf die Tragfähigkeit sozialer Netzwerke. Dass aktuell jedes Mundspray, jeder Mini-Tablet und jede Sandale in den Sicherheitskontrollen eines Flughafens unter Terrorverdacht stehen, halte ich für ein gesellschaftliches Zwangsritual. Warum ein solcher Aufwand beim Fliegen und keine Sicherheitschecks in amerikanischen Schulen, wo regelmäßig unschuldige Menschen totgeschossen werden? Und eine kleine Reduktion der Höchstgeschwindigkeit auf deutschen Autobahnen wäre ums Mehrfache wirksamer als die Checks von Gürtelschnallen und Reise-Deos, um die Sicherheit der Bevölkerung zu verbessern.

Die Anwendung richtig gelernten Furchtwissens kann sich unter Stress dramatisch verschlechtern. Terroranschläge zeigen eindrücklich, dass eine eher seltene, aber lebensbedrohliche und unberechenbare Gefahr einen Rückfall vom präzisen Furcht- in den diffusen Angstmodus provoziert. Selbst Staatspräsidenten können dieser Provokation nicht widerstehen und begehen groteske Furcht-Verallgemeinerungsfehler. Es sind nicht mehr bestimmte Personen, die in bestimmten Zentren ausgebildet werden, welche Flugzeuge entführen und mit diesen in New Yorker Hochhäuser fliegen, sondern eine Achse des Bösen, welche die westliche Welt vernichten will. Es sind auch nicht mehr französische Kleinkriminelle, die sich in einem bestimmten Brüsseler Stadtteil kennenlernten, die wahllos auf Menschen in Paris schießen, sondern ihre Taten sind Ausdruck einer allgemeinen Rache der islamischen Welt am französischen Liberalismus. Die Gefahr einzelner Moslems wird auf „die Moslems" generalisiert. Die Maßnahme gegen die übergeneralisierte Bedrohung ist entsprechend diffus und ungezielt: Krieg gegen islamische Staaten und Gruppierungen, deren Verbindung mit den vorbestraften Tätern mehr als fragwürdig ist, und eine Zunahme der Islamophobie.

Resilienz-Stärkung durch die Behandlung übermäßiger Ängste

Die psychotherapeutische Behandlung von Ängsten folgt dem Grundsatz, dass Gelerntes auch wieder verlernt werden kann. Wie ich schon erwähnt habe, sollte man sich Zeit nehmen, ängstliche Menschen über objektive Risiken zu unterrichten und ihre ungenauen oder irrtümlichen Einschätzungen in Frage stellen. Dadurch kann viel erreicht werden. Oft verschwinden aber die Ängste durch solchen „Unterricht" nicht, weil Furcht zu einem großen Teil unbewusst gelernt wird. Rationale Argumente beeindrucken das unbewusste Angstgedächtnis nur wenig. Es vertraut vorwiegend auf eigene Erfahrungen.

Psychotherapeuten haben deshalb besondere Methoden entwickelt, um das unbewusste Furchtlernen auf die harte Tour zu beeinflussen. Die bekannteste Strategie ist die Konfrontationstherapie. In dieser wird man den Reizen ausgesetzt, die man fälschlicherweise als Angstsignale interpretiert. Die wiederholte Konfrontation mit den Reizen, ohne dass etwas Schlimmes passiert, führt dazu, diese als weniger gefährlich wahrzunehmen. Bei Phobien sind das harmlose Spinnen und Schlangen, Höhe, soziale Situationen (z.B. eine Rede vor Publikum) und die Menschenmenge in einem Kaufhaus. Bei der Panikstörung sind es eigene Körperempfindungen, die gezielt durch körperliche Aktivität oder Hyperventilation ausgelöst werden. Die Patienten werden angehalten, die ausgelöste Angst nicht zu unterdrücken, sondern sie zuzulassen. Damit lernen sie, dass die Angst nicht ins Unendliche steigt, sondern dank Habituation nach kurzer Zeit ein Plateau erreicht und von selber nachlässt, ohne dass der Angstreiz vermieden werden muss. Leider wird durch diese Methode das Angstgedächtnis nicht definitiv gelöscht, sondern eher mit positiven Erfahrungen ergänzt. Wenn wir einmal gelernt haben, dass ein

Wolfsgeheul zum Tod eines Geschwisters führen kann, dann wird unser Gehirn dies nie wieder vergessen. Wenn wir danach jahrelang in einer sicheren Umgebung sind und Wölfe nur noch im Zoo heulen, lernen wir zwar zusätzlich, dass Wolfsgeheul keine Gefahr bedeuten muss. Die alte Verbindung zwischen Geheul und Gefahr geht aber nicht verloren, denn unsere Umgebung könnte sich ja ändern, der Wolf könnte ausbrechen, und die alten Erfahrungen könnten sich wieder als wichtig erweisen (Bentz and Schiller 2015). Im besten Fall wird unser Gefahrenwissen umweltabhängig. Eine gute Resilienz zeichnet sich dann z. B. dadurch aus, dass Wolfsgeheul in einem modernen Zoo gar keine Angst und auch keine unbewusste Hirnaktivität verursacht.

Die Art der Umgebungsabhängigkeit unseres Furchtlernens ist leider nicht optimal an das spätmoderne Leben angepasst. Das Auftauchen gefährlicher Tiere war oft mit der Tageszeit, den Wetterbedingungen und Gerüchen verbunden. Heutzutage ist die Verknüpfung von negativen Erfahrungen mit solchen Umweltinformationen eher ein Nachteil. Kündigungen treffen uns unabhängig von Wetterbedingungen, und Börsencrashs sind ziemlich geruchlos. Für Psychotherapeuten stellt die Umgebungsabhängigkeit eine große Herausforderung dar. Wenn ich nun im Therapie-Zimmer lerne, dass eine laute, kritische Stimme keine Bedrohung darstellt, heißt das noch lange nicht, dass ich im realen Leben von dieser Gefahrlosigkeit überzeugt bin. Aus all diesen Gründen ist die Wirkung der Konfrontationstherapie leider weniger durchschlagend und weniger anhaltend als ursprünglich angenommen (Vervliet, Craske et al. 2013).

Als Psychotherapeut habe ich die Erfahrung gemacht, dass die Konfrontationstherapie durch eine einfache Ergänzung deutlich wirksamer wird. Ich rate meinen Patienten, ihre allgemeine Aktivität deutlich zu steigern. Am besten eignen sich Aktivitäten, die Spaß machen, sei es Sport, Singen im Kirchenchor oder die Arbeit im Garten. Im Gegensatz zu vielen Angstexperten rate ich nicht, besonders diejenigen Aktivitäten zu steigern, die ihnen Angst machen. Bei denjenigen Patienten, die von sich aus die angsteinflößenden Aktivitäten steigern, scheint die Erklärung der verstärkenden Wirkung meiner Empfehlung einfach zu sein. Sie verallgemeinern das Furcht-Verlernen, das sie in den Therapiesitzungen oder in bestimmten Konfrontationsübungen erworben haben, auf andere Situationen. In Angst-Ratgebern wird häufig erzählt, dass Goethe seine Höhenangst loswurde, indem er mit weichen Knien auf die Spitze des gotischen Turms des Straßburger Münsters stieg. Seine Konfrontationsübung bestand darin, auf einer Plattform, die kein Geländer hatte, in die Tiefe zu starren. Was die Ratgeber fast immer verschweigen, ist meines Erachtens gerade die Pointe der Geschichte. Diese Konfrontationsübung war bloß die Vorbereitung auf Goethes Bergwanderungen in den Alpen. Er übertrug also seine Münster-Erfahrung auf andere Situationen, die ihm wichtig waren. Anders ausgedrückt: Ein optimales Furchtlernen hängt nicht nur von der Lernpräzision und der Lernqualität ab, sondern auch von der Häufigkeit. Wir müssen unserem Gehirn die Möglichkeit geben, durch viele und verschiedene Erfahrungen in verschiedenen Umgebungen das Furchtlernen zu optimieren. Nur so kann sich ein differenzierter Realitätssinn herausbilden.

Andrés Problem war, dass er sehr früh Seilbahnen als gefährlich erfuhr und es vermied, diese Erfahrung durch ähnliche, positive Erfahrungen zu ergänzen. Zahnärzte sind mit Andrés Problem gut vertraut. Wenn ein Kind beim ersten Zahnarztbesuch eine schlechte Erfahrung macht, wird es alles daran setzen, nie wieder zum Zahnarzt zu gehen oder wird sich beim Zahnarzt so unmöglich verhalten, dass eine gute, korrigierende Erfahrung nicht möglich ist.

Wenn Kinder aber bereits einige gute Erfahrungen mit dem Zahnarzt gemacht haben, vertragen sie eine schlechte Erfahrung besser, weil sich das Furchtwissen dank der wiederholten Erfahrungen differenziert hat: Die Behandlung beim Zahnarzt ist meistens problemlos, kann aber auch mal unangenehm sein. Kein Grund zur Panik!

Manche meiner Patienten, vielleicht ist es die Mehrheit, steigern am liebsten die Aktivitäten, die nichts mit ihren Ängsten zu tun haben. Man kann dies als Vermeidung angstauslösender Situationen deuten. Vermeiden hat unter Angstexperten einen extrem schlechten Ruf. Es gibt Experten, die führen fast jeden psychotherapeutischen Misserfolg auf phobisches Vermeidungsverhalten zurück. Amerikanische Psychotherapeuten haben gemäß meiner Erfahrung die größte Abneigung gegen Vermeidung. Der Surgeon General der USA, eine Art nationaler Gesundheitspapst, drückt es unfehlbar klar aus: „Die wichtigste Maßnahme, um Angst zu reduzieren, ist die Konfrontation mit den gefürchteten Reizen." Als ich vor Jahren auf einem internationalen Psychotherapie-Kongress öffentlich sagte, dass ich das Vermeiden als wichtige und völlig unterschätzte Resilienz-Strategie betrachte, wurde ich mit Ignoranz, gereiztem Stirnrunzeln bis hin zu wütender Ablehnung bestraft. Seither habe ich es vermieden, Vermeidung öffentlich anzupreisen, was schon zeigt, wie gerne ich vermeide. Erst vor Kurzem habe ich mitbekommen, dass einer der führenden Angst-Grundlagenforscher, Joseph LeDoux, schon seit Jahren aus streng wissenschaftlicher Sicht das Lob der aktiven Vermeidung singt. Nun bereue ich es natürlich, dass ich es vermieden habe, meine natürliche Vermeidungstendenz mit wissenschaftlichen Argumenten konsequent zu verteidigen. Wir leben ja auch nicht unter Bären und Krokodilen, und niemand würde auf die Idee kommen, uns Bären- und Krokodil-Vermeidung vorzuwerfen. Das Leben ist kurz und die Lebensmöglichkeiten sind beschränkt. Wir können nicht jede Herausforderung annehmen. Manchmal ist es deshalb besser, eine Herausforderung zu vermeiden. Geeignet dazu sind diejenigen, die besonders belastend sind, aber uns gar nicht viel bringen.

Wie argumentiert LeDoux? Es waren die schrecklichen Terroranschläge vom 11. September 2001 in New York, die sein Denken inspirierten (LeDoux 2015). Ein solches Ereignis beeinflusst das Furchtlernen massiv, wenn auch zum Glück fast immer nur kurzfristig. Viele Angestellte des World Trade Centers konnten sich nicht mehr vorstellen, jemals wieder in einem Wolkenkratzer zu arbeiten. Andere vermieden die U-Bahn. Viele klebten vor ihrem Fernseher, um wieder und wieder die Katastrophe auf CNN zu verfolgen. Ganz im Sinne des Surgeon General konfrontierte sich diese letzte Gruppe mit den gefürchteten Ereignissen. Studien zur Verarbeitung von 9/11 ergaben aber, dass weder das passive Vermeiden von Arbeit und U-Bahn, noch die CNN-Dauerkonfrontation die Resilienz stärkten. Am resilientesten waren die Personen, welche vermehrt lustvolle Dinge unternahmen, die nichts mit den Terroranschlägen zu tun hatten: ein romantischer Kinoabend, Jogging im Central Park, ein Einkaufstrip, Abendessen in einem orientalischen Restaurant oder der Besuch eines Patenkindes.

LeDoux verglich in seinen Studien den Energieaufwand verschiedener Angstreaktionen: Fliehen und Vermeiden benötigt deutlich weniger Energie als Konfrontation und Kampf. Dies mag ein Grund sein, warum Affen sich auf Bäumen ausgiebige Time-Outs nehmen, statt sich eingehend mit angreifenden Tigern und all den Reizen, die mit Tiger-Attacken zu tun haben, zu beschäftigen. LeDoux weist auch darauf hin, dass die Konfrontation mit Angstreizen fast ausschließlich das Stresssystem aktiviert und verändert.

Wie ich im Kapitel über die Bedeutung schon angedeutet habe, ist beim Menschen neben dem Stresssystem das

Hirnbelohnungssystem die Schlüsselstruktur der Resilienz. Dieses wird durch lustvolle Tätigkeiten aktiviert. Mit Nietzsche könnte man sagen: Wer ein kräftiges Warum hat, muss sich nicht mit jedem furchterregenden Wie konfrontieren. Bei der aktiven Angstvermeidung scheinen soziale Aktivitäten besonders wichtig zu sein. Darauf weist zumindest die Wirksamkeit der Interpersonellen Psychotherapie bei Angst- und Stressstörungen hin (Markowitz, Lipsitz et al. 2014; Markowitz, Petkova et al. 2015). Dieser Therapieform sind wir bereits im Kapitel über die Gemeinschaft begegnet. Sie enthält keine Konfrontation mit Angstreizen, sondern verfolgt einzig das Ziel, positive soziale Aktivitäten zu fördern.

Vielleicht ist die Konfrontationstherapie auch deshalb nicht so erfolgreich, wie man theoretisch erwarten dürfte, weil wir noch zu wenig verstehen, wie das Stresssystem Ängste verlernt. Ursprünglich ist man davon ausgegangen, dass das Angstgedächtnis durch wiederholte Konfrontationen in einer sicheren Umgebung gelöscht wird. Dies ist aber nicht der Fall. Wie schon angedeutet, handelt es sich bei Angst-Lernen und Angst-Verlernen um zwei verschiedene Prozesse (Bentz and Schiller 2015). Die Konfrontation kann deshalb beides bewirken: Einerseits dass das Angstgedächtnis verstärkt wird – das Hirn wird schließlich darauf hingewiesen, dass solche Reize weiterhin vorhanden sind –, andererseits dass der furchterregende Reiz eine neue, positive Bedeutung erhält. Die Forschung in diesem Bereich wird dazu beitragen, die Konfrontationstechniken so zu optimieren, dass sie das Angst-Verlernen ermöglichen, ohne eine Angst-Verstärkung zu provozieren.

Eine vielversprechende Methode scheint mir die Konfrontation mit Angstreizen in Form einer Nacherzählung zu sein. Diese Erzählung muss nicht besonders realistisch sein. André wusste z. B. nicht, wie viele Tote und Verletzte der Sessellift-Unfall in den Alpen zur Folge hatte. Dies ist auch nicht nötig. Es genügt, wenn er dank Statistiken weiß, dass Sessellifte im Durchschnitt sehr sicher sind. In seiner Geschichte könnte er erzählen, dass er seine Eltern bald nach dem Unfall fand, und diese die Polizei alarmierten, wodurch alle Personen gerettet wurden. Diese Art der Konfrontation hat den Vorteil, dass sie Kontrollmöglichkeiten auf mehreren Ebenen anbietet. Das Gefühl und die Überzeugung, schwierige Situationen meistern zu können, hat sich in langfristigen Untersuchungen zur psychischen Gesundheit als wichtiger Aspekt der Resilienz herausgestellt (Paech, Schindler et al. 2015). Das Schreiben ist an sich schon eine kontrollierte und kontrollierende Tätigkeit. Ferner erlaubt das Erfinden von Geschichten, sich Kontrollmethoden und Kontrollerfahrungen auszudenken. Dies senkt die Angst und hilft zudem, sich bei bedrohlichen Situationen tatsächlich souveräner zu verhalten. Der Sozialpsychologe James Pennebaker wies in einer Serie von Studien nach, dass das Schreiben über negative Erfahrungen zu einer Abnahme von Stresssymptomen und Suchtverhalten führt (Sayer, Noorbaloochi et al. 2015).

Das Schreiben über erlebte Gefahren fördert auch das Nachdenken über Nutzen und Risiken des Erlebten und des eigenen Verhaltens. In einigen Resilienz-Ratgebern habe ich die Empfehlung gelesen, nach dem Sturz vom Pferd möglichst rasch wieder in den Sattel zu steigen. Ich finde diese Empfehlung nicht besonders klug. Man sollte sich vielmehr die Zeit nehmen, den persönlichen Nutzen des Reitens gegenüber den Risiken abzuwägen. Reitunfälle sind viel häufiger und schwerwiegender, als die meisten Menschen annehmen, die nicht auf der Unfallchirurgie arbeiten. Wenn Reiten die tiefste Quelle des Glücks ist, könnte ein Reitkurs oder der Wechsel des Pferdes das Risiko senken. Wenn Reiten bloß noch eine Gewohnheit oder eine Pflicht ist, dann lieber den unüberlegten Sprung in den

Sattel durch einen größeren Sprung in ein neues Hobby ersetzen. Angst kann ein guter Ratgeber sein.

Eine Herausforderung der spätmodernen Resilienz ist es, dass wir mit einer zunehmenden Flut neuer Situationen und Informationen konfrontiert sind, vor welchen wir das Fürchten lernen müssen. Wie groß ist das Risiko von Schweine- und Vogelgrippeviren wirklich? Ist Deutschland ein sicheres Urlaubsland? Enthält Coke Zero® Stoffe, die den Appetit steigern? Wer kann meine E-Mails lesen? Erhöhen die neuen blutverdünnenden Medikamente das Risiko für Hirnblutungen? Erfüllt mein Audi die Abgasvorschriften? Wie sicher ist ein Schweizer Bankkonto? Wie gefährlich sind syrische Flüchtlinge? Was bedeuten schneefreie Weihnachten?

Das *Gesamtrisiko*, dem wir ausgesetzt sind, ist vermutlich geringer denn je. Aber die Informationsmenge zu Risiken, die wir verarbeiten müssen, war vermutlich nie größer als jetzt. Die Informationskanäle nehmen dank des Internets drastisch zu, die Wissenschaft liefert immer mehr risikorelevante Befunde, und die Wirtschaft beglückt uns ständig mit neuen Produkten, deren Risiken wir beurteilen müssen. Die Flut von immer mehr und immer komplizierteren Gesetzesänderungen führt zu Rechtsunsicherheit. Dies verunsichert nicht nur die Bevölkerung, sondern löst auch bei potenziellen Investoren Ängste und Investitionshemmungen aus. Arbeitsplätze werden von Produktion und Innovation – also dort, wo Sinn gestiftet wird – mehr und mehr in den Bereich des Risikomanagements verlagert. Dieses ist ein Big Business geworden, das leider keine lustvollen Tätigkeiten fördert.

Immer häufiger rufen uns Versicherungsagenten an, die uns zwei Dinge vermitteln: Die Welt ist viel gefährlicher, als wir annehmen, und die Schutzmaßnahmen, die wir getroffen haben, sind dürftiger, als wir glauben. Versicherungen sollen helfen, dass wir uns sicherer fühlen, doch die Dauerbeschäftigung mit dem Versicherungsschutz, den diese Industrie uns aufzwingt, führt gerade zum Gegenteil. Auch die Pharmaindustrie hat wenig Interesse, unsere Angst vor fiktiven Virenkrankheiten zu dämpfen. Juristen leben von unklaren Rechtsrisiken. Ein gutes Beispiel für eine neue, unnötige Angstquelle ist das Brustkrebs-Screening mittels Mammografie. Dieses liefert Informationen, die zu Furcht, existenziellen Sorgen und schlaflosen Nächten führen, ohne die Prognose von Brustkrebs zu verbessern (Biller-Andorno and Juni 2014). Gibt man diesen Angstsymptomen Krankheitswert, ist der gesundheitliche Schaden dieses Screenings beträchtlich.

Die Zunahme von Risikobeurteilungen ist an sich schon anstrengend. Noch schwerer wiegt aber der Umstand, dass durch die steigende und widersprüchliche Flut von risikorelevanten Informationen in unserem Kopf unklare Gefahreneinschätzungen entstehen. Diese fördern diffuse Ängste und unbestimmte Sorgen, die das Hirn in Atem halten. Damit wird der psychische Nutzen der objektiven Zunahme von Sicherheit zunichte gemacht, und es fehlen uns die psychischen Ressourcen für positive, sinnstiftende Dinge. Gerne denke ich an die Affen, die sich hoch in den Bäumen ein Furcht-Time-Out nehmen.

7 Überbeschützte Kindheit, vernachlässigte Jugend

Ein wichtiger Grundsatz des Furchtlernens ist, dass neu gelernte Furcht für unser Verhalten und unsere Gefühle bedeutsamer ist als die Furcht, die wir vor langer Zeit erlernt haben. Dieser Grundsatz trifft auch auf andere Lernarten zu. Er ist die Voraussetzung für unsere Fähigkeit, uns an eine sich schnell verändernde Umwelt anzupassen. Aus diesem Grundsatz könnte abgeleitet werden, dass die Kindheit eine ziemlich unwichtige Zeit für unsere psychische Entwicklung sei. Das im Jahr 2012 publizierte und lesenswerte *Handbook of Adult Resilience* (Reich, Zautra et al. 2012) kommt tatsächlich zu einem solchen Schluss. Die Autoren folgern aufgrund der wissenschaftlichen Literatur: „Für die meisten, jedoch, haben negative Kindheitserfahrungen weniger Auswirkungen auf die psychische Gesundheit, als man erwarten könnte."

Diese Ansicht widerspricht krass unseren intuitiven Vorstellungen über die Entwicklung von Resilienz. Das amerikanische Parlament verurteilte im Jahr 1999 öffentlich einen wissenschaftlichen Beitrag als unmoralisch und gefährlich, weil dieser den Zusammenhang zwischen Kindesmissbrauch und psychischer Gesundheit in Frage stellte (McNally 2003). Anhand von 59 Studien wiesen Bruce Rind und seine Mitarbeiter nach, dass häufig vorkommende Formen sexuellen Missbrauchs in der Kindheit nicht mehr als 1 % der Resilienz im Erwachsenenalter erklärten (Rind, Tromovitch et al. 1998). Es handelte sich in dieser Studie vorwiegend um „leichtere" Formen des Missbrauchs. Diese entsprachen aber in jedem Fall einem schweren Übergriff und einer schwerwiegenden Missachtung der kindlichen Autonomie. Obwohl ein wissenschaftliches Expertengremium zum Schluss kam, dass der Beitrag keine methodischen Mängel aufwies, und die Autoren wiederholt und öffentlich darauf hinwiesen, dass das Fehlen psychischer Schäden keinerlei Art von Kindesmissbrauch rechtfertige, nahm die Kritik an ihrem Beitrag zu. Psychotherapeuten, religiöse Gemeinschaften, einflussreiche Talk-Show-Moderatoren und prominente Radiopersönlichkeiten schlossen sich den Parlamentariern an. Schließlich zog die American Psychological Association diesen Beitrag zurück, den sie in ihrer renommierten Zeitschrift *Psychological Bulletin* veröffentlicht hatte. Die amerikanischen Psychologen entschuldigten sich beim Parlament, dass sie die möglichen sozialen und politischen Folgen des Beitrags nicht genügend berücksichtigt hatten. Die Wirkung dieses Eingriffs der Politik in die psychiatrische Forschung ist nachhaltig. Keine führende Fachzeitschrift hat es seither gewagt, einen wissenschaftlichen Beitrag zu veröffentlichen, der auf den unerwartet geringen Zusammenhang zwischen Kindheitserfahrungen und der Gesundheit im Erwachsenenalter in dieser Deutlichkeit hinwies.

Dies alles zeigt, dass uns die Kindheit heilig ist und dass wir alles tun, diese zu schützen, insbesondere vor nüchternen Wissenschaftlern. Gemäß dem Philosophen Karl Popper wird jede wissenschaftliche Theorie zum Mythos, wenn man sie nicht ernsthaft in Frage stellt. Dass sich in den tabulosen westlichen Gesellschaften in den letzten Jahrzehnten ein Mythos in Bezug auf die Kindheit herausbildete, halte ich für äußerst bemerkenswert und faszinierend. Wie ich schon erwähnt habe, hat die Kulturpsychologin Patricia Greenfield folgende Begriffe als besonders typisch für spätmoderne, westliche Gesellschaften identifiziert: „individuell", „selbst", „einzigartig", „Gefühl" und „Kind" (Greenfield 2013). Genau darum drehen sich die Schöpfungsmythen des Individuums. Weil mir meine Kinder heilig sind, und ich in meiner ausgedehnten Adoleszenz Sigmund Freuds Werk wie ein Schwamm aufgesogen habe, fühle ich mich durchaus als Anhänger dieses Mythos.

Naturvölker haben Mythen nicht verwendet, um die Welt und das Sozialleben zu erklären und zu steuern, sondern um mit der Welt in einen Dialog zu treten. Mythen halfen ihnen, sich identisch mit einer Gruppe zu fühlen. Moderne Kindheitsmythen haben analog den Zweck, mit sich in Kontakt zu treten und sich als identisch mit sich selbst zu erleben. Die einflussreichsten „Psycho-Mythen" erfanden Freud und seine Nachfolger, z.B. Otto Rank und Margaret Mahler. Der Ethnologe Claude Lévi-Strauss erkannte scharfsinnig, dass die psychoanalytischen Mythen-Deutungen vor allem erweiterte Versionen der eigentlichen Mythen sind. Die mystische Einheit zwischen Menschen und Göttern ist ein wichtiges Element des vorwissenschaftlichen Denkens. Margaret Mahlers Mythos von der Verschmelzung und Symbiose zwischen Mutter und Kind entspricht der Projektion dieser metaphysischen Vorstellung auf die ersten Lebensjahre. Der typische Mythos besagt, dass ein kleiner Fehler, z.B. die Dummheit eines Vorfahrens, dazu geführt hat, dass wir altern und unsere Jugendkraft einbüßen. Analog ist es im psychoanalytischen Mythos möglich, dass eine kleine Unachtsamkeit des Vaters oder ein übermäßig heftiger Kuss der Mutter zu einer krankhaften Abnahme der Triebkraft führt, an der wir ein Leben lang leiden.

Antike Mythen handeln von den großen Taten der Götter und Helden, der moderne Schöpfungsmythos dagegen vom Individuum, der wie ein Held etwas Neues schaffen muss, nämlich den Sinn seines Lebens. Otto Rank ahnte die enorme Bedeutung der Stresstheorie für unser Selbstverständnis voraus. Er hielt jedes Individuum für einen Helden, weil es die Geburt überlebt hat. Der Geburtsstress sei die Quelle jedes Stresses, den wir bis zum Tod erleben. Damit ist jeder Stress ein existenzieller Urstress, der uns immer wieder neu zum Helden kürt.

Die Sehnsucht nach einer periodischen Rückkehr zur mythischen Zeit des Ursprungs, zu den Uranfängen, der

„Großen Zeit", verwandelt der psychoanalytische Mythos in eine Theorie der Wiederbelebung und Wiederholung der ersten großen Bindung in allen folgenden Beziehungen. Damit wird der profanen Zeit und Zufälligkeit der menschlichen Existenz eine übergeschichtliche Bedeutung entgegengestellt. Mythen sind keine empirischen Erklärungen, sondern Wunschvorstellungen (Segal 2007). Der Konflikt zwischen Mythos und Realität hat sich in der psychoanalytischen Vorstellung zu einem Spannungsverhältnis zwischen Kindheit und Erwachsensein verwandelt. Es geht bei dieser Betrachtung der Kindheit nicht um das objektive Verhältnis zwischen Mutter und Kind, sondern um den Zauber zwischen Ich und Du. Die Kindheitsmythen entsprechen dem Wunsch nach einem Ursprung, einer Geschichte und einer verlässlichen, intensiven und bedeutsamen Beziehung. Es geht um Heimat und Liebe.

Das objektive Wissen über unsere bestimmte Kindheit ist ausgesprochen lückenhaft. Schuld daran ist nicht der Mythos, sondern ein fundamentales Methodenproblem, welches die Mythenbildung fördert. In den ersten vier Lebensjahren ist unser Hirn noch zu wenig reif, um Erinnerungen korrekt abzuspeichern. Nach den Bewusstseinsveränderungen der Pubertät ist es unmöglich, sich an den Rest der Kindheit genau zu erinnern. Wir sind deshalb auf die Hilfe anderer angewiesen. Sie erklären uns, dass das Baby, das gerade sein Gesicht mit seinen Fingern verschmiert, das mit einem Spielzeugauto spielt und das stolz auf seine rote Mütze hinweist, wir selbst sind. Andere Beweisstücke wie Geburtsurkunden und Impfausweise tragen ebenfalls dazu bei, dass wir die nicht erinnerbaren Tage unserer Kindheit mit unserem Erwachsensein als zeitliche Kontinuität erleben können. Diese Kontinuität ist natürlich eine Illusion. Und weil wir den Mangel an Kontinuität und Zusammenhang nicht mögen, schließen wir die Lücke mit einer Erzählung. Die Realität ist, so müssen wir annehmen, fast immer belastender und potenziell traumatischer als diese Erzählung, weil die Personen, die sie uns erzählen, einen Interessenkonflikt haben. Sie möchten der Wahrheit verpflichtet sein, beschönigen, verschweigen und verfälschen aber die Daten. Die Geschichte, deren Ursache sie sind, soll schön, harmonisch und glücklich sein.

Im Vergleich mit dem Mythos nehmen sich die nackten Tatsachen zu Kindheit und Resilienz, die wir aus Bevölkerungsstudien entnehmen, als kalt und lieblos aus. Zum Beispiel hat der Tod eines Elternteils – ein einschneidendes und tragisches Ereignis – eine erstaunlich geringe Wirkung auf die Resilienz-Entwicklung der betroffenen Kinder. Gewisse Studien weisen darauf hin, dass der Tod der Mutter die Resilienz des Kindes eher weniger beeinträchtigt als der Tod der Vaters, weil dieser oft zu finanziellen Notlagen und Statusverlust führt (Jacobs and Bovasso 2009).

Diese Befunde sprechen deutlich gegen den psychoanalytischen Ursprungsmythos, der die Mutter-Kind-Beziehung als prägend und maßgebend für die psychische Entwicklung betrachtet. Sie widersprechen auch der Bindungstheorie des Kinderarztes John Bowlby, der sich weitgehend an der Forschung des Verhaltensbiologen Konrad Lorenz orientierte. Dieser entdeckte bei Junggänsen eine prägende Phase, in der ein für alle Mal Beziehungsverhalten gelernt wird und sich eine definitive Bindung zu einer Mutterfigur ausbildet. Moderne Bindungstheorien berücksichtigen, dass Kinder eine große Flexibilität, sprich Resilienz, beim Aufbau sozialer Bindungen aufweisen. Lorenz war sich immer bewusst, dass seine Junggänse keine Kinder sind. Er verneinte kategorisch die Möglichkeit der individuellen Prägung beim Menschen. Bereits Affen betreuen ihre Kinder in Gruppen, und Affenkinder haben mehrere weibliche Bezugspersonen. Menschen führten diese Entwicklung auf einzigartige Weise weiter. Man konnte in Jäger-Sammler-Gesellschaften nachweisen, dass nicht verwandte Bezugspersonen oft wechselten (Dyble, Salali et al. 2015). Man muss davon ausgehen, dass in dieser Entwicklung menschliche Babys und Kinder bestimmte Arten von Resilienz ausbildeten, besonders in Bezug auf den Wechsel der Bezugsperson. Aus dieser Flexibilität leiten sich aber auch Ansprüche ab. Das Erziehen menschlicher Kinder braucht nicht nur Eltern, sondern ein ganzes Dorf.

Auf eine hohe Beziehungsflexibilität von Kindern verweist auch die aufwendige Studie der Entwicklungspsychologin Emmy Werner. Diese begleitete über 40 Jahre 698 Babys auf der Hawaii-Insel Kauai, die unter miserablen Bedingungen aufwuchsen (Werner 2005): Armut, psychisch kranke Eltern, fehlende Bildung der Eltern und schwerwiegende Familienkonflikte. Die Entwicklung dieser Kinder war deutlich verzögert. Der Mehrheit gelang es aber, als Jugendliche und junge Erwachsene das Entwicklungsdefizit aufzuholen. Im Alter von 40 Jahren hatten über 90 % der Männer und 88 % der Frauen eine Stelle und waren mit ihrer beruflichen Karriere zufrieden. Dieses Resultat ist besser als die berufliche Zufriedenheit in Europa oder in den USA. Werner fand heraus, dass die verlässliche Unterstützung eines Elternteils zentral für diese erstaunliche Entwicklung war. Bei Kindern, die von beiden Eltern nicht oder ungenügend unterstützt wurden, waren verlässliche Beziehungen zu anderen Erwachsenen von großer Bedeutung, wie z. B. zu Nachbarn, Lehrern oder Vertretern der Kirche. Kinder mit großem sozialem Interesse (bereits erkennbar im Alter von 2 Jahren), Kommunikationstalent, vielen Aktivitäten, guter Selbstkontrolle und Ehrgeiz waren besonders resilient. Ferner war es entscheidend, dass die Kinder auf Kauai die Gelegenheit hatten, eine öffentliche Schule zu besuchen. Diese Befunde sind wichtig, weil sie den Betroffenen und ihren Betreuern Hoffnung und Kraft geben, nicht aufzugeben. Wer an den Folgen wenig hilfreicher oder gar destruktiver Bedingungen in der Kindheit leidet, kann diese auch im Alter von 30 Jahren noch aufholen. Immer schön dran bleiben! Was Hänschen nicht lernte, kann Hans sehr wohl noch lernen.

Unsere Bindungsflexibilität nimmt allerdings mit dem Alter ab. Wenn es eine Prägung gibt, dann eher bei den Eltern als bei den Kindern. Der Tod eines Kindes erhöht das Depressionsrisiko über viele Jahre und führt zu Einweisungen in psychiatrische Kliniken, zu körperlichen Krankheiten, die zu einem frühzeitigen Tod führen, und Suizid (Li, Laursen et al. 2005). Diese Auswirkungen sind deutlich größer als beim Tod des Partners oder anderen erwachsenen Bezugspersonen. Interessanterweise hat Unfruchtbarkeit bei Kinderwunsch kaum einen Einfluss auf die Resilienz. Dies spricht dafür, dass es bei der starken und anhaltenden Reaktion der Eltern auf den Tod eines Kindes primär um den Verlust einer wichtigen Bindung geht. Diese langfristige psychische Reaktion dürfte sich in Zukunft noch verstärken, weil beim allgemeinen Schwund verlässlicher Bindungen die Beziehung zu den eigenen Kindern an Bedeutung gewinnt. Aus all diesen Gründen ist es möglich, dass wir nicht wegen der geringen Widerstandskraft und hohen Prägbarkeit unserer Kinder immer mehr Zeit mit ihnen verbringen, sondern wegen unserer eigenen Verletzlichkeit. Dies ist eine große Bürde für die Kinder.

Der Kinderarzt Donald Winnicott führte den Begriff der „ausreichend guten Mutter" in die Psychoanalyse ein. Diese muss in der Lage sein, so weit auf die Bedürfnisse des Babys einzugehen, dass es sich nie komplett verlassen fühlt. Winnicott beobachtete, dass eine starke Vernachlässigung des Babys später zu antisozialem Verhalten wie Stehlen führt. Die neuere Forschung bestätigt Winnicotts Beobachtungen weitgehend. Aber die Studien zum Tod eines Elternteils und Emmy Werners Kauai-Studie belegen, dass ziemlich viel schiefgehen kann, und trotzdem eine normale Entwicklung möglich ist. Selbst den Tod der Mutter überstehen die meisten Kinder erstaunlich gut. Der Begriff „ausreichend gute Mutter" sollte deshalb durch „ausreichend gutes soziales Netzwerk" ersetzt werden.

Dass aber ein Netzwerk, das nicht ausreichend gut ist, katastrophale Folgen auf die psychische Entwicklung hat, zeigt das *Bukarest Early Intervention Project*. Dieses grausam anmutende Projekt beinhaltet die wissenschaftlich wertvollste Untersuchung zu den Folgen schwerer psychosozialer Vernachlässigung. Es untersuchte Kinder, die gerade oder kurz nach der Geburt von den Eltern verlassen und in Kinderheime in Bukarest gebracht wurden (Nelson, Zeanah et al. 2007). Die persönliche Betreuung in diesen Heimen war äußerst dürftig. Die Kinder wurden buchstäblich allein gelassen. Die Forscher teilten die Kinder zufällig in zwei Gruppen ein: Die eine Hälfte blieb in den Kinderheimen, die andere wurde in sorgfältig ausgewählte Pflegefamilien gegeben. Nur diese Methodik der Randomisierung (zufällige Zuteilung zu verschiedenen Bedingungen) erlaubt es, die Betreuung von Kindern als Ursache von Resilienz zu untersuchen.

Im Alter von drei bis vier Jahren zeigten sich bereits deutliche Unterschiede zwischen den Gruppen: Die Heimkinder zeigten gegenüber den in Familien betreuten Kindern Entwicklungsrückstände und eine geringere Intelligenz. Eine gute Betreuung in den ersten beiden Lebensjahren erwies sich als ausschlaggebend. Aber auch Kinder, die zum Zeitpunkt der Übernahme durch eine Pflegefamilie älter als zwei Jahre waren, zeigten ähnliche Defizite wie die Heimkinder.

Die Daten weisen insgesamt auf eine sehr frühe kritische Periode in der Entwicklung sozialer und intellektueller Fähigkeiten hin. Ausschlaggebend ist aber nicht eine Mutter-Kind-Beziehung mit all ihren Konflikten und harmonischen Seiten, wie viele Psychoanalytiker annehmen, sondern das Fehlen jeglicher Beziehung. Die kritische

Periode scheint speziell den Erwerb sprachlicher Fähigkeiten zu betreffen. Sprachliche Defizite, die in den ersten beiden Lebensjahren in Heimen entstanden, konnten selbst durch eine intensive Betreuung danach nicht aufgeholt werden. Diese Defizite beinhalten übermäßig kurze und einfache Sätze und Schwierigkeiten bei der Worterkennung. Im Alter von 8 Jahren wiesen die Heimkinder ein geringes soziales Interesse, ein geringes Redebedürfnis und wenig soziales Engagement auf (Almas, Degnan et al. 2015).

Die ersten Lebensjahre waren aber auch entscheidend für die Entwicklung des Stresssystems. Die Reaktion dieses Systems auf soziale Kritik, gemessen anhand von Hormonen, Puls und Blutdruck, war langfristig deutlich *geringer* bei Kindern, welche die ersten beiden Lebensjahre in einem Heim verbracht hatten. Im Alter von 12 Jahren zeigten die Heimkinder deutlich mehr abgestumpfte, gefühllose Persönlichkeitszüge, die typischerweise mit einer Unterfunktion des Stresssystems einhergehen. Die psychologischen und biologischen Auffälligkeiten sind wichtige Risikofaktoren für die Entwicklung kriminellen und antisozialen Verhaltens.

Neurobiologische Untersuchungen haben gezeigt, dass die extrem vernachlässigten Heimkinder der Studie deutlich weniger weiße Gehirnsubstanz hatten. Diese Substanz enthält die langen Verbindungen zwischen Nervenzellen.

Eine genetische Studie zeigte auch, dass die Bukarester Heimkinder eine verkürzte Telomer-Länge aufwiesen (Drury, Theall et al. 2012). Telomere sind die Endstücke von Chromosomen, die zu deren Stabilität beitragen. Je nach Chromosomen-Stabilität werden Gene mehr oder weniger abgelesen, was zu Mangel oder Überschuss bestimmter Proteine führt. Diese genetischen Befunde belegen auf eindrückliche Weise, dass soziale Vernachlässigung das Epigenom beeinflusst, das heißt die Regulation der Genaktivität, was langfristig die Hirnstruktur und -funktion mitbestimmt. Man darf gespannt sein auf die weiteren Ergebnisse dieses Projekts, das derzeit den Einfluss früher Störungen auf die Adoleszenz und das junge Erwachsenenalter untersucht. Ältere Studien an rumänischen Heimkindern weisen darauf hin, dass sich die Intelligenz der vernachlässigten Kinder in der Spätadoleszenz deutlich besserte. Sie konnten den IQ der in den Familien betreuten Kinder fast ganz aufholen (Rutter, Kumsta et al. 2012). Es lohnt sich also auch bei schweren, frühen Hirnentwicklungsstörungen, Jugendliche und Erwachsene sozialpädagogisch und psychotherapeutisch zu fördern.

Der Schluss aus der Bukarester Studie ist klar: Es darf keine Heime oder andere Entwicklungsbedingungen mehr geben, in welchen Kinder massiv vernachlässigt werden. In Rumänien hat die Politik bereits reagiert. Es wird nun versucht, möglichst alle Kinder in Pflegefamilien unterzubringen, vor allem in den ersten Lebensjahren. Diese Maßnahme wird auch „Deinstitutionalisierung" genannt.

Extrembedingungen wie in Bukarest, wo in Folge des Kommunismus und politischer Umwälzungen große Armut herrschte, werden zum Glück immer seltener. Sie erklären den aktuellen Zerfall der Resilienz nicht. Was könnte ihn dann erklären? Sind die heutigen Eltern und sozialen Netzwerke nicht mehr „ausreichend gut", um den Kindern die Chance zu geben, resilient zu werden?

Beginnen wir mit den Eltern. Wie wichtig ist die Erziehung durch die Eltern? Das ist eine schwierige Frage, weil wir neben der Erziehung die Resilienz unserer Kinder auch mit Genen, epigenetischen Markern, unserer sozialen Integration und soziokulturellen Umwelt beeinflussen. Intuitiv würden wir unsere Erziehungsleistungen als extrem wichtig einschätzen, allein schon, weil sie zeitintensiv und mitunter sehr anstrengend sind. Das muss doch für etwas gut sein!

Es besteht kein Zweifel, dass die Eltern für die Resilienz ihrer Kinder während der Kindheit von größter Bedeutung sind. Wenn wir einem dreijährigen Mädchen erklären, dass der Stoff-Hund, vor dem es sich fürchtet, nicht beißen kann, fördern wir direkt seine Widerstandskraft. Diese unbestrittene Wirkung der Erziehung scheint aber von eher kurzer Dauer zu sein. Zwillingsstudien erlauben es, drei Ursachen psychischer Merkmale wie Ängstlichkeit oder zwanghafte Persönlichkeitszüge zu unterscheiden: genetische Ursachen, der Einfluss der „gemeinsamen Umwelt" der Zwillinge (dazu gehören die elterlichen Erziehungsmethoden, ihre Empathie und Motivation) und der Einfluss der „nicht-gemeinsamen Umwelt", z. B. die erste Liebesbeziehung. Nun zeigen Hunderte von Zwillingsstudien übereinstimmend, dass bei psychischen Merkmalen von Erwachsenen die gemeinsame Umgebung, also die Eltern, kaum eine Rolle spielt! Auch Resilienzfaktoren, auf die ich bereits hingewiesen habe, z. B. „Mastery" (das Gefühl, dass man schwierige Situationen meistern kann), positive Gefühle und Lebenszufriedenheit oder die Fähigkeit, Herausforderungen einen Sinn abzugewinnen, sind weitgehend von der nicht-gemeinsamen Umgebung bestimmt (Hansson, Cederblad et al. 2008). Der große Einfluss der nicht-familiären Umgebung zeigt sich auch beim ersten Spracherwerb, für den es tatsächlich eine kritische Periode gibt. Die meisten Kinder übernehmen erstaunlich schnell die Sprache und den Akzent der Umgebung, und nicht der Eltern, obwohl diese die ersten Sprachlehrer sind. Deshalb schreibe ich in diesem Buch auch so viel über die nicht-gemeinsame Umgebung, sprich soziale und kulturelle Faktoren, obwohl ich kein Soziologe und kein Kulturwissenschaftler bin. Diese Gewichtung entspricht nicht meiner Vorliebe oder einer Ideologie, sondern spiegelt die empirischen Befunde. Als Psychotherapeut und Arzt wäre es mir ja lieber, wenn individualpsychologische und biologische Faktoren ausschlaggebend wären.

Neben den Zwillingsstudien helfen Interventionsstudien, den langfristigen Einfluss der elterlichen Erziehung abzuschätzen. Seit Jahren ist bekannt, dass Kinder depressiver Mütter ein erhöhtes Risiko haben, selbst depressiv zu werden. Vor dem Hintergrund der Bindungstheorie von Bowlby ist dieser Zusammenhang einfach zu erklären: Depressive Mütter sind weniger einfühlsam, reagieren weniger auf ihre Kinder und sind stark mit sich selbst beschäftigt. Unter diesen Bedingungen haben es ihre Kinder schwer, Resilienz zu entwickeln. Neuere Forschung scheint Bowlby recht zu geben: Das Gehirn depressiver Mütter reagiert deutlich schwächer auf das Schreien ihrer Kinder als das von gesunden Müttern (Laurent and Ablow 2012). Dass das neurowissenschaftlich belegte Empathie-Defizit tatsächlich das Depressionsrisiko erhöht, ist damit aber noch lange nicht bewiesen.

Eine wichtige Untersuchung, die den kausalen Effekt des depressiven Verhaltens von Müttern auf die Entwicklung ihrer Kinder untersucht hat, stammt von der berühmten Familienforscherin Myrna Weissman, der wir schon begegnet sind. Sie fasste alle Studien zusammen, welche den Einfluss antidepressiver Therapien bei depressiven Müttern auf die Kinder untersuchten. Sie kam auf einen erstaunlichen Befund: Die wirksame Behandlung depressiver Mütter veränderte die Resilienz der Kinder kaum (Gunlicks and Weissman 2008). Das legt nahe, dass das Depressionsrisiko zu einem wichtigen Teil nicht durch das mütterliche Verhalten, sondern durch andere Wege an die nächste Generation weitergegeben wird. Dazu gehören ungünstige Bedingungen in der Schwangerschaft, die sich über epigenetische Veränderungen langfristig auswirken können. Vielleicht übernehmen Väter, Nachbarn und Freunde die Empathie-Arbeit der Mutter, so dass man die Wirkung der mütterlichen Behandlung nicht nachweisen kann. Psychologische Interventionen zur Unterstützung von Eltern wirken sich vor allem dann positiv auf die Widerstandskraft der Kinder aus, wenn die Familie in einer sozial benachteiligten Umgebung lebt. Solche Umgebungen zeichnen sich durch Armut, Gewalt, Arbeitslosigkeit und geringe soziale Unterstützung aus.

All diese Befunde deuten darauf hin, dass man das Verhalten und die Fähigkeiten der Eltern nicht isoliert betrachten sollte, sondern gemeinsam mit ihrer sozialen Umgebung. Diese Erklärung weist einmal mehr auf die große Bedeutung der sozialen Unterstützung und sozialen Integration hin, die wir heutzutage durch Individualismus und exzessive geografische Mobilität zunehmend schwächen. Die Befunde bedeuten auch, dass die Auswahl und Gestaltung der sozialen Umgebung für unsere Kinder ein entscheidender Teil der Erziehung ist. Kinder, die an schweren Störungen des Sozialverhaltens leiden, überfordern oft das Betreuungs- und Unterstützungssystem. Für diese Kinder sind Programme zur Unterstützung der Eltern ebenfalls hilfreich, auch wenn sie nicht in einer benachteiligten Umgebung leben (Furlong, McGilloway et al. 2012).

Der großen Bindungsflexibilität der meisten Kinder entspricht der Befund, dass es keine großen Unterschiede zwischen Eigen- oder Fremdbetreuung in der Entwicklung der Resilienz gibt. Diese ausgeprägte kindliche Resilienz ist auch die Voraussetzung dafür, dass sich über die Zeit Moden und große kulturelle Unterschiede bei der Fremdbetreuung entwickeln konnten. Winston Churchill hat seine Eltern nur ein paar Stunden pro Woche gesehen. Die Romanfigur Madame Bovary übergab ihren Säugling der Amme. Tolstois Natascha betreute entgegen den damaligen Gepflogenheiten des russischen Adels ihre Kinder selbst, weil sie Rousseau gelesen hatte. Amerikanische Mütter denken, dass Krippen und Tagesschulen notwendig sind, damit ihre Kinder strahlende Supermänner und Wunderfrauen werden. Deutsche Mütter kämpfen mit Gewissensbissen, wenn sie ausnahmsweise an einem Mittag nicht dazu kommen, ihre Kinder mit ihren Kochkünsten zu verwöhnen … Wäre irgendeine Betreuungsform den anderen deutlich überlegen, hätte sich längst ein optimaler Erziehungsstandard ergeben, so wie bei Impfungen oder dem Rauchverbot während der Schwangerschaft.

Eine Zusammenfassung von 69 Studien zur Fremdbetreuung ergab ein paar interessante Befunde zur Wirksamkeit von Fremdbetreuung. Die Eigenbetreuung des Kindes im ersten Lebensjahr scheint der Fremdbetreuung überlegen zu sein. Dies spricht dafür, dass der Staat großzügigen Mutterschafts- und/oder Vaterschaftsurlaub gewähren sollte. Fremdbetreuung im zweiten und dritten Lebensjahr ist dafür im Durchschnitt eher ein Vorteil für die intellektuelle Entwicklung des Kindes. Kinder profitieren vor allem dann von der Fremdbetreuung, wenn die Mutter alleinerziehend oder die Familie von der Sozialhilfe abhängig ist. Kinder intakter Familien mit einem hohen sozialen Status werden dagegen im Durchschnitt durch die Eltern besser gefördert als durch Tagesschulen und Krippen (Lucas-Thompson, Goldberg et al. 2010).

Um unsere Erziehungsmethoden zu verbessern und um ein Kindermädchen oder eine Kinderkrippe auszuwählen, müssen wir eine Vorstellung von der optimalen Erziehung haben. Erziehung ist sehr komplex und interaktiv und kann nicht in einfachen Experimenten untersucht werden. Deshalb verlassen wir uns auf die eigene Erfahrung und die Meinung von Experten und Autoritäten. Bis vor 200 Jahren waren sich die Experten erstaunlich einig, was richtige Erziehung ist. Der griechische Philosoph Platon empfahl ungehorsame Kinder mit Drohungen und Schlägen wie ein Stück verzogenes Holz zurechtzubiegen. In der Bibel steht: Wer seine Rute schont, hasst seinen Sohn. Die Menschen des Altertums hielten es für absolut notwendig, ihre Kinder auf brutale Weise zu züchtigen. Im 18. Jahrhundert wurden 100 % der amerikanischen Kinder mit einem Stock oder einem anderen waffenartigen Gegenstand geschlagen. In Deutschland wurden Kinder noch in der ersten Hälfte des 20. Jahrhunderts tagelang an Bettpfosten gefesselt oder regelmäßig auf einen glühend heißen Ofen gesetzt, um sie zu züchtigen und abzuhärten. Zur gleichen Zeit wurden in Japan Kinder an den Füßen aufgehängt, getreten, gewürgt und mit Nadeln gestochen, um sie zur „Vernunft" zu bringen (Pinker 2013). Diese Praktiken sind so abschreckend wie bemerkenswert. In der Antike war es für Eltern existenziell wichtig, gesunde Kinder zu haben, weil sie einen bedeutenden Teil der Altersvorsorge ausmachten. Dies legt nahe, dass die meisten Kinder in Bezug auf elterliche Gewalt ziemlich viel aushalten. Neuere Untersuchungen bestätigen, dass Kinder elterliche Gewalt viel „besser" aushalten als Gewalt durch Gleichaltrige (Lereya, Copeland et al. 2015). Dies hat vermutlich damit zu tun, dass wir den elterlichen Erziehungsstil weniger persönlich nehmen als die Behandlung durch die Kollegen. Eltern sollten das natürlich nicht ausprobieren und froh und stolz sein, dass die Gewalt an Kindern allgemein drastisch abgenommen hat, und dies nicht nur aus gesundheitlichen Gründen.

Dass wir heute nicht mehr mit der Rute erziehen, hat aber auch mit den veränderten Erziehungszielen zu tun. Bis vor 200 Jahren war die Unterordnung und Eingliederung in kollektivistische Gemeinschaften ein wichtiges Ziel. Heute müssen Kinder kompetent, autonom und innovativ sein, um im Leben zu bestehen. Zu diesen Zielen passt die Züchtigung mit Stockschlägen nicht. Platon und die biblischen Autoren empfehlen aber nicht nur Gewalt, sondern auch die intensive Beschäftigung mit Kindern. Es sollte uns nicht gleichgültig sein, was Kinder tun. Dies entspricht den Befunden der Studie an rumänischen Heimkindern, die ich zuvor beschrieben habe: Kinder sind besonders anfällig für Vernachlässigung.

Man könnte nun mit Fug und Recht behaupten, dass Kinder noch nie weniger vernachlässigt wurden als heutzutage. Seit 1960 verbringen Eltern im Durchschnitt immer mehr Zeit mit ihren Kindern (Gauthier, Smeeding et al. 2004). Die Zunahme ist bei den Vätern noch größer als bei den Müttern, so dass der Geschlechtsunterschied deutlich abnimmt. In den USA hat die Elternzeit besonders stark zugenommen: 1975 verbrachten Mütter 7,3 und Väter 2,1 Stunden pro Woche mit ihren Kindern, im Jahr 2010 waren es 13,7 und 7,2 Stunden. Zu dieser aktiven Elternzeit gehören gemeinsames Essen, ins Bett bringen und gemeinsam zum Spielplatz gehen. Leider wissen wir nicht genau, wie diese Zeit genau genutzt wird. Die Soziologin Sherry Turkle hat den üblen Verdacht, dass in dieser gemeinsamen Zeit oft nicht viel Hilfreiches geschieht (Turkle 2015). Bereits beim Stillen teilen Babys die Aufmerksamkeit ihrer Mütter mit Facebook-Bekanntschaften und SMS-Freunden. Später entsteht ein Teufelskreis in den Familien: Eltern beschäftigen sich vorwiegend mit ihren Smartphones, was die Kinder dazu zwingt, das gleiche zu tun. Dies führt gemäß Turkles Untersuchungen zu einem steilen Abfall der Empathie bei College-Studenten der Smartphone-Generation. Die Eltern werden also nicht immer präsenter, sondern ihre Abwesenheit nimmt immer raffiniertere Formen an. Eine methodisch gut gemachte Studie, welche über viele Jahre die Entwicklung junger Menschen untersuchte, verstärkt Turkles Verdacht (Milkie, Nomaguchi et al. 2015): Sie zeigte keinen Zusammenhang zwischen der Zeit, die Eltern mit ihren Kindern im Alter zwischen 3 bis 11 Jahren verbringen, und der Ausbildung von Resilienz. Daraus kann man folgenden Schluss ziehen: Eltern sollten sich intensiv mit ihren Kindern beschäftigen, von der Geburt an viel mit ihnen reden und viel mit ihnen tun. Bei der Fremdbetreuung lohnt es sich nachzuprüfen, ob dort ein intensiver und persönlicher sozialer Austausch stattfindet. Lieber zu engagiert, zu laut, zu intensiv erziehen, als die Kinder allein zu lassen oder vor das Smartphone, das iPad oder den Fernseher zu setzen.

Eine andere Erklärung, warum die zunehmende Elternzeit die Resilienz der Kinder nicht fördert, ist die Überbehütung. Sogenannte Helikopter-Eltern verunmöglichen es ihren Kindern, den Umgang mit Gefahren zu lernen. Dazu gehört die ständige Begleitung zum Kindergarten und zur Schule, obwohl die Straßen immer sicherer werden. Eine Umgebung alleine zu erforschen, z.B. einen Kinderspielplatz, Klettern, den Umgang mit scharfen Gegenständen, Spielen mit dem Feuer und Ringkämpfe, das alles gehört zu den wichtigen, aber immer selteneren Kindheitserfahrungen. Wenn diese fehlen, wird das Furchtlernen gestört.

Wie ich im letzten Kapitel erwähnt habe, braucht es für das optimale Furchtlernen eine häufige und wiederholte Konfrontation mit Gefahren. Gewisse Untersuchungen legen nahe, dass häufige Schulbesuche, Gespräche mit Lehrern und intensive Hilfe bei den Hausaufgaben die schulischen Leistungen des Nachwuchses eher schwächen als stärken (Rosin 2014). Die Helikopter-Erziehung führt auch zu einer geringen Ausbildung verlässlicher Beziehungen zu Personen außerhalb der Familie. Die Theorie der Stress-Impfung besagt, dass kurze, belastende Ereignisse in der Kindheit die psychische Widerstandskraft fördern. Zumindest bei Affen konnte dies eindeutig nachgewiesen werden. Affenkinder, die zehnmal die Woche für eine Stunde von ihrer Mutter entfernt wurden, waren später resilienter als diejenigen Affenkinder, die beliebig lang mit ihren Müttern spielen durften (Lyons and Parker 2007).

Die Überbehütung ist aber nicht nur ein Nachteil für Kinder, sondern auch für die Mütter. Eine Studie an 181 Müttern hat ergeben, dass psychisch verletzliche Mütter besonders stark davon überzeugt sind, ihre Kinder 24 Stunden pro Tag überwachen und beschützen zu müssen. Ihre

Überzeugung gründete auf drei Annahmen: 1. Die Mutter ist die überaus wichtigste Person bei der Entwicklung ihres Kindes. 2. Erziehung ist eine anstrengende und äußerst heikle Herausforderung. 3. Die Mutter muss sich voll und ganz auf ihre Kinder ausrichten. Die Tätigkeiten einer Mutter sind umfänglich erfüllend (Rizzo, Schiffrin et al. 2012). Diese Annahmen waren alle mit einer geringen Resilienz der Mutter verknüpft.

Zusammengefasst sind die Befunde zu den langfristigen Folgen der Kindheit auf das psychische Wohlergehen im Erwachsenenalter enttäuschend. Nur bei extremen Bedingungen, z.B. beim Aufwachsen in einem Waisenhaus oder in einer zerrütteten Familie in einer verarmten Umgebung, zeigen sich deutliche Nachteile auf die psychische Entwicklung. Zwillings-, Adoptions-, und Psychotherapie-Studien legen nahe, dass die meisten Eltern in westlichen Ländern in Bezug auf die Kindererziehung „ausreichend gut" sind. Das heißt leider auch, dass es unwahrscheinlich ist, durch intensive Elternberatung, innovative Waldkindergärten, Frühinformatik, staatlich verordneten Ballett- und Judo-Unterricht und doktorierte Grundschullehrer den Zerfall der Resilienz zu stoppen.

Dafür sprechen auch Befunde aus der Intelligenzforschung. Intelligenz erklärt sich zu einem großen Teil durch das Tempo, mit welchem das Gehirn Informationen verarbeitet. Da sich die Welt immer schneller verändert, ist Intelligenz eine zunehmend wichtige Eigenschaft. Tatsächlich hat die Intelligenz in den letzten Jahrzehnten weltweit und in allen Bevölkerungsschichten deutlich zugenommen, im Durchschnitt mehr als 0.3 IQ-Punkte pro Jahr (Pietschnig and Voracek 2015). Das heißt, dass wir einen durchschnittlich intelligenten Menschen von vor hundert Jahren (IQ=100) mit der gleichen Intelligenz heutzutage als geistig behindert betrachten würden (IQ<70). Vor allem die fluide

Intelligenz hat zugenommen. Dazu zählen Fähigkeiten wie Problemlösung, Lernen und Mustererkennung. Diese sind eine Voraussetzung für die emotionale Intelligenz und tragen damit zur Resilienz bei.

Interessant in Bezug auf dieses Kapitel ist, dass die Intelligenz von Kindern kaum zugenommen hat. Den Zuwachs verdanken wir den Erwachsenen. Dies belegt wiederum, dass wir die Bedeutung der kindlichen Entwicklung eher über- als unterschätzen. Was Hans lernt, ist in vielen Belangen deutlich wichtiger als das, was Hänschen gelernt hat. Eltern und Lehrer können sich angesichts dieser Befunde durchaus etwas entspannen, sich Zeit für ihre eigene Bildung nehmen und ihren Kindern Ruhe und Zuversicht vermitteln. Die zunehmende Bildungsdauer, vor allem die Aus-, Weiter- und Fortbildung im Erwachsenenalter, und die wachsenden intellektuellen Herausforderungen im Berufsleben sind die wichtigste Basis dafür, dass wir so massiv intelligenter sind als unsere Urgroßeltern. Der Umgang mit neuen Technologien spielt dabei übrigens keine Rolle. Im Gegenteil, in Regionen, in welchen Computer- und Smartphone-Nutzung stark zugenommen haben, hat sich der Intelligenzzuwachs eher abgeschwächt.

Der Resilienzzerfall ist schließlich auch kein Phänomen der Kindheit. Eine englische Studie an Kindern und Jugendlichen hat belegt, dass sich die Häufigkeit psychischer Symptome zwischen 1986 und 2006 verdoppelt hat (Collishaw, Maughan et al. 2010). Diese Zunahme betraf aber nicht die Kindheit. Bei Mädchen begann die Zunahme nach der Pubertät, bei Jungen etwas später. Dies entspricht dem allgemeinen Muster, dass viele psychiatrische Krankheiten kurz nach der Pubertät auftreten. Der Anstieg ist besonders markant im Alter von 14 Jahren. Dazu gehören depressive, Angst- und Essstörungen sowie Suchterkrankungen. Mädchen und Jungen leiden vor der Pubertät gleich häufig an Stresssymptomen. Nach der Pubertät haben Frauen ein doppelt so hohes Risiko. Dies spricht dafür, dass Geschlechtshormone und die geschlechtliche Differenzierung eine wichtige Rolle beim Anstieg psychischer Probleme nach der Pubertät spielen.

In der Adoleszenz und im frühen Erwachsenenalter, das heißt zwischen 14 und 25 Jahren, findet im Hirn ein dramatischer Umbau statt (Paus, Keshavan et al. 2008). Die graue Substanz, in welcher sich die Köpfe der Nervenzellen befinden, beginnt abzunehmen. Die weiße Substanz, welche aus den langen Verbindungsfasern zwischen den Nervenzellen besteht, nimmt zu. Es gibt verschiedene Theorien zu diesem Wandel in der Hirnstruktur. Unwichtig gewordene Synapsen, das heißt Kontaktstellen zwischen Nervenzellen, bilden sich zurück. Gleichzeitig verbessert sich die Qualität der Nervenverbindungen in der weißen Substanz, die dadurch größer wird und die graue Substanz etwas zusammendrückt. Zusammen führt dies zu neuen neuronalen Netzwerken, die sich durch eine erhöhte Geschwindigkeit und Genauigkeit des Datenaustauschs auszeichnen. Die Effizienz dieser Netzwerke scheint sich direkt auf das Verhalten der Teenager auszuwirken. In einem Experiment wurde die Hirnaktivität beim Betrachten eines Films über wütende Handgesten untersucht. Die neuronalen Netzwerke von Jugendlichen, die sich vom Einfluss anderer Jugendlicher gut abgrenzen konnten, zeigten eine deutlich bessere neuronale Kommunikation als diejenigen von jungen Menschen, die sich leicht beeinflussen ließen (Grosbras, Jansen et al. 2007). Der Umbau des Gehirns zeigt deutliche Geschlechtsunterschiede. Bei Jungen ereignet sich die Zunahme der weißen Substanz unter dem Einfluss von Testosteron erheblich schneller als bei Mädchen.

Der steigende Risikoappetit und die Freude am kurzfristigen Kick helfen den Pubertierenden vermutlich, sich von den Eltern abzulösen und neue Wege zu beschreiten. Diese Verhaltensänderungen erhöhen aber auch das Risiko für

Süchte wie die Abhängigkeit von Substanzen, Personen und dem Internet. Die Ablösung von der Familie bedeutet aber auch großen Stress, der zu einer Zunahme von Angst- und depressiven Symptomen führt. Soziokulturelle Studien weisen darauf hin, dass der Ablösungsstress linear zunimmt, was der linearen Abnahme der Resilienz entspricht. Kollektivistische Gemeinschaften betonen die Bedeutung des Lernens von Abhängigkeit, die Mithilfe in der Großfamilie, die Sorge für jüngere Geschwister, das Einüben von Nähe und Intimität und das soziale Lernen. Individualistische Gesellschaften legen dagegen viel Wert auf Autonomie, Selbstkontrolle, Kontakt von Angesicht zu Angesicht, Optimismus, ein hohes Selbstwertgefühl, das Lernen am Objekt und den Verzicht auf soziale Unterstützung. Die Psychologin Heidi Keller wies in ihren Untersuchungen nach, dass sich die Erziehungsziele in Deutschland in den 1980er-Jahren stark verändert haben (Keller and Lamm 2005). Sie verglich Mutter-Kind-Interaktionen zwischen den Jahren 1977 und 2000. Im Jahr 1977 brauchten die Mütter nur in 15 % des Austausches mit ihren Kindern ein Spielzeug. Im Jahr 2000 waren es bereits 40 %. Im Jahr 2000 reagierten die Mütter auch dreimal so schnell auf den kindlichen Gesichtsausdruck wie im Jahr 1977, dafür nahmen der Körperkontakt und die Vermittlung von körperlicher Wärme um die Hälfte ab. Auch lächelten die Mütter im Jahr 1977 ihre Kinder deutlich häufiger an als im Jahr 2000. 67 % der Mütter gaben im Jahr 1977 an, dass soziale Kompetenz und prosoziales Verhalten wichtige Erziehungsziele seien. Diese Rate sank auf 41 % im Jahr 2000. Solange die Kinder im immer größer werdenden Schutz ihrer Eltern leben, zeigen sich die Folgen dieser veränderten Erziehungsstrategie nicht. Doch die Mischung aus zunehmender Behütung, abnehmender sozialer Kompetenz und schwindender prosozialer Orientierung kann nach der Pubertät das Risiko für psychische Störungen in die Höhe treiben. Sie macht die Jugendlichen bei ihren ersten Schritten in die reale Autonomie verletzlich. Genau darauf verweist eine wichtige Studie des Psychiaters Kenneth Kendler zur Verursachung depressiver Störungen.

Kendler untersuchte die Entwicklung von über 1500 eineiigen Zwillingen. Er wählte davon 14 Paare aus, die trotz identischer Eltern und Gene ein krass unterschiedliches Leben führten (Kendler and Halberstadt 2013). Der eine wurde schwer depressiv, der andere war überdurchschnittlich resilient. Kendler fragte diese 14 Zwillingspaare ausführlich über ihre Biografie aus. Es stellte sich heraus: Der häufigste Auslöser für die depressive Entwicklung eines Zwillings war das Scheitern von Liebesbeziehungen, gefolgt von Schwierigkeiten am Arbeitsplatz. Dies galt auch umgekehrt: Das Gelingen von Liebesbeziehungen und ein erfolgreicher Einstieg ins Arbeitsleben waren mit einer langfristig guten Widerstandskraft assoziiert. Die Misserfolge hingen mit einem Mangel an bewusster Planung zusammen. Dies spricht dafür, dass die ersten Erfahrungen mit Autonomie, also mit Entscheidungen und Handlungen, die man selber bestimmt, zentral für die Entwicklung von Resilienz sind. Dafür sprechen auch die Befunde, dass Kinder relativ robust gegenüber elterlicher Gewalt sind, aber sehr anfällig gegenüber dem Mobbing Gleichaltriger in der Adoleszenz (Lereya, Copeland et al. 2015): Sie verstehen das Verhalten der Gleichaltrigen, nicht aber das der Eltern, als Reaktion auf persönliche Faktoren wie die eigene Ängstlichkeit, soziale Kompetenz, Geschlecht, sexuelle Orientierung oder Minderheitenstatus. Für seine Eltern fühlt man sich nicht verantwortlich, wohl aber für seinen sozialen Status unter den Schulkameraden. Mobbing in der frühen Adoleszenz, das heißt im Alter von 13 Jahren, erklärt das Depressionsrisiko im Alter von 18 Jahren zu fast einem Drittel (Bowes, Joinson et al. 2015).

Die Veränderung in der Eltern-Kind-Beziehung, die zur Resilienz-Krise in der Adoleszenz beiträgt, spiegelt keinen Werteverfall wider. Das Verhalten der Eltern entspricht vielmehr den sich wandelnden wirtschaftlichen Anforderungen. Die Kulturpsychologin Patricia Greenfield untersuchte in ländlichen und städtischen Regionen Mexikos den Übergang von kollektivistischen zu individualistischen Werten (Greenfield 2013). In der ländlichen Agrarwirtschaft besteht ein Bedarf an treuen, pflichtbewussten Mitarbeitenden, die in alten Traditionen verwurzelt sind. Kinderreichtum ist ein wichtiges Ziel, zu dem alle beitragen. In den Städten werden zunehmend leistungsstarke und innovative Mitarbeiter gesucht. Die Familien werden im Prozess der Individualisierung kleiner. Die älteren Geschwister sind dadurch der Aufgabe enthoben, für die jüngeren zu sorgen. Damit wird die Mutter zur dominanten und oftmals ausschließlichen Versorgungsperson. Entsprechend gestalten sich die Mutter-Kind-Beziehungen als intensiv und konfliktanfällig. Der Mutter-Kind-Beziehung fällt nicht mehr die Rolle zu, die entsprechenden Werte von Abhängigkeit, Verantwortung und Altruismus zu vermitteln, sondern Durchsetzungsfähigkeit, Kreativität, Einzigartigkeit und Sachorientierung. Zudem werden die konkreten Inhalte, die nötig wären, diese widersprüchliche Aufgabe in der Praxis zu bewältigen, immer rarer. Ein ursprünglicher Inhalt des Familienlebens bestand darin, die Kinder auszubilden und berufliche Fähigkeiten weiterzugeben. Dieser Inhalt fällt in städtischen Gesellschaften weitgehend weg, weil die Ausbildung in Schulen und Betriebe ausgelagert und Kinder zu Selbstlernern erzogen werden. Greenfield konnte nachweisen, dass Selbstlernen für die spätere Innovationsfähigkeit entscheidend ist. Aus all diesen Gründen sinkt die Autorität der Eltern bei steigenden, widersprüchlichen Anforderungen. Ihnen fällt so eine „mission impossible" zu. Das Gezanke über Dauer und Art der Benutzung von Fernsehen,

Internet, Spielkonsole und später dem Auto ist ein typisch abstrakter Kampf um Abhängigkeit und Autonomie in spätmodernen Familien. In der Psychotherapie spricht man vom Abhängigkeits-Autonomie-Konflikt, der uns nicht nur in der Jugend, sondern das ganze Leben lang beschäftigt. Wie werde ich zum loyal-innovativen, verlässlich-bahnbrechenden treuherzig-revolutionären Mitmenschen?

Was können Eltern tun, um die Resilienz-Krise pubertierender Kinder zu mildern? Viel Zeit mit ihnen verbringen und sie bei ihren ersten Schritten ins Erwachsenenleben begleiten, auch wenn ihnen das gegen den Strich geht. Je mehr Zeit Eltern mit ihren Kindern im Alter von 12 bis 18 Jahren verbringen, desto größer ist ihre Resilienz später im Leben (Milkie, Nomaguchi et al. 2015). Eine Nachuntersuchung des *Bucharest Early Intervention Project* ergab, dass wenn die Sorge durch die Pflegefamilie in der frühen Adoleszenz aufhörte, das intellektuelle Niveau und die psychische Reife der Kinder auf dasjenige der Kinder zurückfiel, die durchgehend in Heimen lebten (Humphreys, Gleason et al. 2015). Lieber bei der Erziehung bis zum Alter von 11 Jahren etwas entspannen, mal einen Elternabend verpassen und einen Flöten-Unterricht ausfallen lassen, dafür aber mit Geduld und Ausdauer die Konflikte mit Teenagern aushalten. In der Pubertät spielt die Unterstützung durch die Eltern eine viel größere Rolle als diejenige durch gleichaltrige Freunde, auch wenn Teenager gerade das Gegenteil behaupten. Die erste Liebe, das Mobbing in der Schule, die Unzufriedenheit am Arbeitsplatz, die neuen Freunde, die rauchen – das alles geht die Eltern etwas an! Das heißt nun nicht, als Helikopter-Mutter den Kindern überall hin nachzufliegen. Es braucht keine Bewachung, sondern eine Auseinandersetzung. Umfragen belegen, dass Jugendliche wesentliche Wissenslücken in Bezug auf sexuell übertragbare Krankheiten haben. Und wer von ihnen weiß, dass

Nikotin-Abhängigkeit in der Adoleszenz die Chance, jemals ein Nichtraucher zu werden, verschwindend klein macht?

Eltern, vor allem Mütter, sind bei der Betreuung von Babys und Kindern stark von Hormonen und Instinkten geleitet. In den Zeiten, in welchen sich diese Instinkte entwickelten, war die Lebenserwartung deutlich geringer und die psychische Entwicklung der Kinder verlief schneller. Teenager gründeten Familien, hatten Kinder und übernahmen das Gewerbe der Eltern. Einerseits beginnt die Pubertät immer früher. Andererseits nimmt die Entwicklung von Autonomie, Innovation und Selbstdefinition immer mehr Zeit in Anspruch. Unsere Instinkte sind deshalb wenig geeignet, der zunehmenden Bedeutung und Dauer der Adoleszenz gerecht zu werden. Wir müssen uns bewusst bemühen.

Die Entwicklungsziele der Adoleszenz werden immer höher gesteckt. Es geht nicht mehr um das Weiterführen familiärer und kultureller Traditionen, sondern um die Ausbildung eines „wahren" Selbst. Freuds Entwicklungstheorie hatte unter anderem deshalb einen so atemberaubenden Erfolg, weil sie in Aussicht stellte, unter verdrängten Trieben und moralischen Wünschen ein „wahres" Selbst zu entdecken. Dieses Selbst soll uns als persönlicher und moralischer Kompass dienen, um im postmodernen Dschungel des „anything goes" einen persönlichen Pfad mit einer gewissen Richtung zu entdecken. Dieser individuelle Pfad soll Einheit, Sinn und zeitliche Kontinuität vermitteln. Leider sind wir weit widersprüchlicher als es uns lieb wäre, und aus sich wandelnden Trieben und Über-Ich-Impulsen ergibt sich nicht immer ein einheitliches Selbst. Das Finden dieses Selbst wird oft zur Sisyphosqual, die zu Narzissmus und Ängstlichkeit führt. Das ist vor allem ein Problem westlicher Gesellschaften. In Asien ergibt sich das Selbst nicht aus individuellen Wünschen und Trieben, sondern aus dem sozialen Kontext. Ferner sind mehrere wahre

Selbst möglich. Aktuell spielen Leistung und Status eine zunehmend wichtige Rolle bei der Ausbildung von Selbst-Wahrheit. Damit gewinnen soziale Aspekte zwar an Bedeutung, starke Orientierung an materiellen Werten und die immer dünnere Wand zwischen Innen und Außen unterhöhlen jedoch unsere Widerstandskraft.

Wie die Eltern so muss auch das Selbst-Konzept nur „ausreichend gut" sein. Dies erkennt man daran, dass Jugendliche Pläne haben. Eltern passiver Jugendlicher sollten versuchen, sie anzuleiten, aktiver zu werden. Dazu müssen entsprechende Anreize gesetzt werden. Eine Erwerbstätigkeit ist natürlich nur dann attraktiv, wenn das verdiente Geld die Lebensqualität verbessert. In einer amerikanischen Studie wurde ärmeren arbeitslosen Jugendlichen ein Ferienjob vermittelt. Das führte zu einer Abnahme des gewalttätigen Verhaltens um immerhin 43 % (Heller 2014).

Neben Plänen und Aufgaben ist der Aufbau des sozialen Netzwerks außerhalb des Elternhauses wichtig. Faktoren, welche diese Entwicklung stören, haben oft dramatische Auswirkungen. Ein Umzug verdoppelt das Suizid-Risiko von Jugendlichen (Potter, Kresnow et al. 2001). Schlimmer noch ist das Aufwachsen in einer Minderheit: Als Teil der irischen Minderheit in England aufzuwachsen, hat Resilienz-Schäden zur Folge, die lebenslänglich die psychische Gesundheit beeinträchtigen (Das-Munshi, Clark et al. 2013).

Kinder sind für die Eltern nicht nur ein Resilienz-Risiko, wie ich oben gezeigt habe, sondern umgekehrt auch eine Chance, ihre Widerstandskraft zu verbessern. Generativität, also der Blick über die eigene Lebensspanne hinaus, kann die Resilienz maßgebend stärken. Die häufigste generative Tätigkeit ist das Aufziehen von Kindern. Generative Aktivitäten sind aber auch künstlerisches Schaffen, das Spenden von Geld für allgemeinnützige Zwecke und das Engagement für den Umweltschutz. Sie fördern ebenfalls die Einbettung in eine Zeit, die größer ist als unsere gezählten Tage.

8 Wozu Komplexität?

Gute Ratgeber zeichnen sich durch klare, einfache Tipps aus. In den Hunderten von Resilienz-Ratgebern, die auf dem Markt sind, habe ich folgende Ratschläge besonders oft gefunden:

Seien Sie ein Optimist.
Stopp mit dem Leistungsdenken!
Pflegen Sie soziale Kontakte.
Geben Sie die Hoffnung nie auf.
Vertrauen Sie Ihren Fähigkeiten.
Selbstwirksamkeit – yes, I can!
Entdecken Sie Ihr inneres Kind.
Denken Sie nie: „Ich bin im Stress."

Meine Tipps unterscheiden sich nicht fundamental von diesen. Die meisten anderen Ratgeber gewichten Ich-Faktoren etwas stärker. Meine Betonung liegt mehr auf dem Wir-Faktor, weil ich den Individualismus, der große Fortschritte mit sich brachte, aktuell eher als Symptom und weniger als Lösung unseres Stressproblems sehe. Der Hauptunterschied liegt in der Komplexität der Aussagen. Ich verzichte bewusst darauf, die wissenschaftlichen Befunde auf einfache Aussagen herunterzubrechen. Dies führt zu Einsichten folgender Art:

- Eine positive Lebenseinstellung verbessert die Widerstandskraft, aber pessimistische Annahmen, z. B. zur körperlichen Gesundheit oder zur Folter von Kriegsgefangenen, können die Resilienz entscheidend stärken.
- Der Dauerkampf um Leistungsstatus erhöht den gefühlten Stress, hilft aber, Minderheiten sozial zu integrieren, was deren Widerstandskraft stärkt.

- Kinder sind erstaunlich resilient, doch die Vernachlässigung in den ersten Lebensjahren kann zu schwerwiegenden Entwicklungsstörungen führen.
- Geografische Mobilität ist ein wirksames Mittel zur Verbesserung der wirtschaftlichen Leistung, sie zerstört aber bewährte Netzwerke der sozialen Unterstützung.

Wozu diese Komplexität in einem Buch, das gleichzeitig von praktischem Nutzen sein will?

Komplexität und Gesundheit sind eng miteinander verknüpft. Krankheit ist fast immer ein Verlust an Komplexität. Das Wachstum von Krebszellen ist banaler als das Wachstum gesunder Zellen. Bestimmte Hirnfunktionen verlieren nach einem Hirnschlag typischerweise an Komplexität. Ein Herz mit einer starren Hinterwand arbeitet auf einfachere Weise als ein gesundes Herz. Die Zottenbewegungen eines entzündlichen Darms sind weniger gut aufeinander abgestimmt als jene eines gesunden ...

Das gleiche gilt oft, wenn auch nicht immer, für die psychische Gesundheit. Banale Gefühlsregungen sind kein Merkmal emotionaler Intelligenz. Das depressive Gehirn reagiert weniger nuanciert auf Umweltreize als das resiliente Gehirn. Kurzfristig mag die Aufforderung „Vertrauen Sie Ihren Fähigkeiten" die Resilienz stärken, gerade weil sie so einfach und pauschal ist. Langfristig ist aber eine differenzierte Wahrnehmung unserer Stärken und Schwächen ein zentrales Moment in der Kunst des Widerstands.

Komplexität scheint bei der Kommunikation und bei sozialen Beziehungen eine besonders wichtige Rolle zu spielen. Dabei meint komplex nicht kompliziert. Im Gegenteil. Die Psychologen Peter Suedfeld und Philip Tetlock erforschten die Kommunikation bei politischen Krisen (Suedfeld and Tetlock 1977). Dies ist relevant für dieses Buch, weil politische und psychische Krisen Ähnlichkeiten aufweisen. Sie fanden heraus, dass Politiker unter Anspannung und Zeitnot besonders banal kommunizierten, und dass dieser Kommunikationsstil zu Kriegen führen kann.

Als Beispiel einer banalen Kommunikation geben die Psychologen folgendes Beispiel: „Die alliierten und assoziierten Regierungen erklären, und Deutschland erkennt an, dass Deutschland und seine Verbündeten als Urheber für alle Verluste und Schäden verantwortlich sind, die die alliierten und assoziierten Regierungen und ihre Staatsangehörigen infolge des Krieges, der ihnen durch den Angriff Deutschlands und seiner Verbündeten aufgezwungen wurde, erlitten haben." Dieser Satz ist zwar lang und kompliziert, seine Komplexität ist aber de facto äußerst gering. Seine Banalität war das Ende einer komplexen, lösungsorientierten Kommunikation. Es ist der Kriegsschuldenartikel 231 des Versailler Vertrags, den die alliierten Mächte Deutschland vorlegten und unter Druck, in Deutschland einzumarschieren, unterschreiben ließen. Die Siegermächte verweigerten es den deutschen Vertretern, ihren Standpunkt in ein gemeinsames Gespräch einzubringen.

Als Gegenbeispiel hoher Komplexität erwähnen die Psychologen den Kuba-Konflikt im Jahr 1962, in welchem die Sowjetunion Mittelstreckenraketen in Kuba stationieren wollte, mit welchen sie amerikanische Städte hätten bombardieren können. John F. Kennedy und Nikita Chruschtschow waren sich der großen Tragweite des Konflikts bewusst. Die Verhandlungsdelegationen erkannten rechtzeitig die Gefahr von Vereinfachungen, trafen keine voreiligen Entscheidungen und hielten sich viele Handlungsoptionen offen. Sie kommunizierten so, dass die andere Seite ihre Motivation verstand und mögliche Reaktionen abschätzen konnte. Dank beidseitiger Zugeständnisse und komplexer Abmachungen gelang es schließlich, den Konflikt ohne Blutvergießen zu lösen.

Zusätzlich zu diesen Extrembeispielen untersuchten Suedfeld und Tetlock die integrative Komplexität diplomatischer Gespräche und Dokumente politischer Krisen zwischen 1914 und 1962. Dabei verwendeten sie eine erstaunlich banale Methode. Wörter wie „vielleicht", „unter Umständen" und „verhältnismäßig" deuteten sie als Zeichen hoher integrativer Komplexität, und Wörter wie „absolut", „zweifelslos" und „eindeutig" als das Gegenteil. Es zeigte sich ein relativ starker Zusammenhang zwischen der Komplexität diplomatischer Kommunikation und dem Ausgang des Konflikts. Bei der zweiten Marokko-Krise, einem Konflikt zwischen Deutschland, Frankreich und England, der 1911 friedlich gelöst wurde, betrug die Komplexität der zwischenstaatlichen Kommunikation im Durchschnitt 4,6 (je höher der Wert, desto komplexer). Die Konfliktnationen kommunizierten dabei ähnlich differenziert: England 5,2, Frankreich 4,8 und Deutschland 3,9. Der diplomatische Austausch vor dem Ersten Weltkrieg war deutlich primitiver mit folgenden Komplexitätsgraden: England 2,6, Deutschland 1,8 und Frankreich 1,4. Vor dem Koreakrieg betrug der Differenzierungsgrad der amerikanischen Mitteilungen 1,8, der sowjetischen 1,7. Bei der friedlich gelösten Kubakrise kommunizierten die amerikanischen und sowjetischen Konfliktparteien mit einer Komplexität von je 4,7.

Wie steigern wir die Komplexität unserer sozialen Wahrnehmung und unseres Sozialverhaltens? In Analogie zur politischen Theorie der Komplexität lässt sich Folgendes ableiten: Soziales Wissen und Erfahrung sollten breit und tief sein. Tätigkeiten in verschiedenen Berufen und Umgebungen, soziale Aufgaben mit Kontakt zu ganz unterschiedlichen Bevölkerungsgruppen, Austauschprogramme für Schüler und Studenten, das Engagement für Vereine, Reisen und der Erwerb von Fremdsprachen helfen, dieses Ziel zu erreichen. Die Offenheit und der direkte Kontakt zu Menschen verschiedener sozialer Schichten, Ethnien, Kulturen, Staaten und Menschen mit Krankheiten und Behinderungen helfen, soziales Wissen und Erfahrungen zu integrieren und vertiefen. In der Ausbildung sollte neben der Spezialisierung auch Platz für die Allgemeinbildung sein. Die Beschäftigung mit fremden Kulturen und vergangenen Epochen ist ein wichtiger Beitrag zur Differenzierung und Integration der sozialen Wahrnehmung. Komplexes Sozialverhalten zeigt sich oft in scheinbaren Widersprüchen. Eine stabile Werteorientierung geht zusammen mit einer hohen Flexibilität beim Lösen von Konflikten. Die regionale Verwurzelung erlaubt Toleranz und Verständnis für andere Länder und Kulturen. Das Erkennen und die Befriedigung der eigenen Wünsche fördert das Mitgefühl für die Bedürfnisse anderer.

Ein wichtiger Befund der Studie von Suedfeld und Tetlock ist, dass die diplomatische Komplexität unter Belastung nicht steigt, sondern sinkt. Dies bestätigen psychologische Untersuchungen bei Einzelpersonen. Der Holocaust-Überlebende Primo Levi schreibt in seinem letzten Buch *Die Untergegangenen und die Geretteten* (Levi 2015) über den Wunsch nach Vereinfachung. Wir hätten, gerade nach Extrembelastungen, das berechtigte Bedürfnis, die Welt in „wir" und „sie" aufzuteilen, in Freunde und Feinde, in Athener und Spartaner. Wir möchten den Strom der Ereignisse in der Menschheitsgeschichte auf Konflikte reduzieren, auf Zweikämpfe zwischen Gut und Böse. Dieser Wunsch sei auch der Grund für die enorme Beliebtheit spektakulärer Sportarten wie Fußball und Boxen: zwei Mannschaften oder zwei Personen, Gewinner und Verlierer. Doch Levi betont, dass selbst in einem Konzentrationslager, in welchem die Täter-Opfer-Struktur so klar vorgegeben ist, es unmöglich sei, das Netz menschlicher Beziehungen auf zwei Blöcke zu reduzieren, auf Opfer und Verfolger. Levis Werk ist das eindrückliche Zeugnis davon, wie es einem Opfer gelingt, dem Wunsch nach Vereinfachung nicht nachzugeben.

Den Konflikt um reale Komplexität und den Wunsch nach Vereinfachung halte ich für ein zentrales Thema der modernen Psychiatrie und Psychotherapie. Den Stressbegriff und die Stresspsychologie verdanken wir zu einem großen Teil unserem berechtigten Wunsch nach Vereinfachung. Man muss vermutlich selber eine belastende psychische Störung gehabt haben, ein schweres Symptom oder einen quälenden psychischen Schmerz, um zu verstehen, was es heißt, Komplexität auszuhalten. In einer anhaltenden, unerklärlichen Erschöpfung, bei einer Kränkung, über die man trotz aller Ablenkung, Psychotherapien und neuen Aktivitäten nicht hinwegkommt, und während einer unerklärlichen, aber schier unerträglichen Lustlosigkeit entsteht oft ein unwiderstehliches Bedürfnis nach Vereinfachung. Wir wünschen uns eine einfache Erklärung unseres Zustands und die Perspektive, dass unser Leiden durch die Behebung der Ursache ein für alle Mal verschwindet. Oft leiden Patienten tausendmal lieber an einem Burnout-Syndrom als an einer Depression, weil beim Burnout die Ursachen, die Täter-Opfer-Struktur und die therapeutischen Maßnahmen viel klarer sind als bei der Depression. Auch beim *chronic fatigue syndrome (dt.: chronisches Erschöpfungssyndrom)* gibt es zwei klare Blöcke. Auf der einen Seite die aggressiven Viren, die wir hoffentlich bald entdecken, auf der anderen Seite wir unschuldigen Menschen, auf deren Lebensenergie sie es abgesehen haben.

Das Bedürfnis nach Vereinfachung bringt die Psychiatrie in einen schwerwiegenden Konflikt. Die psychiatrische Forschung hat bis jetzt keine einfachen Erklärungen für psychische Störungen gefunden. Im Gegenteil, sie scheinen viel komplexer zu sein, als wir je vermutet haben. Alle ursächlichen Faktoren, die wir bisher entdeckt haben – Gene, Viren, Botenstoffe, Aktivität bestimmter Hirnregionen, Persönlichkeitsfaktoren, soziale Umstände etc. –, erklären allein nur einen kleinen Teil eines psychischen Syndroms. Das heißt, es sind vielleicht dutzende, hunderte oder tausende Faktoren, die in komplexen Wechselspielen über die Zeit ein psychisches Problem ausmachen. Gleichzeitig ist es aber aus sozialer, moralischer und rechtlicher Sicht zunehmen wichtig, dass Menschen mit psychischen Behinderungen eine Ursache für ihre Probleme angeben können. Oder anders gesagt: Leistungsgesellschaften haben ein Problem mit Personen, die aus komplexen, teils unbekannten Gründen weniger leisten als andere. Dieser Konflikt eskalierte nach dem Vietnamkrieg und wurde zu einem wichtigen Thema der amerikanischen Psychiatrie. Um diese Eskalation zwischen Komplexität und Wunsch nach Vereinfachung zu verstehen, muss ich etwas ausholen.

Die wissenschaftliche Psychiatrie hat ihre wichtigsten Wurzeln in Deutschland, genauer der zweiten Hälfte des 19. Jahrhunderts. Der Psychiater Emil Kraepelin begann systematisch die Symptome und den Verlauf psychiatrischer Krankheiten zu erfassen und zu klassifizieren. Kraepelins beschreibende Klassifikation hat sich bis heute bewährt. Ihre Stärke liegt darin, dass sie auf Deutungen und Ursachenzuschreibungen verzichtet. In diesem Sinne widersteht sie dem Wunsch nach Vereinfachung. Die fehlende Annahme über Ursachen bei der Definition psychiatrischer Krankheiten ist die Bedingung dafür, ihre Ursachen zu erforschen. Kraepelin hat auch viel Primitives über die Ursachen geschrieben, über Hirndegeneration und erbliche Minderheit, aber diese Gedanken sind nicht Teil seiner einflussreichen, beschreibenden Klassifikation. Er verstand psychische Störungen als „endogen". Damit drückte er aus, dass es sich nicht um einfache Reaktionen auf Umweltbedingungen handelt, sondern um komplexe Interaktionen mit der Umwelt, die eine Eigengesetzlichkeit aufweisen. Kraepelin gründete im Jahr 1904 die transkulturelle Psychiatrie, weil er der Meinung war, dass soziokulturelle Faktoren bei der

Entstehung psychiatrischer Krankheiten eine wichtige Rolle spielen.

Im Gegensatz zur deutschen hatte die amerikanische Psychiatrie in ihren Anfängen eine besondere Schwäche für Vereinfachungen. Die Amerikanische Psychiatrie-Gesellschaft definierte in ihrer Klassifikation alle Krankheiten als exogen, das heißt als einfache „reaction" auf ein äußeres Ereignis. Diese Art von Diagnosen war äußerst beliebt, aber auch äußerst unverlässlich. Ein Psychiater sah das Leiden des Patienten als Reaktion auf seine überbeschützende Mutter, der andere auf die monotone Arbeit und der dritte auf den Tod eines Onkels im Zweiten Weltkrieg. Dies machte klar, dass psychische Störungen nicht einfache, allgemein nachvollziehbare Reaktionen waren. Um 1974 begannen die Amerikaner deshalb, sich auf Kraepelin zu besinnen und definierten Krankheiten aufgrund des Verlaufs von Symptomen, und nicht als Reaktionen. Diese Methodik erlaubte es, Menschen mit psychischen Störungen verlässlich zu diagnostizieren. Dies freute die Wissenschaftler auf der ganzen Welt, und das so überarbeitete amerikanische Diagnose-Manual ist zum Standard für die psychiatrische Forschung geworden. Nur die Militärpsychiatrie war wenig begeistert von dieser Entwicklung.

Das amerikanische Kriegsveteranenministerium erkannte mit Besorgnis, welche Probleme solche Symptom-Diagnosen für die Veteranen des Vietnamkriegs mit sich brachten. Diese würden mit der Einteilung an Krankheiten leiden, die keinen eindeutigen Bezug zum Krieg hatten. Damit waren die Invalidenrenten, aber auch der soziale Status dieser Menschen gefährdet. Aber auch prominente Kriegsgegner befürchteten, dass mit dem neuen System die verheerende Wirkung des Krieges unter den Teppich gewischt würde. Militärpsychiater lobbyierten deshalb beim amerikanischen Diagnose-Komitee für die Aufnahme eines Post-Vietnam-Syndroms, das eindeutig festlegte, dass der

Vietnamkrieg die Ursache für akute, aber auch chronische psychiatrische Probleme der Vietnam-Veteranen war. Auch Symptome, die Jahrzehnte nach dem Krieg auftraten, sollten als „reaction" verstanden werden. Dem Komitee war es unwohl, einen bestimmten Krieg als Krankheitskriterium in sein Manual aufzunehmen. Es verstand aber die soziale Problematik der Veteranen und war deshalb bereit, ausnahmsweise eine chronische psychiatrische Krankheit als „reaction" zuzulassen. Das Komitee hatte die schwierige Aufgabe, den Vietnamkrieg mit einem klar definierten Stressor zu ersetzen, das heißt mit dem Bestandteil des Vietnamkrieges, der psychisch krankmachte. Gewisse Kriegsgegner behaupteten, dass vor allem die Sinnlosigkeit des Vietnamkrieges verheerende psychische und soziale Folgen hatte. Diese Behauptung passt gut zu den neurowissenschaftlichen Befunden, die zeigen, dass die Aktivierung des Bedeutungs- und Belohnungssystems maßgebend an der Stress-Resilienz beteiligt ist: „Wer ein Warum hat, dem ist kein Wie zu schwer." Sinnlosigkeit würde auch gut zum langwierigen Verlauf der Probleme passen. Doch ein fehlendes „Warum" oder „Kriegssinnlosigkeit" als diagnostisches Kriterium zu verwenden, war aus politischen Gründen natürlich keine Option, weder für das Diagnose-Komitee noch für das Kriegsveteranenministerium.

Damals gab es noch wenig systematische Forschung zur Frage der Art und Auswirkung von Kriegsstress. Es war damals schon gut bekannt, dass explodierende Granaten oder in der Nähe einschlagende Bomben einen „shell shock" auslösen konnten mit Ängsten, Lähmungen und Flashbacks. Relativ große Untersuchungen ergaben aber, dass diese psychischen Reaktionen fast immer vorübergehend waren. Bei den überlebenden britischen Soldaten der viktorianischen Kriege litt niemand langfristig an Flashbacks. Nach dem Ersten Weltkrieg waren es 0,5 %, nach dem Zweiten Weltkrieg 1,4 % (Jones, Vermaas et al. 2003).

Militärpsychiater begannen deshalb, andere psychische Belastungsfaktoren zu untersuchen, z. B. Kriegsmüdigkeit („combat fatigue") und Kriegserschöpfung („combat exhaustion"). Berücksichtigt wurden auch die Ernährung im Feld, fehlende Zerstreuung, geringe Schlafqualität, schlechte hygienische Bedingungen, mangelhafte Bindungen zu den Kameraden, fehlende soziale Anerkennung und Anteilnahme durch Angehörige (Kury 2012). Dies alles sprach gegen eine einfache Reaktion auf den Krieg und für ein komplexes Geschehen.

Dafür spricht auch die Tatsache, dass die meisten Kriegsüberlebenden keine psychischen Störungen entwickeln. Mit dieser Komplexität konnten die engagierten Militärpsychiater wenig anfangen. Es ging ja bei dieser einen „reaction"-Diagnose gerade darum, ein banales, für alle einleuchtendes Konzept zu lancieren, das eine gute soziale Stellung psychisch kranker Veteranen garantierte. Schließlich berief man sich auf eine einfache Theorie des Psychiaters Abram Kardiner. Dieser behauptete, dass die konkrete Gefahr von Tod und Zerstörung die maßgebende Ursache für akute und langfristige psychische Probleme von Kriegsveteranen sei (Kardiner 1947). Damit war die Posttraumatische Belastungsstörung (PTBS) geboren.

Wie schon erwähnt, ist die PTBS eine reale psychiatrische Krankheit, die fast immer rasch abklingt. Sie ist im Kern eine Gedächtnis- und Bewusstseinsstörung. Erinnerungen an ein gewaltsames Ereignis drängen sich ins Bewusstsein und bringen oft veränderte Gedächtniszustände mit sich, z. B. in der Form von Flashbacks. Die geschieht fast nur bei Personen, welche an einem anhaltenden Bedrohungsgefühl leiden und die Erinnerung an das Trauma vermeiden wollen. Die PTBS entwickelte sich aber zum Erstaunen ihrer Erfinder zur erfolgreichsten Diagnose in der Geschichte der modernen Psychiatrie. Das heißt, die Diagnose wird übermäßig häufig und oft falsch gestellt. Jede

Verstimmung, die mit einem schlimmen Ereignis oder einer traurigen Erinnerung irgendwie zusammenhängt, wird von gewissen Fachleuten als PTBS bezeichnet. Die neue Version der amerikanischen Psychiatrie-Klassifikation, DSM-5, fördert diese inflationäre Verwendung. Neu werden 636 120 verschiedene Symptomkombinationen als PTBS bezeichnet, womit fast jeder negative psychische Zustand als Traumafolge verstanden werden kann. Ein WHO-Vertreter erzählte mir, dass in der Psychiatrieausbildung in Entwicklungsländern die akute Gefahr bestehe, alle psychiatrischen Krankheiten zu PTBS zu erklären und das ganze andere psychiatrische und psychotherapeutische Wissen zu vergessen.

In diesem Sinne werden zunehmend Raubüberfälle, Autounfälle, Brandverletzungen, der Sturz von einer Leiter oder die Ohrfeige eines Lehrers als Ursache von Depressionen, Essstörungen und Psychosen anerkannt. Im Gegensatz dazu legt die moderne Stress-Forschung nahe, dass unser Gehirn geradezu dafür gemacht ist, akute, kurze Gewalt zu überstehen. Das war schließlich die Art von Stress, die das Leben des Menschen über Jahrtausende bestimmte. Deshalb war die bisherige Meinung, dass es eher langanhaltende, wenig handfeste Stressoren sind, die unser Gehirn in der Spätmoderne überfordern.

Es zweifelt niemand daran, dass die Konfrontation mit Gewalt ungesund ist, außer Nietzsche in seinem Satz, der die Gewalt verherrlicht: „Was mich nicht umbringt, macht mich stärker." Es bezweifelt auch niemand, dass komplexe Traumatisierungen, z.B. ein über Jahre anhaltender sexueller Missbrauch, Verdingung und Versklavung, eine absolut verheerende Wirkung auf die Resilienz haben. Solche Traumatisierungen beinhalten jedoch viel mehr krankmachende Faktoren als rohe Gewalt. Es wäre meines Erachtens irrwitzig, diese mit einem Raubüberfall oder dem Sturz von einer Leiter zu vergleichen. Die Traumatheorie als kultureller

Mainstream bezieht sich auf solche einfachen Ereignisse, bei denen Gewalt eine Rolle spielt. Es lohnt sich, diese Hypothese genau zu prüfen, weil ca. 80 % der Menschen im Verlauf ihres Lebens potenziell traumatische Erfahrungen machen.

Die besten Studien zu den Folgen der konkreten Gefahr von Tod und Zerstörung finanzierte das amerikanische Kriegsveteranenministerium, das jährlich sieben Milliarden US-Dollar für die psychiatrische Versorgung ausgibt. Dies liebe ich übrigens an den USA: Das US-Ministerium, welches uns Psychiatern ein banales Traumakonzept aufgezwungen hat, scheut später keine Mühe, unter Einbezug unabhängiger Top-Forscher die Gültigkeit und Bedeutung dieses Konzepts zu untersuchen. Seit dem Jahr 2000 stiegen die Suizidraten in der amerikanischen Armee stetig an. Seit dem Jahr 2012 sterben mehr US-Soldaten durch Selbstmord als im Kampf. Eine wissenschaftlich und praktisch wichtige Frage ist nun, ob Kriegstraumata im Sinne der PTBS für diese Suizide verantwortlich sind. Im Jahr 2015 publizierte der Armeepsychologe Mark Reger die bisher umfassendste Studie zu dieser Frage (Reger, Smolenski et al. 2015). Er und sein Team untersuchten nicht eine Stichprobe, sondern alle Daten der fast vier Millionen Angestellten der Armee zwischen 2001 und 2007, also während des Irak-Kriegs, um den Zusammenhang zwischen Gewalterfahrung und Suizid zu untersuchen. Weil viele Soldaten im Krieg nicht eingesetzt wurden, war es möglich, relativ ähnliche Gruppen mit und ohne Kriegseinsatz zu vergleichen. Den ziemlich überraschenden Hauptbefund dieser Studie halte ich für eine der wichtigsten Einsichten der Traumaforschung in den letzten zehn Jahren: Es bestand kein Zusammenhang zwischen Kriegseinsatz und Suizidrisiko. Die wichtigsten Suizid-Risikofaktoren waren: tiefe Stellung in der Armeehierarchie, lediger Zivilstand, männliches Geschlecht und die Dauer der

Anstellung. Je schneller die Armee-Angestellten die Armee verließen, desto höher war ihr Suizid-Risiko. Diese Studie bestätigt, dass eine sinnvolle Arbeit, soziale Unterstützung und der soziale Status für die Resilienz maßgebend sind. Sie macht auf eindrückliche Art deutlich, wie wenig sich das einfache „reaction"-Modell der PTBS eignet, anhaltende psychische Störungen zu verstehen, selbst im Kontext des Krieges, wofür sie erfunden wurde. Vermutlich ist es nicht die Gewalt, sondern die Beziehungslosigkeit, auf welche die Gewalt hinweist, die krankmacht. Nur weil wir uns aus evolutionären Gründen an Szenen roher Gewalt besonders gut erinnern, heißt das noch lange nicht, dass diese Szenen ein wichtiger Grund unserer Probleme sind. Oder in den Worten Primo Levis: Der Wunsch nach Vereinfachung ist zwar berechtigt, die Vereinfachung selber aber nicht immer.

Der renommierte Resilienzforscher George Bonanno betont, dass Menschen ihre Resilienz hinsichtlich einfacher, potenziell traumatischer Ereignisse deutlich unterschätzen (Bonanno 2004). Die meisten Personen hätten nicht einmal eine deutliche Belastungsreaktion. Bei anderen klinge diese sehr schnell ab. Mit Besorgnis stellt er fest, dass die Annahme, Menschen hätten gegenüber gewaltsamen Ereignissen eine besondere Resilienzschwäche, zunehmend zum psychologischen Allgemeinwissen gehöre. Tatsächlich suchen viele Menschen Therapeuten auf, weil sie *keine* Reaktion auf ein potenziell traumatisches Ereignis haben. Die Therapeuten bestätigen oft die Angst der Betroffenen, dass eine fehlende Reaktion abnormal sei. Eine häufige Befürchtung ist, dass eine psychische „Verleugnung" des Traumas ein Risiko für eine verzögerte Reaktion sei. Es gibt aber keine Studie, die ein solches Verlaufsmuster zeigt. Im Gegenteil, Personen mit einer fehlenden Akut-Reaktion haben auch langfristig die beste Prognose.

Wie ich schon erwähnt habe, würden einfache Ursachen-Wirkungsbeziehungen die Vorbeugung psychischer Störungen deutlich erleichtern. Psychologisches Debriefing bezeichnet eine notfallpsychologische Intervention zur Vorbeugung von PTBS nach potenziell traumatischen Ereignissen wie einem Erdbeben oder einem Schiffsunglück. Dabei erhalten alle Betroffenen, Helfer und Zeugen unmittelbar nach dem potenziellen Trauma psychotherapeutische Unterstützung, um das Erlebnis aufzuarbeiten und damit der PTBS vorzubeugen. Studien zeigen aber, dass diese Form der psychologischen Hilfe keinen Nutzen bringt oder sogar schädlich ist (Rose, Bisson et al. 2002). Das amerikanische Kriegsveteranenministerium rät deshalb mit Entschiedenheit von solchen Interventionen ab und empfiehlt, sich nach Katastrophen auf praktische und organisatorische Hilfe zu beschränken.

Diese Befunde bestätigen, dass unser Gehirn über sehr raffinierte und erprobte Methoden verfügt, selbst schreckliche Katastrophen und Unfälle psychisch zu verarbeiten. Das Risiko, dass Eingriffe in diese natürlichen Prozesse mehr schaden als nützen, ist also groß. Und auch hier gilt: die „unsichtbare" soziale Unterstützung durch Familie und Freunde ist im Durchschnitt wirksamer als die „sichtbare" und explizite durch Experten. Erst wenn sich herausstellt, dass individuelle Resilienz und soziale Netze nicht greifen, ist die Unterstützung durch Experten hilfreich.

Trotz der oft schädlichen Wirkung von Debriefing ist diese Intervention ausgesprochen beliebt und wird immer häufiger angewendet. Selbst alarmierende Daten vermögen das Bedürfnis nach der „einfachen" Psychiatrie nicht zu stillen. Immer mehr Fluggesellschaften, Polizeibehörden, Rettungsdienste und Spitäler unterhalten ihre eigenen Debriefing-Teams. Der Anwendungsbereich für Debriefing wird dabei ständig ausgeweitet. Er schließt mittlerweile Geburten, eine verhauene Prüfung in der Schule und den altersbedingten Tod eines Verwandten ein. Zudem wird diese „einfache" Psychiatrie mit unglaublicher Begeisterung in die ganze Welt exportiert. Der Journalist Ethan Watters beschreibt in seinen Beiträgen, wie es westlichen Trauma-Experten gelang, die Regierung von Sri Lanka und internationale Rettungsorganisationen nach dem Tsunami im Jahr 2004 von ihren Konzepten zu überzeugen (Watters 2010). Sie behaupteten, dass der reale Tsunami einen zweiten, psychiatrischen Tsunami nach sich zöge. Diese Idee schlug ein – es wurden Milliarden von Hilfsgeldern in die notfallpsychiatrische Versorgung investiert. Diese Investition beruhte auf mehreren Fehlannahmen. Dazu gehörte die Vorstellung, dass die Reaktion auf gewaltsame Ereignisse und die sozialen Unterstützungsnetze auf der ganzen Welt gleich seien. Die meisten Trauma-Experten hatten keine Ahnung von den lokalen religiösen Traditionen, Trauerritualen und der Resilienzkultur in Sri Lanka, die sich angesichts eines komplexen Bürgerkriegs entwickelt hatten.

Mit naivem Stolz prahlten die Helfer mit der fehlenden Komplexität ihrer Interventionen: Diese seien vollständig unpolitisch, unreligiös und sozial nicht-diskriminierend. Die Armee von Helfern ließ sich auch nicht beeindrucken von lokalen Gesundheitsexperten, die davor warnten, die Erfahrung der Betroffenen auf ein Psychotrauma zu reduzieren. Die Fehlannahme, dass gerade die Menschen, die eine geringe akute Belastungsreaktion zeigten, das höchste PTBS-Risiko hätten, führte zu tausenden von potenziell schädlichen Gesprächen mit Kindern, die noch dazu von ihrer sozialen Umwelt entfernt wurden. Eltern, die sich dagegen wehrten, sahen sich massiven Drohungen ausgesetzt. Es sei nur eine Frage der Zeit, bis die Mauer der Verleugnung ihrer Kinder zusammenbreche, informierten die Experten. Sie waren so eingenommen von ihrer Idee, dass der Tsunami primär ein Psychotrauma sei, das sekundär zu sozialen und wirtschaftlichen Problemen führt, dass sie die

Sichtweise der Menschen in Sri Lanka nicht verstanden. Für diese riss der Tsunami primär Löcher in ihr soziales und wirtschaftliches Netz, und diese Löcher erlebten sie als psychische Belastung. Die Methoden der demonstrativen Empathie, der Emotionalisierung und der Zwang zu intimen Gesprächen mit Fremden lösten bei vielen Betroffenen nicht nur Unverständnis, sondern auch Schamgefühle aus. Der Medizin-Anthropologe Arthur Kleinman nennt diese Art von Hilfe eine notfallpsychiatrische Dehumanisierung.

Inzwischen verspüren auch immer mehr amerikanische Veteranen ein Unbehagen über das Trauma-„reaction"-Konzept, das ihre psychosozialen Probleme erklären soll. Kritische Vietnam-Veteranen haben schon früh die problematische Seite der Umwandlung des Post-Vietnam-Syndroms in die PTBS gesehen. In die krankmachende Wirkung des Vietnamkriegs schlossen sie die Politiker ein, die ihn anfingen und nicht beenden wollten. Das Konzept der PTBS legte aber fest, dass es die gegnerischen Bomben und Granaten waren, welche ihnen Albträume, Unzufriedenheit und Ärger zufügten. Die Psychotherapeutin Maria Steenkamp protestiert in einem Editorial der führenden Fachzeitschrift *JAMA Psychiatry* gegen die Praxis, alle psychischen Probleme von Veteranen mit Gewalt-Konfrontationstherapien zu behandeln (Steenkamp 2016). Ein Traumabegriff, der Autounfälle, Raubüberfälle und Kriegserfahrungen in den gleichen Topf werfe, sei nicht zielführend. Sie verlangt, dass die individuellen Umstände, die Vorlieben der Betroffenen und die differenzierte Beurteilung der Experten in einer ganzheitlichen Therapie berücksichtigt werden müssten – ein wichtiger Schrei nach Komplexität.

David Morris, der als Marine-Offizier im Irak-Krieg diente, erzählt in seinem Buch *The Evil Hours: A Biography of Post-Traumatic Stress Disorder* von großem kulturellem und sozialem Druck, alle seine psychischen Probleme als Psychotrauma zu deuten (Morris 2016). Gerne hätte er mit seinem Psychiater über Sinn und Unsinn des Krieges gesprochen, über die Bedeutung und den soziokulturellen Kontext seiner traumatischen Erfahrungen. Er wollte seine Intuition zu Sprache bringen, dass die Nachbarn, Freunde und Bekannten ihn nach dem Krieg mieden und ausschlossen, weil sie ihre individuelle und kollektive Aggression verdrängten. Der Psychiater ließ sich auf solche Gespräche nicht ein und empfahl ihm, sich wieder und wieder mit den erlebten Gewaltszenen zu konfrontieren, bis eine Abstumpfung eintreten würde. Tatsächlich scheint das soziale Umfeld und die soziale Unterstützung nach dem Krieg, die Morris besprechen wollte, entscheidend für die Prognose von Trauma-Folgestörungen zu sein.

Bei vergleichbarer Gewaltkonfrontation litten nach dem Irak-Krieg 31 % der US-Soldaten an PTBS, während es bei englischen Soldaten weniger als 2 % waren (Fear, Jones et al. 2010). Eine Studie an Opfern des Erdbebens im Nordosten von Japan im Jahr 2011, welches die Nuklearkatastrophe von Fukushima zur Folge hatte, zeigte überhaupt keine Zunahme von PTBS. Kurz nach dem Erdbeben konnten Veränderungen der grauen Substanz im Vorderhirn der Überlebenden nachgewiesen werden. Nach einem Jahr waren dieser Veränderungen aber bereits verschwunden (Sekiguchi, Kotozaki et al. 2015). Man kann spekulieren, dass die kollektivistische Gesellschaftsform mit starker Gruppenzugehörigkeit zu dieser erstaunlichen Resilienz beitrug. Die Lebenszufriedenheit nahm nach dem Atomunglück sogar zu, weil sich die gegenseitige und nationale Unterstützung deutlich verbesserte. Dies passt zum Befund, dass die Interpersonelle Therapie, die nichts anderes macht, als die soziale Unterstützung zu fördern, wirksamer ist als Trauma-Konfrontationstherapien, selbst bei schwer traumatisierten Menschen.

Meine eigene Erfahrung mit Flüchtlingen weist in die gleiche Richtung. Vietnamesische und andere Boat-People waren und sind vor allem People. Meine berufliche und private Erfahrung ist, dass diese Menschen ihre psychischen Probleme nicht als langfristige „reaction" auf die gefährliche Flucht und die Misshandlung durch die Schlepper verstehen. Vielmehr beziehen sie diese auf die sozialen Zustände in ihrem Heimatland und auf ihre oft schwierige und unsichere Perspektive im Aufnahmeland.

Der „Erfolg" der PTBS und des Stresskonzepts im Allgemeinen zeigt, wie sehr Menschen mit psychischen Problemen und psychiatrischen Krankheiten von einfachen Zusammenhängen und verständlichen Krankheitsmodellen profitieren würden. Die gleiche Gesellschaft, die Menschen mit psychischen Behinderungen stigmatisiert, ausgrenzt und davon überzeugt ist, dass nicht nur ihre Krankheit, sondern auch ihre Gesundheit minderwertig ist, investiert Milliarden in die Notfallpsychiatrie. Sobald es gelingt, seelisches Leid mit einem Ereignis kausal und allgemein verständlich zu verknüpfen, fließen Geld und Tränen. Es ist die Komplexität, die Angst macht, Unverständnis schürt und das Mitgefühl hemmt.

Dank der Popularisierung des Traumabegriffs gelang es, zwischen 1999 und 2004 den Anteil der Rentenbezüge unter US-Veteranen von 12 auf 80 % zu steigern. Parallel dazu stiegen auch in Europa die Renten für stressabhängige psychische Störungen massiv an. Ich mag allen Betroffenen diese finanzielle Unterstützung gönnen. In vielen Fällen ist dadurch viel Leid verhindert worden. Doch das Dilemma zwischen Komplexität und Banalität ist damit nicht gelöst. Die banale Idee von zwei Blöcken, hier dem Stressor und dort dem Stressopfer, stellt jede Psychotherapie in Frage, die mehr ist als ein Stress-Time-Out oder eine Stressabstumpfung. Dies trägt dazu bei, dass ein Großteil der Rentenempfänger in Europa und in den USA wegen Stresskrankheiten keine angemessene Behandlung in Anspruch nimmt, selbst wenn diese unentgeltlich zur Verfügung steht. Die Patienten, die sich damit abgefunden haben, an einem „endogenen", sprich komplexen, psychischen Problem zu leiden, sind viel eher bereit, sich auf komplexe Therapien einzulassen. Die zweifellosen Vorteile der Banalisierung psychischen Leidens sind deshalb zweischneidig.

Resilienz zeichnet sich durch Komplexität aus. Der berechtigte Wunsch nach Vereinfachung fördert eine vorübergehende Entspannung, Unterstützung und Mitgefühl. Langfristig führt sie aber zu Unbehagen, Unzufriedenheit und Passivität. Der Kampf um Würde und Resilienz der amerikanischen Veteranen ist eindrücklich. Dabei wird immer deutlicher: Der Schrei der Verletzten ist auch ein Schrei nach Komplexität.

9 Geborgen in der Gegenwart

In der Kurzgeschichte *Die depressive Person* erzählt David Foster Wallace von der psychotherapeutischen Behandlung einer depressiven Frau. Ihre Therapeutin konstruiert aus ihren Angaben eine Geschichte, die den aktuellen Zustand der Patientin erklären soll. Einen vergangenen Konflikt der Eltern über die Bezahlung einer Zahnspange deutet die Therapeutin als „Missbrauch". Dieser Missbrauch, behauptet sie, habe in die aktuelle, abgrundtiefe, chronische Verzweiflung geführt. Mit dieser Deutung nimmt das Thema Schuld eine wichtige Bedeutung in der Therapie ein. Weil die Freundinnen der depressiven Frau diese Ursachentheorie nicht für wahr halten, beginnt sie, sich selbst als schuldig zu erleben. Die Therapeutin weist zwar immer wieder darauf hin, dass sie die biografische Theorie der Depression nicht „aufoktroyieren" wolle. Dies tut sie jedoch mit ihrer Einbettung des Leidens ihrer Patientin in einfache, kausale Zusammenhänge unweigerlich. Schließlich gelingt es der Therapeutin, die depressive Patientin davon zu überzeugen, dass all ihre aktuellen Gefühle nichts als eine Abwehr ihres „isolierten, traumatisierten, hilflosen, jämmerlichen, egoistischen, verzogenen, schwer in Mitleidenschaft gezogenen Inneren Kindes" seien. Völlig unerwartet bringt sich die Therapeutin im Verlauf der Behandlung um. Die Patientin imitiert sie eine Weile und erfindet fortlaufend Erzählungen, die ihren Zustand erklären. So definiert sie z.B. einen abschätzigen Frauenwitz, den sie zufällig einmal aufgeschnappt hat, als traumatische Ursache ihrer Unfähigkeit, sich fallen zu lassen und sich mitteilen zu können. Am Schluss der Erzählung gelingt es ihr, die Narrative ihrer Therapeutin in Frage zu stellen: „Und nachdem sie so viel Schmerzliches über sich selbst gelernt hatte, was sagte dies, wenn sie einmal ganz ehrlich war und sich selbst völlig nüchtern betrachtete, über sie aus?"

Wallace gibt einen wichtigen Hinweis zur Entstehung der therapeutischen Narrative: „Aufgrund ihrer Unfähigkeit, die psychischen Qualen ihrer Umgebung mitzuteilen, ging die depressive Person schließlich dazu über, Vorfälle zu schildern – sowohl aktuelle als auch solche aus der Vergangenheit –, die hinsichtlich Entstehung und Ursache mit ihrer Qual irgendwie in Zusammenhang standen, sozusagen die gleiche Textur aufwiesen". Die Therapeutin missdeutete die Sprachlosigkeit ihrer Klientin in Bezug auf die Gegenwart als Ursprungserzählung. Wallace, einer der größten Erzähler des letzten Jahrhunderts, schlägt also vor, die Aussage der depressiven Person nicht als Erzählung zu verstehen, sondern als Unfähigkeit, ihren aktuellen Zustand zu vergegenwärtigen und zu vermitteln.

Weist Wallace in seiner Erzählung auf einen wichtigen Punkt hin? Ist Gegenwärtigkeit ein Resilienzfaktor? Im Gegensatz zu Tieren haben Menschen die Eigenart, viel Zeit und Energie darauf zu verwenden, über vergangene und künftige Dinge nachzudenken. Bezahlen wir für diese Eigenart einen hohen emotionalen Preis? Die empirische Forschung kann solche Fragen erst seit Kurzem beantworten. Bisher war es nicht möglich, momentane psychische Zustände verlässlich zu messen, weil es keine preiswerte Technologie gab, psychische Zustände online abzufragen. Sie glich damit Wallaces depressiver Person, die über viele Theorien verfügte, aber keinen direkten Zugang zur Gegenwart hatte.

Der Psychologe Matthew Killingsworth entwickelte eine App, um Gedanken, Gefühle und Handlung in Echtzeit zu erheben (Killingsworth and Gilbert 2010). Mit dieser App befragte er 2 250 junge Erwachsene. Die Gegenwärtigkeit erfasste er mit folgender Frage: „Denken Sie im aktuellen Moment über etwas nach, das nichts mit Ihrer gegenwärtigen Tätigkeit zu tun hat?" Folgende Antworten waren möglich: 1) „Nein." 2) „Ja, an etwas Angenehmes."

3) „Ja, an etwas Neutrales." 4) „Ja, an etwas Unangenehmes." Bei 47 % der Abfragen dachten die Menschen an etwas, das nichts mit ihrer gegenwärtigen Situation zu tun hatte. Interessanterweise hatten die gedanklichen Abschweifungen aus der Gegenwart verhältnismäßig wenig mit der gegenwärtigen Aktivität der untersuchten Personen zu tun. Gedankliche Abwesenheit bestimmte 40 bis 50 % der Zeit beim Essen, Fernsehen, Einkaufen, Arbeiten, Spazierengehen, Essen, Kochen und Musikhören. Bei zwei Aktivitäten waren die befragten Personen zu über 60 % mental abwesend: beim Pendeln und bei der Körperpflege. Nur bei sozialen Tätigkeiten stieg die gedankliche Gegenwärtigkeit über 70 %: im Gespräch, beim Spielen und beim Sex.

Entscheidend für Gegenwärtigkeit als Resilienzfaktor ist folgende Frage: Besteht ein Zusammenhang zwischen der Fähigkeit, sich mental auf den aktuellen Zustand zu konzentrieren, und dem psychischen Wohlbefinden? Killingsworth wies deutlich nach, dass das Nachdenken über die Gegenwart maßgebend zum Erleben positiver Gefühle beitrug. Selbst Personen, die während des Pendelns über ihre Ferien in der Karibik nachdachten, erlebten weniger positive Gefühle als diejenigen, die sich beim Pendeln auf den Verkehr konzentrierten. Die Art der Aktivität erklärte nur 3 % des emotionalen Wohlbefindens, die Gegenwärtigkeit 18 %. Eine zusätzliche Analyse ergab, dass die gedankliche Beschäftigung mit der Gegenwart den positiven Gefühlen voranging und diese auslöste, nicht umgekehrt.

Die klinische Forschung bestätigt, dass ein Mangel an Gegenwärtigkeit eine Rolle bei der Entstehung psychischer Störungen spielt. Geistige Abwesenheit führt zu Verstimmung, Lustlosigkeit, Schlaflosigkeit, Auffassungs- und Lernstörungen, Grübeln, impulsivem Handeln, tiefem Selbstwertgefühl und geringer Belastbarkeit.

Mit dem folgenden Test können Sie Ihren eigenen allgemeinen Hang zur Zerstreuung abschätzen (Mrazek, Phillips et al. 2013): Wie häufig treffen die hier aufgeführten fünf Aussagen auf Sie zu?

1. Ich habe Mühe, mich auf einfache Routinearbeiten zu konzentrieren.
2. Beim Lesen stelle ich fest, dass ich mich nicht mit dem Text befasse. Ich muss ihn deshalb nochmals lesen.
3. Ich mache Dinge, ohne ihnen Aufmerksamkeit zu schenken.
4. Ich stelle fest, dass ich mit einem Ohr zuhöre und gleichzeitig über etwas Anderes nachdenke.
5. In Vorführungen und Vorträgen denke ich über andere Dinge nach.

Falls die meisten Aussagen häufig oder sehr häufig auf Sie zutreffen, gehören Sie zum zerstreuten Typ, der dieses Kapitel mehrmals lesen sollte. Das Ausmaß der Zerstreuung ist nicht immer gleich und kann im Verlauf des Lebens zu- oder abnehmen.

Ein Mangel an Gegenwartssinn scheint nicht nur mit Stresssymptomen assoziiert zu sein, sondern auch mit schweren psychiatrischen Krankheiten. Eine neurowissenschaftliche Studie an 15 892 Personen mit Krankheiten wie Schizophrenie, bipolare Störung, klinische Depression, Sucht und Zwangsstörungen ergab, dass zwei bestimmte Hirnregionen bei allen Krankheiten verkleinert waren: das vordere Cingulum und die Inselrinde (Goodkind, Eickhoff et al. 2015). Diese beiden Hirnregionen weisen besonders viele Merkmale auf, die typisch für den Menschen sind. Sie enthalten z. B. einen hohen Anteil an Spindelneuronen, die eine besonders schnelle Informationsverarbeitung erlauben. Beide Hirnstrukturen tragen wesentlich zum Gegenwartssinn bei.

Das vordere Cingulum ist ein innerer Teil des Vorderhirns, das zum limbischen System gehört. Es bildet eine Brücke zwischen Gefühlen, Gedanken und Verhalten. Zudem spielt es eine wichtige Rolle bei der Regulation der Aufmerksamkeit. Man spricht von anhaltender, geteilter, selektiver, wechselnder und fokussierter Aufmerksamkeit. Das vordere Cingulum ist für die Fokussierung zuständig. Durch das Herausfiltern ablenkender Reize und Informationen, die aus dem Inneren oder Äußeren stammen, entsteht die Fähigkeit, sich auf ein einziges Objekt, eine Person oder eine Aufgabe zu konzentrieren. Wie ein Computer hat das Hirn einen Arbeitsspeicher, dessen Kapazität begrenzt ist. Das vordere Cingulum ist dafür zuständig, diesen Speicher optimal zu nützen, indem es aus der Umwelt und dem Gedächtnis die wichtigsten Informationen auswählt. Im Gegensatz zum Computer hat der menschliche Arbeitsspeicher eine einzigartige Eigenschaft: Sein Inhalt ist bewusst. Bewusstsein unterstützt komplexe und flexible Anpassungen an die Umwelt, planvolles Handeln und Kreativität. Der Fokus der Aufmerksamkeit muss nicht unbedingt die Gegenwart sein. Kreative Tagträume, die intensive Beschäftigung mit der eigenen Biografie und die konzentrierte Planung der Zukunft sind wichtige Aufgaben des bewussten Denkens. Die Studie von Killingsworth legt aber nahe, dass die geistige Abwesenheit im Auto, im Kino und beim Gespräch mit dem Nachbarn meistens keine produktive Aufmerksamkeitsfokussierung ist, sondern eine unergiebige Zerstreuung.

Die Inselrinde ist ein eingesenkter Teil der Großhirnrinde, die Vorder-, Schläfen- und Scheitellappen verbindet. Eine wichtige Funktion dieser Region ist die bewusste Wahrnehmung innerer Zustände, z.B. der Atmung, des Herzschlages, der Blasenfüllung, der Muskelanspannung, aber auch von Schmerzen und Emotionen. Interessanterweise dient die gleiche Struktur dazu, körperliche Zustände, Emotionen und Schmerz bei anderen Personen wahrzunehmen. Empathie, das heißt die Fähigkeit, sich in andere einzufühlen, entsteht durch folgenden Ablauf: Wir bilden in unserem Hirn den Gefühlszustand eines anderen Menschen nach, indem wir die gleichen neuronalen Netze aktivieren, die den vermuteten Zustand des anderen ausmachen (Engen and Singer 2013). Wir erleben den Zustand des anderen aber nicht als unseren, sondern im Bewusstsein, dass es seine oder ihre Gefühle und Schmerzen sind. Die Inselrinde, welche die Körperwahrnehmung verarbeitet, wird bei fast allen Empathie-Prozessen aktiviert. Dies weist darauf hin, dass die Körperwahrnehmung eine wichtige Brücke zur sozialen Außenwelt ist. Schädigungen der Inselrinde führen zur Alexithymie, das heißt einer fehlenden oder geringen Wahrnehmung von Gefühlen und Körperzuständen. Alexithyme Menschen leiden fast immer unter mangelnder Gegenwärtigkeit. Dies bestätigt, dass das bewusste Empfinden des aktuellen Körperzustands ein wichtiges Tor zur Außenwelt ist. Der gegenwärtige Pendler ist besser mit der Welt verbunden als derjenige, der an die Karibik denkt. Deshalb erträgt er das Pendeln besser. Zudem ist es relativ selten, dass Pendler an die Karibik denken. Viel öfter kommt es vor, dass sich das Pendlergehirn mit Status, Kränkungen und Sorgen beschäftigt. Gegenwärtigkeit und Achtsamkeit sorgen für eine direkte und unmittelbare Verbindung zwischen uns und der Umwelt. Das gewährt uns wiederum einen erstaunlichen Schutz vor negativen Erinnerungen, Angst und Begierden. Verbundenheit mit der Gegenwart und unseren Mitmenschen bedeutet also Resilienz.

Eine Studie der Software-Firma Microsoft hat ergeben, dass unsere Aufmerksamkeitsfähigkeit in den letzten Jahrzehnten deutlich geschwunden ist (Borrelli 2015). Die digitale Revolution zwingt uns, immer schneller den gedanklichen Fokus zu ändern. Nachrichten werden auf 140

Zeichen begrenzt, E-Mail-Alarme stören Arbeit und Gespräche, Telefonanrufe unterbrechen die direkte Kommunikation, und eine möglicherweise schwierige Diskussion wird auf eine SMS heruntergebrochen. Dies hat zu einer Abnahme der Aufmerksamkeitsspanne geführt: von zwölf Sekunden im Jahr 2000 auf acht Sekunden im Jahr 2015. Damit liegen wir nun hinter den Goldfischen, die sich 9 Sekunden lang konzentrieren können.

Gemäß der Studie sind Männer wie Frauen, Junge wie Alte von diesem Schwund betroffen. Die wechselnde Fokussierung beim Multitasking führt nicht zu einer Zunahme, sondern zu einer Abnahme der gerichteten Aufmerksamkeit, die ein Kernelement der Gegenwärtigkeit ist. Eine britische Studie ergab, dass die Durchschnittsperson 21 Mal pro Stunde die Aufmerksamkeit zwischen Computer, Smartphone und Tablet wechselt. Eine Untersuchung ergab, dass Büroangestellte durchschnittlich alle elf Minuten digital gestört werden. Und sie benötigen bis zu 25 Minuten, um sich wieder auf ihre Arbeit zu konzentrieren!

In einer amerikanischen Studie gaben 89 % der Befragten an, ihr Mobiltelefon während der letzten sozialen Aktivität benutzt zu haben. Über 80 % davon gaben zu, dass das die direkte soziale Kommunikation gestört habe (Rainie and Page 2015). Allein schon die Anwesenheit eines Handys, z. B. auf dem Mittagstisch während eines Familiengesprächs, führt dazu, dass Familienmitglieder vorwiegend Themen besprechen, die wenig intim und wenig komplex sind, damit die Kränkung durch eine mögliche Unterbrechung des Gesprächs verkraftbar bleibt. In diesem Kampf um Gegenwärtigkeit ist der Besitz eines Mobiltelefons, das regelmäßig Laut gibt, zu einem wichtigen Pfeiler der Resilienz geworden. In der geistigen Abwesenheit aller wäre es leichtsinnig, vollkommen präsent zu sein. Man würde dauernd einen Kontakt anbieten, der von den anderen nicht erwidert wird, was für die meisten Menschen auf die Dauer kränkend ist. Neben den Störungen der Konzentration und des Soziallebens führt die Digitalisierung auch zu einer Entkörperlichung, mit der sich unsere Inselrinde kaum abfinden wird.

Dies alles erklärt, warum Hedonismus im Zeitalter digitaler Revolutionen und virtueller Realitäten zu einem wichtigen Resilienzfaktor geworden ist. Genuss regt die Sinnesorgane an und fördert damit die Gegenwärtigkeit. Der Philosoph und Schriftsteller Albert Camus hat sich wie kaum ein anderer Denker dem Verlust der Sinn-Totalität gestellt. Er konfrontierte sich mit der Unmöglichkeit des modernen Menschen, seine Sinnlichkeit zu überschreiten, um sich einen höheren Sinn zu geben. Daraus leitete er eine Absage an den Kommunismus, den Stalinismus und andere Ideologien ab, welche das Glück in die Zukunft verlegten. In einer Zeit, in welcher Ideologien hoch im Kurs standen, schuf er sich damit viele Feinde. Unbeirrt kam Camus zur radikalen Einsicht, dass wir aus der „richesse présente", dem Reichtum der Gegenwart, Sinn beziehen müssen. Er beschwor den Genuss der Gegenwart, die zukunftslose Freude, die unermessliche Liebe zum Hier und Jetzt. Er war überzeugt, dass jede Minute des Lebens in sich ihren Wert trägt als Wunder und Lebenskraft.

In den USA erkannte die Hippie-Bewegung das Potenzial der Gegenwart. In einem wichtigen sozialen Experiment versuchten sie einen neuen Lebensstil, der sich durch Gleichberechtigung, Gesundheitsversorgung für alle, gemeinschaftliches Leben, Kunst, Meditation, freie Liebe, Kreativität und Genuss auszeichnete. Auf den Fotos dieser Zeit kann man sehen, dass dieses Experiment funktionierte: Die Gesichter der Hippies strahlen Entspannung aus und zeigen kaum Zeichen gefühlten Stresses. Trotzdem war der Sommer der Liebe kurz. Gewaltexzesse zu Hippie-Anlässen, die zu Todesfällen, schweren Verletzungen und erheblichem Sachschaden führten, schadeten dem Hippie-

Projekt enorm. Dazu kamen die Drogenprobleme und die Einsicht, dass die freie Liebe über die Zeit schwieriger zu handhaben war, als man im ersten Enthusiasmus angenommen hatte. Unter der Lockerung der Sexualmoral verschwand der Dauerkampf um sozialen Status nicht, sondern weitete sich in die intimsten Bereiche aus. Die Eifersucht vertrieb die Liebenden aus der Gegenwart. Schließlich führte die Sexualisierung zur Zerstörung verbindlicher sozialer Strukturen und zur Vernachlässigung von Alten und Kindern. Die Musik dieser Zeit ist aber ein bleibender Zeuge der ungeheuren Gegenwärtigkeit, die bei diesem einmaligen Experiment entstand. Wenn Janis Joplin mit ihrer Aufmerksamkeit erregenden Stimme den Herrn anruft, ihr einen Mercedes Benz zu kaufen, weil ihre Freunde Porsche fahren, dann ist das nicht nur ein Erfolg der deutschen Autoindustrie, sondern der Beweis der Möglichkeit einer taghellen Mystik, einer gegenwärtigen Verbundenheit, die ihre Inspiration aus der Konsumwelt bezieht.

Inzwischen ist es der Autoindustrie gelungen, Mercedes und Porsches zu einem Preis anzubieten, die nun, zumindest als Gebrauchtwagen, für breite Kreise der Bevölkerung erschwinglich sind. Auch andere Industriezweige arbeiten Tag und Nacht daran, unser Bedürfnis nach gegenwärtigem Genuss zu stillen und damit unsere Resilienz durch Hedonismus zu stärken. Myriaden von Optionen stehen uns jederzeit zur Verfügung. Man denke nur an den Zauber eines Nespresso-Kaffees, an die bequeme Eleganz eines Adidas-Turnschuhs, an die verwandelnde Kraft eines Hugo-Boss-Abendkleids, den sanften Duft einer Nivea-Creme und die Knusprigkeit einer Ritter-Nuss-Schokolade. Zwingen sie uns in die Gegenwart?

Studien zur Gegenwärtigkeit des Konsumgütergenusses zeigen ernüchternde Resultate. In einer englischen Studie an gesunden, jungen Erwachsenen litten über zwei Drittel der Versuchspersonen an Craving, das heißt an einem unangenehmen Verlangen (Skorka-Brown, Andrade et al. 2014). Wie ich gleich zeigen werde, kann Craving der Erzfeind der Gegenwärtigkeit sein. Am häufigsten verlangte es die jungen Menschen nach Nahrungsmitteln, Limonaden, Koffein und Nikotin. In der Intrusionstheorie der Psychologin Jackie Andrade ist Craving ein Prozess, der im Arbeitsspeicher entsteht. Wie ich schon erwähnt habe, ist das vordere Cingulum der Chef dieses Speichers, der entscheidet, welche Informationen ins Bewusstsein dringen und welche nicht. Ihm stehen sogenannte Sklaven-Speicher zur Verfügung. Einer dieser Speicher heißt visueller Notizblock. Beim Craving scheint dieser Notizblock am wichtigsten zu sein, oft in Kombination mit Gerüchen. Produktewerbung versucht mit großen, farbigen Bildern den visuellen Notizblock zu füllen, ohne dass der Speicher-Chef etwas davon merkt. Weil die Speicherkapazität gering ist, gelingt es der Werbung problemlos, andere Inhalte zu verdrängen, z.B. den gespeicherten Blick in die Ruhe des Harzgebirges. Ist der Speicher gefüllt mit schönen Menschen, die gemeinsam ihren Kaffee genießen, genügt ein unbedeutender Auslöser, Kaffee-Craving in Gang zu bringen. Der Auslöser kann ein leichtes Durstgefühl sein, ein leerer Kaffee-Becher auf dem Pult eines Nachbarn, die Erwähnung von Kaffee in einem Vortrag oder auch nur die kaffeebraune Farbe eines Vorhangs. Der Auslöser verleitet den Speicher-Chef, die Türe zum visuellen Notizblock zu öffnen. Damit können die Bilder ungehemmt ins Bewusstsein dringen. Dies löst weitere psychische Prozesse aus; unter anderem wird das Genuss-Gedächtnis aktiviert. Schließlich entsteht das starke Bedürfnis nach einem Kaffee. Der Begriff Intrusion soll andeuten, dass es dabei um einen Vorgang geht, der uns aufgezwungen wird. Wir möchten bei der Aufführung einer Wagner-Oper nicht andauernd an Kaffee denken. Der Aufwand, das einmal ausgelöste Craving zu stoppen, ist beträchtlich. Während der

Wagner-Oper muss nun das Hirn abwägen, ob es realistisch ist, das Kaffee-Bedürfnis zu stillen. Das Bewusstsein wird über die Unmöglichkeit informiert. Dieses benachrichtigt das Durst-Zentrum, dass es vorerst keine Flüssigkeit gibt. Danach muss es dem Hirnbelohnungszentrum beliebt machen, dass kurzfristig keine Stimulation möglich ist. Beide reagieren mit Irritation und Enttäuschung, die sich als Verstimmung, Reizbarkeit und Konzentrationsstörung bemerkbar machen. Bis diese Symptome abgeklungen sind, ist der dritte Akt des Parsifals vorbei. Erst beim Applaus merken wir, dass wir den Karfreitagszauber verpasst haben, weil wir ein unangenehmes Kaffee-Craving bekämpfen mussten. Dass wir im Durchschnitt über die Hälfte der Zeit an irgendeiner Form von Craving leiden, belegt, dass die durch Werbung stimulierte Genuss-Erwartung die Möglichkeit des Genusses massiv beeinträchtigt. Wir gleichen immer mehr dem Tantalos der griechischen Mythologie. Seine Folter bestand darin, dass die Götter seinen Appetit mit greifbar nahen Früchten und Wasser anregten, ohne ihm die Gelegenheit zu geben, diese in Ruhe zu genießen.

Der Neurowissenschaftler Kent Berridge hat in den letzten Jahrzehnten bahnbrechende Studien zum Genuss publiziert. In der Tierforschung ging man über Jahrzehnte davon aus, dass Wollen („wanting", „craving") und Mögen („liking") hirnphysiologisch identisch seien. Wenn eine Ratte sich intensiv im Hirnbelohnungszentrum elektrisch stimulierte, ging man davon aus, dass sie das nicht nur wollte, sondern auch genoss. Die neurowissenschaftliche und ökonomische Forschung befasst sich fast ausschließlich mit Wollen, weil dieses einfacher messbar ist. Der Preis einer Yacht ist einfach zu erheben. Er spiegelt das Wollen wider. Das „Mögen" der Yacht, das heißt der Genuss und die Gegenwärtigkeit, die diese Yacht dem Besitzer bietet, sind dagegen viel schwieriger zu bestimmen. Studien an Sucht-Patienten zeigen, dass der Zusammenhang zwischen Wollen und Mögen gering sein kann. Nicht selten sind Alkoholiker bereit, ihren Beruf, ihre Familie und ihre Gesundheit aufs Spiel zu setzen, um an Alkohol zu kommen. Ihr Genuss am Alkoholkonsum ist jedoch oft erstaunlich bescheiden. Buddhistische Mönche dagegen wollen fast nichts, scheinen das Leben aber in vollen Zügen zu genießen.

Berridge entwickelte Experimente, die den Genuss bei Tieren abschätzen können. Dazu beobachtete er die Zungen-, Lippen- und Gesichtsbewegungen während des Essens von Speisen. Experimente an Menschen zeigen, dass diese objektiven Zeichen eng mit dem subjektiven Gefühl des Genusses zusammenhängen. Aufgrund von Darwins Feststellung, dass sich der mimische Ausdruck des Genießens zwischen Säugetieren nur wenig unterscheidet, ging Berridge davon aus, dass das Lecken der Lippen auch bei Mäusen und Ratten auf ein Genusserleben hinweist. Diese Methodik erlaubte es ihm, Wollen und Mögen als zwei verschiedene psychische Funktionen zu erforschen. Dopamin galt lange als Glückshormon, weil die Zunahme von Dopamin das Wollen erhöht und eine Abnahme zu Inaktivität führt. Berridges Nachweis, dass eine pharmakologische Dopamin-Blockade die Genussfähigkeit kaum beeinträchtigte, beeindruckte die Neurowissenschaften nachhaltig. Der Befund macht deutlich, dass nicht nur die Bedeutung von Dopamin, sondern auch die neurowissenschaftliche Auffassung von Glück grundsätzlich überdacht werden muss. In Folgestudien belegte Berridge, dass das Dopamin-System, das sich in der Mitte des Gehirns vom Hirnstamm bis zum unteren Vorderhirn ausdehnt, mit Mögen und Genießen nur wenig zu tun hat. Andere Hirnzentren scheinen für das Mögen zuständig zu sein. Beim Mögen spielen das vordere Cingulum und die Inselrinde eine entscheidende Rolle (Berridge and Kringelbach

2015). Dies weist darauf hin, dass Gegenwärtigkeit, Körperwahrnehmung, Genießen und Mögen nicht nur psychologisch, sondern auch neurobiologisch nahe Verwandte sind.

Im 18. Jahrhundert befassten sich die Pioniere der Wirtschaftswissenschaften mit Genießen und Glück. Sie konzipierten die neue Wissenschaft als Psychologie des Glücks. Jeremy Bentham, der Erfinder des klassischen Utilitarismus, definierte Nutzen als diejenige Eigenschaft eines Objekts, das Glück, Wohlergehen und Freude schafft. Die Theorie des Nutzens sollte aufzeigen, wie das größte Glück in der größten Zahl erreicht werden kann. Die klugen Pioniere betrachteten dieses Glück als körperlich messbare Eigenschaft. Sie wollten ein Hedinometer entwickeln, also ein Gerät, das Nutzen und Glück aufgrund physiologischer Messungen erlaubt. Leider setzte sich anfangs des 20. Jahrhunderts die Einsicht durch, dass es unmöglich sei, ein solches Gerät zu entwickeln.

In der Folge definierten die Ökonomen den Nutzen aufgrund beobachtbarer Entscheidungen. Wenn jemand eine Flasche Wodka einem Meditationskurs vorzieht, schließen die Experten des Wohlstands daraus, dass Wodka mehr Nutzen stiftet als Meditation, und zwar auch dann, wenn die Versuchsperson den Wodka auf ihre Füße erbricht. Dieser Nutzenbegriff richtet sich nicht mehr nach Genießen und Glück, sondern nur noch nach Wollen und Craving. Dafür spricht auch, dass in Lehrbüchern der Neuroökonomie das Craving-Hormon Dopamin überproportional viel Platz einnimmt. Wie Berridge nachwies, befasste sich der ursprüngliche Utilitarismus mit grundsätzlich anderen neuropsychologischen Prozessen als die aktuelle Ökonomie. Auch die komplizierteste Theorie, die auf dem Craving-Nutzen basiert, macht ihre Rechnung ohne die Inselrinde. Selbst wenn es den klassischen Ökonomen ge-

lingen sollte, alle Fragen zu ihrem Nutzen-Begriff zu beantworten, hätte sie das Problem der Gegenwärtigkeit und des
Genusses noch nicht einmal berührt. Das Problem des
homo oeconomicus ist nicht so sehr sein Egoismus, sondern seine Faszination am Wollen und sein Desinteresse am
Mögen. Würde er konsequent genussvolle Gegenwärtigkeit
maximieren, wäre er ein freudestrahlender Buddhist.

Die Idee des Hedinometers ist zum Glück nicht gestorben. Der Psychologe und Ökonomie-Nobelpreisträger
Daniel Kahneman, der in seinem Leben keine einzige
Ökonomie-Vorlesung besucht hat, hat eine Methode
entwickelt, um Glückszustände fortlaufend zu messen
(Kahneman, Krueger et al. 2004). In seinem Tag-Rekon-
struktionsverfahren werden die Ereignisse eines Tages mit-
tels eines Fragebogens festgehalten. In einem zweiten
Schritt müssen die Versuchspersonen den genauen zeit-
lichen Ablauf der Ereignisse, ihre Aktivität, den Ort des
Ereignisses, die Personen, die beteiligt waren, und ihren
Gefühlszustand angeben. Seine Befunde zum momentanen
Glückserleben decken sich weitgehend mit Killingsworth'
Untersuchung zur Gegenwärtigkeit: Sex/Intimität und soziale Aktivitäten führten im Durchschnitt zum höchsten
Wohlbefinden. Unter den sozialen Aktivitäten schnitt der
ungezwungene, egalitäre Austausch mit Freunden am besten ab. Diese Aktivitäten, die mit wirtschaftlich entscheidenden Dingen wie Kaufen, Konsum und Besitz nichts zu
tun haben, steigern nicht nur kurzfristig das Glück und die
Resilienz, sondern wirken sich auch langfristig günstig auf
unser Wohlbefinden aus. Unser Belohnungssystem passt
sich weniger rasch an Erfahrungen an als an den Besitz von
Gütern (Carter and Gilovich 2010). Erfahrungen lassen
sich im Nachhinein neu interpretieren, tragen zu einer positiven Identität bei und stärken soziale Beziehungen. Im
Gegensatz dazu führt Besitz oft zu sozialer Konkurrenz,
was soziale Bindungen schwächt.

Dass Liebe und Sex im Zeitalter der Wollen-Ökonomie zum großen, verzweifelten Thema werden, erstaunt im Lichte der oben beschriebenen Befunde nicht. Die Globalisierung des Gemeinsinns und die Digitalisierung aller Lebensbereiche tragen zusätzlich dazu bei, dass Intimität zu einem knappen und kostbaren Gut geworden ist. In Bezug auf Sex zeigt sich der gleiche Trend wie bei Konsumgütern: Die Schere zwischen Wollen und Gegenwärtigkeit öffnet sich. Der Pornokonsum, der das Sex-Craving mehr anheizt als stillt, hat in den USA zwischen 1970 und 2010 bei jungen Männern von 36 % auf 62 % zugenommen, bei jungen Frauen von 14 % auf 36 %. Nur in einem Land wird mehr Porno geschaut als in den USA: in Deutschland. Allein in deutschen Büros konsumieren 20 % der Männer und 13 % der Frauen erotische Bilder während der Arbeitszeit. Regelmäßiger Pornokonsum untergräbt die Resilienz, weil er die Konsumenten aus der Realität drängt. Die kurzfristige Gegenwärtigkeit wird mit anhaltender Abwesenheit bezahlt. Selbst beim realen Sex haben regelmäßige Porno-Gucker Mühe, sich auf die natürlichen sexuellen Reize zu konzentrieren. Dies führt zu habitueller Impotenz und Beziehungsproblemen.

Im Gegensatz zur virtuellen Selbst-Stimulierung ist die Häufigkeit gemeinschaftlicher sexueller Aktivität auf dem Sinkflug. Zwischen 1991 und 2013 nahm der Anteil von amerikanischen Teenagern, die jemals Sex hatten, von 54 auf 47 % ab. Der Anteil aktuell sexuell aktiver Teenager sank von 38 auf 34 %. Dies ist vermutlich eine grobe Überschätzung. Personen aller Altersgruppen übertreiben ihre sexuelle Aktivität in Umfragen. Je älter die Person, desto größer die Übertreibung. In einer großen US-Studie gaben heterosexuelle Personen an, im letzten Jahr – hochgerechnet auf die ganze Bevölkerung – 1,6 Milliarden Kondome benutzt zu haben. Verkauft wurden aber nur 600 Millionen. Dazu zählen auch die ungenutzten. Objektive Schätzungen aufgrund des tatsächlichen Verkaufs von Verhütungsmitteln und Schwangerschaften legen nahe, dass Sex nicht nur bei Jugendlichen, sondern in allen Altersgruppen im Abschwung ist.

Weshalb diese Abnahme? Erst seit Kurzem haben wir zu dieser schwierigen und intimen Frage verlässliche Informationen. Die Entfremdung in den Gemeinschaften führt dazu, dass immer mehr Menschen ihre intimsten Sorgen nicht mehr dem Nächsten anvertrauen, sondern Google. Dies birgt für die Sozialwissenschaft ein großes Potenzial. Der Journalist Seth Stephens-Davidowitz ist anhand von Google-Suchen der sexuellen Appetitlosigkeit auf die Spur gekommen (Stephens-Davidowitz 2015). Sexuelle Lustlosigkeit scheint vor allem ein Männerproblem zu sein. Frauen klagen auf Google jedenfalls deutlich häufiger als Männer über das sexuelle Desinteresse ihrer Partner. Diese Klagen sind insgesamt sehr häufig, z. B. mehr als fünffach so häufig als die Klage, dass der Partner eine SMS nicht beantwortet. Männer beschäftigen sich selten mit der sexuellen Inappetenz ihrer Partnerinnen, dafür ausgesprochen intensiv mit ihrem Geschlechtsteil. Die Anfragen zu diesem Körperteil sind häufiger als alle Erkundigungen zu Lungen, Leber, Ohren, Nase und Hirn zusammen. Männer fragen häufiger, wie man einen Penis vergrößert als wie man ein Omelette kocht, eine Gitarre stimmt oder einen Reifen wechselt. Eine mögliche Verkleinerung der Geschlechtsorgane ist die wichtigste Gesundheitssorge, wenn Männer Muskelaufbaumittel einnehmen. Selten sorgen sich auch Frauen um die Penisgröße, doch in einem etwas anderen Sinn. Sie befürchten, dass dessen Übermaß zu Schmerz, Blutungen, Darmwind und unfreiwilligem Wasserlassen führt. Männer suchen recht oft nach Methoden, um den Geschlechtsverkehr zu verlängern. Frauen wollen hingegen von Google wissen, was zu tun ist, damit ihr Partner schneller kommt. Hinsichtlich der Körperunsicherheit, einem maßgebenden Sex-Killer, nähern sich die Geschlechter an. Männer stellen 42 % der Anfragen zu Schönheit und Fitness, 39 % zu kosmetischer Chirurgie, 33 % zum Abnehmen und sogar 20 % zu den Brustdrüsen. Immerhin zeigt sich beim gewünschten Brustdrüsenvolumen ein Rest eindeutiger Geschlechtsdifferenz: Heterosexuelle Männer wollen durchgehend weniger.

Im Folgenden will ich die Liebe in Zeiten der geistigen Abwesenheit mit einer Geschichte vergegenwärtigen. Mona und Max sind frisch verliebte Berliner und machen einen Wochenendausflug ins ländliche Rheinsberg. Mona hat in der Schule Tucholskys *Rheinsberg: Ein Bilderbuch für Verliebte* gelesen und sich zu ihrem Geburtstag gewünscht, Tucholskys Erzählung nachzustellen. Im Zug informiert sie ihre Netz-Freundinnen über ihr Vorhaben, die bereits nach wenigen Minuten antworten: „So coool!", „Wollte ich schon lange machen", „Viel Spass ;-)". Dann geht sie auf eine Webseite, die gebrauchte Hermès-Taschen anbietet. Eine Birkin-Bag mit einem kleinen Riss gibt es für unter 4 000 Euro. Max streicht auf einer Dating-App die Angebote für dieses Wochenende weg. Dann liest er auf seinem Smartphone einen langen Artikel über Skandale im deutschen Fußball. Nach dem Check-In im Hotel „Der pausenlose Jäger" besuchen sie wie Tucholskys Claire und Wolfgang das Schloss Rheinsberg. Anschließend machen sie eine Bootsfahrt auf den umliegenden Seen. Auf dem Boot realisiert Mona, dass die Netz-Verbindung unzuverlässig und langsam ist. Es gelingt ihr nicht, ihre Bootserfahrung unmittelbar mit ihren Freundinnen zu teilen. Ein Riesenärger. Auch er macht ein unglückliches Gesicht. Das Need-for-Speed-Game, das er gerade mit einem Kumpel in München spielt, wird auf der Zielgeraden unterbrochen. An Land werden Monas Bilder endlich verschickt. Im McDonald's über Fritten mit Mayo freut sie sich über das Echo ihrer

Facebook-Gemeinde. Er kann endlich sein Game zu Ende spielen. Gleichzeitig schaut er ab und zu auf einen Fernseher. Duisburg gegen Fortuna Düsseldorf. Es steht 0:0 in der 88. Minute. Im Pausenlosen Jäger putzen sie die Zähne und legen sich nebeneinander aufs Bett. Eine unangenehme Stimmung aus Erwartung und Angst kommt auf. Um davon abzulenken, nimmt Mona ihr Smartphone zur Hand. Max daraufhin ebenso. Beide halten ihre Geräte so, dass der andere nicht sehen kann, was sie tun. Privatsphäre im direkten Kontakt ist ein gemeinsamer Wert, auf den sie zählen können. Sie befasst sich damit, seine potenziell schmerzhafte Größe zu bewältigen. Eine Physiotherapeutin empfiehlt Beckenboden-Training und Yoga. Bei anhaltenden Schmerzen ein anthroposophisches Gleitmittel als Zusatzbehandlung. Er scrollt durch Seiten über Penisvergrößerung. Da gibt es Streckübungen, hängende Gewichte, Stauringe und die Fettgewebetransplantation. Sie fragt ihn: „Und jetzt?" „Schlafen", sagt er. Bevor sie einschlafen, löschen sie die ihnen peinlichen Websites aus dem Browserverlauf. Im Zug nach Berlin entdeckt Mona eine erschwingliche Tommy-Hilfiger-Tasche ohne Riss, die sie sich von ihren Eltern schenken lassen will. Seine Aufmerksamkeit gilt der Revanche auf Need-for-Speed. Im Hauptbahnhof Berlin angekommen fragt Mona: „War cool?" „Sehr cool!", sagt Max. Sie fühlt sich seltsam leer. Er ist froh, dass er bald mit den Streckübungen beginnen kann.

Mona und Max teilen ihre hohe Verletzlichkeit mit Tucholskys Claire und Wolfgang. Doch Wolfgang beschäftigt sich nicht mit Fettgewebetransplantation, sondern teilt seine Schwäche auf seine philosophisch-umständlich-grobe Art mit: „Ich habe ein außerordentlich feines Empfinden dafür, ich vermute, du bist gewillt, dich über mich lustig zu machen. Wird diese Vermutung zur Gewissheit, so schlage ich dich nieder." Das macht die Erzählung gegenwärtig und lebendig. Claire verarbeitete übrigens Wolfangs bedrohliche Aussage nicht als Psychotrauma. Sie verstand, was er sagen wollte.

Der Psychologe Arthur Aron und sein Team wiesen in einem interessanten Experiment nach, dass das Eingestehen von Verletzlichkeiten ein wirksames Mittel ist, um zwischenmenschliche Nähe und Gegenwärtigkeit herzustellen (Aron, Melinat et al. 1997). Die Versuchspersonen, die sich vorher nicht kannten, wurden in Paare eingeteilt. Die Hälfte der Paare, Gruppe A, erhielt die Anweisung, über folgende Themen zu sprechen, die mit Verletzlichkeit zu tun haben. Hier ist eine Auswahl:

- Ist es schon vorgekommen, dass Sie vor einem Telefongespräch geübt haben, was Sie sagen wollen. Warum?
- Wann haben Sie das letzte Mal jemandem etwas vorgesungen? Wem?
- Haben Sie eine Vorstellung darüber, wie Sie sterben werden?
- Worüber in Ihrem Leben sind Sie am meisten dankbar?
- Was ist für Sie der höchste Wert in einer Freundschaft?
- Erzählen Sie Ihrem Gesprächspartner, was Sie am meisten an ihm schätzen. Seien Sie sehr ehrlich.
- Der Tod welcher Person würde Sie am meisten treffen?

Die anderen Paare, Gruppe B, wurden angeleitet, über persönliche Dinge zu sprechen, die eher wenig mit Verletzlichkeit zu tun haben:

- Welches ist Ihre Lieblingszeitung?
- Waren Sie je in Mecklenburg-Vorpommern?
- Was war das lustigste Ereignis in Ihrer Kindheit?
- Wie oft lassen Sie sich die Haare schneiden?
- Beschreiben Sie die beste Freundin Ihrer Mutter.
- Haben Sie je bei einem Schultheater mitgespielt?

Nach 45 Minuten Gespräch erlebten die Paare der Gruppe A deutlich mehr soziale Nähe und Gegenwärtigkeit als die

Paare der Gruppe B. Dieser Unterschied war unabhängig davon, ob die Paare gleich- oder gegengeschlechtlich waren. Es gab auch keine Hinweise, dass frühere Beziehungserfahrungen oder der individuelle Bindungsstil eine maßgebende Rolle spielten.

In einer Folgestudie wurden aufgrund persönlicher Ansichten und Haltungen ähnliche und unähnliche Paare gebildet. Dieses Experiment ergab keine Hinweise, dass Ähnlichkeit einen Einfluss auf die Herstellung von Nähe und Gegenwärtigkeit hatte. Auch die Information an die Paare, dass sie sich vermutlich mögen bzw. nicht mögen werden, zeigte keine Wirkung auf den Beziehungsaufbau. Zusammengefasst sprechen alle diese Befunde für den scheinbaren Widerspruch, dass das Zugeben von Verletzlichkeit die psychische Widerstandskraft stärkt. Aus Furcht wird Liebe. Gemeinsam resilient.

Der Psychologe Mihaly Csikszentmihalyi (gesprochen: Tschicksentmihei) untersuchte nach dem Zweiten Weltkrieg Aktivitäten, die zur Resilienz in Kriegen und anderen Notsituationen beitrugen. Selbst in Konzentrationslagern schafften es einzelne Gefangene, sich gelegentlich gut zu fühlen. Dies gelang Poeten und Mathematikern besonders gut, die trotz Hunger und Todesangst Gedichte erfanden und mathematische Probleme lösten. Bei dieser Tätigkeit fühlten sie sich eins mit sich selber und vergaßen dabei das erlittene Elend und die Todesgefahr.

Das antike Volk der Lydier beschloss in einer schweren Hungersnot, sich den ganzen Tag vollständig dem Spielen zu widmen, damit das Hungergefühl verschwand. In Brasilien gelingt es selbst den ärmsten Menschen, dank religiösen Ritualen und Tanz in Ekstase zu geraten. Drei Merkmale dieser Tätigkeiten springen ins Auge: die innere Motivation, der spielerische Charakter und die hohe Gegenwärtigkeit, die sie vermitteln. Es wäre aber zu einfach, alle diese Tätigkeiten durchgehend als Spiele zu betrachten.

Es gab KZ-Opfer, die selbst der Zwangsarbeit eine spielerische Freude abringen konnten. Was sind die Bedingungen dieser Resilienz-Strategie, die es erlaubt, selbst in den widrigsten Umständen Freude zu empfinden?

Csikszentmihalyi fand in einer Reihe von Studien heraus, dass es keine allgemein gültigen Bedingungen dafür gibt. Er fand jedoch einige Faktoren, welche diese Geborgenheit in der Gegenwart fördern oder verhindern. Die Handlungsregeln sind oft klar festgelegt, wie z.B. beim Tanz, beim Spiel oder einem Ritual. Die Konzentration richtet sich auf ein begrenztes Umfeld. Dies fördert das Aufgehen im Tun. Besonders geeignet sind Aktivitäten, welche die Aufmerksamkeit dazu zwingen, sich mit aktuellen Dingen zu beschäftigen. Ein Extremkletterer hat oft nur Dinge im Kopf, welche die letzten 30 Sekunden und die kommenden fünf Minuten beinhalten. Dies verändert den Zeitsinn. Der Augenblick geschieht sehr langsam, die Zeit der gesamten Tätigkeit geht aber schneller als üblich vorbei. Die Anforderungen der Tätigkeit, welche die innere Freude fördert, sind relativ fein auf die Fähigkeit der Handelnden abgestimmt. Für einen Schachmeister ist es schwierig, im Wettkampf gegen einen Anfänger Vergangenheit und Zukunft zu vergessen. Die Überforderung eines Reitschülers durch ein schwieriges Pferd mit vielen Macken führt zu Erregtheit und Angst, aber nicht zu einer tiefempfundenen Freude. Die Verschmelzung von Handlung und Bewusstsein und das Gefühl höchster Beteiligung sind gute Zeichen. Diese kann so weit gehen, dass Betroffene ihre Freude als Verlust des Selbst oder als Verschmelzen mit der Welt beschreiben. Dabei bleibt aber ein Gefühl von Kontrollierbarkeit und Autonomie erhalten. Weil bei diesen Zuständen Handlungen auf Handlungen folgen, die einer inneren Logik entsprechen und keiner äußeren Regulierung bedürfen, bezeichnet Csikszentmihalyi sie als Flow. Bei gewissen Flow-Erlebnissen scheinen Wettbewerb und Risiko eine Rolle zu spielen. Der Zusammenhang ist jedoch geringer, als man vermuten könnte. Berufsschachspieler, die vor allem an Turnieren spielen und viel Wert auf ihre objektive Leistung legen, erleben weniger Flow als Hobby-Schachspieler. Flow-begabte Kletterer nutzen in der Regel professionelle Sicherungsmethoden und sind sich bewusst, dass ihre Tätigkeit weniger gefährlich ist als die Autofahrt zum Kletterpark. Äußere Motivationsfaktoren wie Belohnung, Gefahr und Wertschätzung können das Flow-Erleben zwar fördern, aber nur dann, wenn sie nicht dominieren.

Für die Resilienz ist es kein Vorteil, möglichst oft und möglichst vielen typischen Flow-Aktivitäten nachzugehen. Als junger Forscher habe ich eingehend die Daten von Langzeitstudien zur psychischen Gesundheit der Allgemeinbevölkerung untersucht, nicht zuletzt, weil ich selber wissen wollte, wie man ein gutes Leben führt. Bei dieser Forschungstätigkeit ist mir aufgefallen, dass die durchschnittlichen Sportfanatiker, Schachfreaks und Extremkletterer im Alltagsleben nicht besonders resilient sind, eher im Gegenteil. Für die Resilienz scheint es zentral zu sein, Flow nicht nur bei ganz bestimmten Tätigkeiten, sondern im Alltag zu erleben. Ein starkes Interesse an Flow-Freizeitaktivitäten kann darauf hinweisen, dass es bei der Arbeit oder im Familienalltag wenig Möglichkeiten gibt, im Tun aufzugehen. Unter dem Joch des Kommunismus begannen viele Russen, ihre Lust am Wettbewerb und am politischen Interessenkonflikt im Schach auszuleben. Dies ist aber kein Zustand, den wir erstreben wollen. Die politische Beteiligung sollte der Flow sein.

Csikszentmihalyi spricht in diesem Zusammenhang von Mikroflow. Dieser ist weniger intensiv und weniger lang als der Flow, kann aber überall, auch bei der Arbeit und zuhause auftreten. Chirurgen scheinen bei ihrer operativen Tätigkeit besonders viel Mikroflow zu erleben, weil ihre operative Tätigkeit den wichtigsten Bedingungen des Flows entspricht: große, aber angemessene Herausforderung, Aufgabe mit klaren Regeln und Zielen, eingeschränkte Umwelt, hohe Anforderungen an die Aufmerksamkeit und hohe Kontrollierbarkeit. Csikszentmihalyi berichtet aber auch von einer Supermarkt-Angestellten, die bestimmte Handlungsmöglichkeiten in ihrer Arbeit entdeckte. Diese reichten vom Mitgehen im Rhythmus der Registrierkasse bis zum Kennenlernen jedes Kunden. Sie machte aus ihrer Tätigkeit eine spielartige Erfahrung. In Bezug auf die Resilienz können wir von ihr mehr lernen als von den Gipfelstürmern des Mount Everest. Betriebswirtschaftler und Vorgesetzte sollten darauf achten, dass nicht nur sie einen Flow erleben, wenn sie umstrukturieren, reformieren und organisieren, sondern auch ihre Mitarbeiter die Chance haben, im Fluss zu arbeiten. Klare Ziele, klare Regeln, Schutz vor unnötigen Reizen und Ablenkungen, Autonomie, angemessene Anforderungen und Kontinuität tragen dazu bei.

Mikroflow in sozialen Interaktionen ist besonders wichtig für die Resilienz, aber auch für den beruflichen und privaten Erfolg. Einer meiner Kollegen, Rektor einer Universität, hatte die Gelegenheit, mit einem der erfolgreichsten Wirtschaftsführer Europas eine Stiftungsprofessur zu besprechen. Sie trafen sich zu zweit in einem Sitzungsraum. Als ich ihn fragte, wie das Gespräch verlaufen ist, erklärte er mir: „Herr X war außerordentlich präsent. Er gab mir das Gefühl, dass ich der einzige Mensch sei, der ihn auf dieser Welt interessiert, und unser Vertrag die wichtigste Sache sei, über die man überhaupt sprechen kann. Er nahm die kleinste Zuckung meiner Mimik wahr, jedes Räuspern, und reagierte auf angenehme Weise auf alles, was ich sagte. Die Sitzung kam mir wie ein einziger Augenblick vor. Danach war alles geregelt, und zwar so, dass es bis jetzt nie zu Konflikten gekommen ist."

Die Zukunft von Mona und Max wird maßgebend davon abhängen, ob sie ihre gegenseitige Präsenz steigern können. Vielleicht hilft ihnen das Schicksal dabei. Er lässt auf dem Boot sein Smartphone ins Wasser fallen, und ihr Gerät hat ein Problem mit der Batterie. Weil die aktuelle Sex-Krise vor allem ein Männerproblem ist, lassen wir Mona den ersten Schritt machen. Sie erzählt Max von ihren skurrilen Beckenbodenübungen, und was es damit auf sich hat. Er berichtet von seinen Streckübungen und der Schwellung, zu der sie geführt haben. Sie lachen viel und verschmelzen dabei mit Schloss und See. Nach der Bootsfahrt gehen sie ins Restaurant Schlossgarten, wo sie Kasseler mit Sauerkraut und Kartoffelpüree essen. Nach dieser Nacht und weiteren Nächten werden sie die widerstandsfähigsten und glücklichsten Berliner sein.

Ihr Liebes-Flow wird leider nicht ewig anhalten. Der Alltag holt sie ein – Gespräche über Geschirrabwasch und Abfallentsorgung. Sie müssen sich neue Flow-Quellen schaffen. Sie gehen tanzen, finden es aber gar nicht lustig. Sie fühlt sich unsicher, hat Angst, jemand könnte ihre Tasche stehlen, und sie weiß nicht, wie die Schritte gehen. Und er, der glaubt, eine Wiedergeburt von Fred Astaire zu sein, steht ihr dreimal auf den Fuß. Nur dank der lauten Musik und einer Serie Gin Tonic spüren sie, dass irgendwo irgendetwas fließen könnte. Als ihnen ein Paar erzählt, dass sie alle Leute Scheiße finden, die keinen Porsche fahren, ist der Flow erstmal vollends versiegt. Aber sie werden Tanzkurse besuchen, allein und gemeinsam üben, es immer wieder versuchen, bis die Regeln klar sind, jeder weiß, was wann zu tun ist, sie ganz bei der Sache sind, sich nehmen und geben, was sie brauchen. Erst dann wird die Umwelt verschwinden, Bewusstsein und Bewegung verschmelzen und sich ihre Aufmerksamkeit auf einen einzigen Punkt ausrichten: die Gegenwart.

Eine Untersuchung von Patricia Greenfield weist darauf hin, dass im Resilienz- und Liebesglück von Mona und Max der Smartphone-Entzug ein wesentliches Element war

(Uhls, Michikyan et al. 2014). Die Zeit, in welcher Jugendliche direkten Kontakt mit anderen haben, nahm zwischen
1997 und 2003 um 20 % ab. Man muss davon ausgehen,
dass der direkte Kontakt inzwischen noch seltener geworden ist. Gegenwärtige Gesicht-zu-Gesicht-Kommunikation
hat den Vorteil, dass ein gegenseitiger Austausch möglich
ist, dass die nonverbale Kommunikation die verbale ergänzt und dass die Informationen mit einem sozialen Kontext verknüpft werden. Das macht den Austausch persönlicher, fördert die soziale Kompetenz und stärkt soziale
Bindungen. Um die Wirkung des direkten Austausches auf
die soziale Kompetenz zu messen, untersuchte Greenfield
zwei fünftägige Schulprogramme, zu welchen sie die Schüler zufällig einteilte. In Bedingung A fand ein Geografie-
Unterricht im Freien mit Wanderungen, Orientierungsauf-
gaben, Pflanzenbestimmung und Sport statt. Es herrschte
ein absolutes Verbot für Telefone, elektronische Geräte und
Bildschirme aller Art. Bedingung B beinhaltete normalen
Schulunterricht, in welchem Bildschirme erlaubt waren.
Nach diesen fünf Tagen hatte sich die Empathie-Fähigkeit
der Gruppe A deutlich gegenüber der Gruppe B verbessert.
Das zeigte sich z. B. darin, dass A-Schüler emotionale Ge-
sichtsausdrücke präziser erkannten als B-Schüler. Dass dies
an sich schon ein Resilienzfaktor ist, habe ich im Kapitel
„Fürchten falsch gelernt" erwähnt.

Was wir Mona und Max noch nicht erzählen wollen:
Das Leben wird in Bezug auf die Gegenwärtigkeit noch
schwieriger werden. Sorgen und Zukunftsängste nehmen
bis ins Alter von ca. 45 Jahren zu. Mona wird mit ihrer
besten Freundin drei Monate nach Australien reisen. Max'
Need-for-Speed-Kumpel wird unerwartet Vater werden.
Seine Lust an Beschleunigung und Überholmanövern wird
sich dabei in Luft auflösen. Max wird alleine am Küchen-
tisch sitzen. Erinnerungen und Erwartungen erobern sein
Gehirn. Seine quälenden Gedanken wandern von einer ver-

passten Chance, einen Auslandaufenthalt zu machen, bis hin zum Schluss, dass er nie Vater werden möchte. „Nicht über meine Leiche!" Am liebsten würde er sich mit dem Hammer auf die Hand schlagen, um dieses Gedankenkreisen zu stoppen und die Gegenwart zurückzuholen.

Man könnte vermuten, dass Max an einer schweren psychiatrischen Krankheit leidet, z. B. an einer Persönlichkeitsstörung mit Selbstverletzungstendenz. Dies ist aber nicht der Fall. Mona und Max habe ich so erfunden, dass sie dem statistischen Durchschnitt entsprechen. Die Hirnaktivität in Situationen, in welchen unser Geist sich selbst überlassen ist, wurde in den letzten Jahren intensiv beforscht. Ein wichtiger Befund dieser Forschung ist, dass über 80 % der Menschen in westlichen Ländern diese Situation systematisch vermeiden. Fernsehgeräte, E-Mails, Telefone und Tablets machen es immer einfacher, spontane, reizunabhängige Hirnaktivität zu unterdrücken. Wenn man in Experimenten Menschen zwingt, einige Minuten untätig ohne Ablenkung zu verbringen, berichten 60 % über Konzentrationsstörungen und 90 % über Gedankenkreisen (Wilson, Reinhard et al. 2014). Der Genuss an dieser Situation ist entsprechend gering. Um herauszufinden, wie unangenehm die Situation ist, erhielten die Versuchspersonen die Möglichkeit, sich während der Viertelstunde des Alleinseins Schmerzen mit elektrischen Schlägen zuzufügen. Diese Möglichkeit ist vergleichbar mit dem freiwilligen Berühren eines elektrischen Weidezauns. Um auszuschließen, dass Masochisten an der Studie teilnahmen, wurden den Versuchspersonen in einem vorgängigen Experiment zwei Optionen zur Verfügung gestellt. Entweder sie bezahlten 5 US-Dollar, oder sie erhielten einen elektrischen Schock. In das Hauptexperiment wurden nur Personen eingeschlossen, die lieber 5 Dollar bezahlten. 67 % dieser schmerzvermeidenden Männer und 25 % der nicht-masochistischen Frauen verabreichten sich im Hauptexperiment freiwillig einen oder mehrere elektrische Schläge, um das unangenehme Gedankenkreisen beim Alleinsein zu stoppen. Eine Versuchsperson verabreichte sich 190 Schocks, um gegenwärtig zu sein. Diese Befunde belegen eindrücklich, dass wir im Durchschnitt beachtliche Mühe haben, uns selber auszuhalten. Sie sprechen auch dafür, dass der Mangel an Reizen ein bedeutsamer Stressfaktor ist. Dies entspricht meiner klinischen Erfahrung. Hinter einem Burnout steckt oft ein Boreout, eine unerträgliche Langeweile, welche die Betroffenen mit viel Aufwand und Hektik erfolglos bekämpfen.

Die neurowissenschaftliche Forschung bestätigt, dass die Hirnaktivität im reizarmen Ruhezustand ein wichtiges Element unserer Widerstandskraft ist. Wenn das Hirn von außen nicht stimuliert wird, stellt es auf einen Ruhemodus um. Das Ruhe-Netzwerk, oder Default-Mode-Netzwerk, wird dabei aktiviert. Das hintere Cingulum ist ein wichtiger Bestandteil dieses Netzwerks. Es vernetzt Zentren der Aufmerksamkeit, der Emotionsregulierung, des Bewusstseins, des Ich-Gefühls, des Gedächtnisses und der Vorwegnahme künftiger Ereignisse. Das System reift erst im Alter zwischen 20 bis 30 Jahren voll aus, was für seine große Komplexität spricht. Es hat unter anderem die Funktion, sich unter fehlendem Einfluss der Umwelt ein Bild von der persönlichen Welt zu machen. Seit es mittels Magnet-Resonanz-Tomografie relativ einfach ist, die Ruheaktivität des Gehirns zu messen, hat eine Unmenge von Studien übereinstimmend gezeigt, dass häufige Betriebsamkeit im Default-Mode-Netzwerk keine gute Sache ist (Mulders, van Eijndhoven et al. 2015). Sie führt zu Mangel an positiven Gefühlen, Grübeln, Sorgen, Ängsten und erhöht das Risiko für Depressionen und andere psychische Krankheiten. Ferner konsumiert ein überaktives Ruhenetzwerk viel Energie, was zu körperlicher und geistiger Erschöpfung führt.

Was sollen wir Max empfehlen? Resilienz mit dem Hammer? Glücklicherweise gibt es weniger schädliche Möglichkeiten, seine Gedanken besser auszuhalten. Meditation ist ein Überbegriff für Praktiken, die geeignet sind, Stresssymptome zu senken, die mit einer erhöhten Ruhenetzwerk-Aktivität einhergehen. Klinisch und neurobiologisch am besten untersucht ist die achtsamkeitsbasierte Meditation. Diese Praktik beinhaltet eine urteilsfreie Fokussierung auf eine gegenwärtige Erfahrung. Sie geht zurück auf Buddha, der entdeckte, dass die vollständige Konzentration auf die Atmung die Meditation beschleunigte und vertiefte. Neurowissenschaftliche Studien zeigen, dass diese Meditationsform die Inselrinde und das vordere Cingulum stimulieren, also genau die Hirnregionen, die bei der Gegenwärtigkeit eine zentrale Rolle spielen (Tang, Lu et al. 2015). Die Inselrinde, welche das Körperempfinden vermittelt, hat das Potenzial, die Hirntätigkeit vom Default-Modus auf den Ausführungsmodus umzuschalten, das heißt, die neuronale Energie von der inneren Gedankenwelt aus Erinnerungen und Erwartungen abzuziehen, und diese auf den Körper, die Außenwelt und die Gegenwart zu richten. Dabei nimmt die Betriebsamkeit des Ruhenetzwerks deutlich ab, was zu einer Zunahme positiver Gefühle führt. Die negativen Gedanken und Gefühle, Ängste und Craving werden in der Meditation nicht unterdrückt oder verdrängt, sondern zugelassen. Wir unterlassen es, sie zu deuten und zu bewerten. Sie sollen wie ein Gewitter vorüberziehen, ohne dass wir viel Aufhebens um sie machen.

Diese Praktik, die wir den asiatischen Religionen zu verdanken haben, hat die Psychotherapie revolutioniert, und zwar von der Verhaltenstherapie bis zur Psychoanalyse. Meine eigene Erfahrung mit Psychoanalyse entspricht ziemlich gut dieser Beschreibung von Meditation. Mein Analytiker gehörte zu einer neuen Schule, welche die Vergangenheit und die Beziehung zu den Eltern wenig betonte.

Er interessierte sich vorwiegend für meine Gedanken und Gefühle während den Sitzungen. Zuerst enttäuschte mich das, weil ich insgeheim hoffte, nun all meine Probleme in meine Kindheit platzieren zu können. Doch er wollte sich trotz meines heftigen Bemühens nicht auf die aufregenden Geschichten stürzen, die ich ihm aus meiner Kindheit anbot. Er vermied es überhaupt, kausale Verbindungen herzustellen. Er riet mir ab, aus meiner Vergangenheit und meinen Wünschen eine Identität zu entwickeln. Was mich wirklich in Rage brachte, war seine Weigerung, meine gegenwärtigen emotionalen Zustände mit jenen aus früheren Sitzungen zu verknüpfen. Wie konnte so eine Geschichte entstehen? Jede Sitzung war neu, ein unbeschriebenes Blatt. Er machte fast nichts, als mich auf die Gegenwart hinzuweisen. Mit dieser Technik entzog er mir meine wichtigsten Hilfsmittel, dem Hier und Jetzt zu entfliehen. Es war wie ein striktes Bildschirm-, Internet-, Tagebuch- und Fotoalben-Verbot. Er betonte immer wieder die Einfachheit der Situation: Er und ich waren in einem Raum. Ein direkter Kontakt. Die Einfachheit der äußeren Situation erlaubte es ihm, meine Einfälle in Bezug auf Wirklichkeit und Phantasie zu prüfen. Dies stärkte meinen Realitätssinn. Erst als sich mein Ärger über seine Verknüpfungs- und Deutungsverweigerung legte, spürte ich die Vorteile dieser Kur. Sie führte zu einer Einsicht und einem Gefühl der Gegenwärtigkeit und Freiheit, die mich bis heute nicht losgelassen haben.

Der Vorteil von Meditation ist, dass sie einfach und überall angewendet werden kann. Die Praxis der Gehmeditation ist besonders einfach. Wir atmen ein und machen einen Schritt. Unsere ganze Aufmerksamkeit richtet sich auf unsere Fußsohle. Wenn wir noch nicht ganz in der Gegenwart angekommen sind, warten wir mit dem nächsten Schritt. Diese Zeit sollten wir uns leisten. Sind wir einigermaßen sicher, dass wir in der Gegenwart angekommen sind, lächeln wir und machen den nächsten Schritt. Auf diese Weise drücken wir unseren Widerstand und unsere Festigkeit in den Boden ein, wie ein Siegel der Verbundenheit. Es ist der Zustand des gehenden Buddhas. Er hat keine Eile, anzukommen. Warum? Weil er ankommt mit jedem Schritt.

Achtsamkeitsbasierte Psychotherapien helfen, Stresssymptomen vorzubeugen und leichte Symptome zu reduzieren. Die Interpersonelle Therapie, die ich schon erwähnt habe, ist bei der Behandlung eines Burnouts aber deutlich wirksamer. Dies hat vermutlich damit zu tun, dass es eine beachtliche Herausforderung ist, die Gegenwärtigkeit der Meditationsübungen in unseren Alltag zu überführen. Die Aufgabe ist vergleichbar mit derjenigen eines Sportkletterers, der den Flow nicht nur am Fels, sondern auch beim Aufräumen der Wohnung erfahren will. Für Praktiken und Therapien, welche Achtsamkeit und sozialen Austausch kombinieren, sehe ich eine große Zukunft.

Damit sich östliche und westliche Weisheit nicht nur oberflächlich berühren, sondern tief befruchten, müssen wir uns allerdings von Teilen unserer psychologischen Tradition verabschieden. Gegenwärtige Verbundenheit im buddhistischen Sinn hat wenig mit Gefühlen zu tun. In der traditionellen Sprache des Buddhismus gibt es nicht einmal den Begriff des Gefühls. Emotionen, Gedanken und Handlungen werden als Einheit gedacht. Im westlichen Denken vermitteln Gefühle die Verbundenheit zwischen Individuum und Realität. Im buddhistischen Denken (und in der Realität) ist alles in Beziehung und das Konzept der persönlichen Identität eine Illusion. Es ist nicht nötig, Offenheit und Hingabe zu spüren. Man muss sie sein. Es geht auch nicht darum, ein möglichst tiefes Mitgefühl zu empfinden. Es geht vielmehr um die Entdeckung oder das Bauen einer Brücke.

10 Der Wir-Faktor

Der gefühlte Stress nimmt seit Anfang des 19. Jahrhunderts linear zu. Dies ist ein erstaunlicher Befund, weil sich die Menschen in westlichen Gesellschaften genau in dieser Zeitspanne von äußeren Zwängen befreit haben und wichtige Ziele des Individualismus erreicht wurden: mehr Selbstbestimmung und Selbstverwirklichung, mehr Freiheit und Unabhängigkeit, mehr Wahlmöglichkeiten, mehr Befriedigung individueller Bedürfnisse, weniger sozialer Zwang und weniger Diskriminierung aufgrund sozialer Merkmale. Geniale Denker wie Nietzsche und Sigmund Freud haben zu den Voraussetzungen dieses Erfolgs beigetragen, indem sie eine individualistische Psychologie erfunden haben, die enorm einflussreich wurde.

Der amerikanische Traum vom Tellerwäscher, der sich zum Millionär hochkämpft, ist der Prototyp einer individualistischen Stresserzählung. Das Individuum kämpft gegen widrige Umstände und siegt. Dabei wird Folgendes oft vergessen: Ein zeitgemäßes Schulsystem bildet die Fachleute aus, die der Tellerwäscher anstellt und die ihm zum Erfolg verhelfen. Soziale Sicherheit sorgte dafür, dass ihm niemand seinen Traum stiehlt. Tiefe Steuern und geringe Korruption sind Voraussetzungen dafür, dass er mit dem Gewinn seines Unternehmens seinen Traum weiterentwickeln kann ... Kurz: Die Vorstellung vom Erfolg des einzelkämpferischen Tellerwäschers ist irreführend. Seine Geschichte entspricht vielmehr einem komplexen Netz von Abhängigkeiten, in welchem seine inspirierenden Funken eine produktive Energie freigesetzt haben, zu der Generationen beigetragen haben. Die Zeit ist reif, neue Träume und neue Geschichten zu erfinden, in welchen das Teilen und das Wecken der Jünger eine wichtige Rolle spielen.

Wenn wir uns auf unsere individuellen Eindrücke und Erlebnisse verlassen, fühlen wir uns fast unweigerlich im

Zentrum von allem. Wir sehen, dass die Sonne im Osten auf- und im Westen untergeht. In der Nacht drehen sich die Sterne um uns. Damit erleben wir uns unmittelbar als Mittelpunkt der Welt. Gedanken und Gefühle bilden ein Selbst-Gehäuse in diesem Mittelpunkt, auf das sich alles bezieht. Dass es uns gelungen ist, ein astronomisches Weltbild anzunehmen, in welchem sich die Erde um die Sonne dreht, und die Sonne ein kleiner Stern unter vielen ist, bedeutet viel. Offensichtlich können wir uns von unseren primären Gefühlen und unserem Erleben so weit distanzieren, dass die Vorstellung des Ich als Teil eines größeren Ganzen möglich wird.

Die Zunahme des gefühlten Stresses ist kein individuelles, sondern ein soziokulturelles Phänomen, das sich über mehrere Generationen herausgebildet hat und dessen Wurzeln tief in die Menschheitsgeschichte reichen. Unter den vielen bekannten und unbekannten sozialen Faktoren, die dazu beitragen, dass wir uns bereits morgens müde und abgeschlagen fühlen, ragen zwei heraus. Im Gegensatz zu Bienen, Hühnern und Affen lebten wir Menschen zu mehr als 90 % unserer Geschichte in egalitären Gemeinschaften. Die Möglichkeit des Menschen, Kriege zu führen, führte zu starken Unterschieden in Bezug auf Macht und Reichtum. Diese Unterschiede sind seit Chinas Qing-Dynastie und dem russischen Zaren Nikolaus I. nicht gesunken, sondern angestiegen. Seit 1980 nimmt die ungleiche Einkommensverteilung besonders stark zu. Dies ist eine äußerst unerfreuliche Entwicklung. Der *World Happiness Report 2016* zeigt, dass die Öffnung der Schere zwischen Arm und Reich immer deutlicher zu einer ungleichen Verteilung positiver Gefühle, sprich Resilienz, führt.

Der zweite herausragende Faktor ist die geografische Mobilität. Eine gewisse Mobilität bringt zwar unschätzbare Vorteile; Wissenschaft und Philosophie sind Früchte dieser Mobilität. Aber Marx befürchtete schon relativ früh, dass die unbarmherzige Maschinerie des Kapitalismus den Prozess der Entwurzelung in einem Ausmaß vorantreiben würde, der für die Mehrheit der Arbeiter mehr Nachteile als Vorteile bringt. Der Wirtschaftswissenschaftler und Glücksforscher Richard Layard belegt, dass die von vielen Ökonomen angepriesene Steigerung der geografischen Mobilität aktuell die Menschen im Durchschnitt unglücklich macht, weil sie den sozialen Zusammenhalt schwächt. Physische Mobilität erhöht das Risiko für leichte und schwere psychische Störungen erheblich. Nicht nur Migranten, sondern auch noch ihre Kinder sind davon betroffen. Eine hohe physische Mobilität untergräbt föderalistische Strukturen und die lokale Selbstverwaltung. Die Folgen davon sind die Zentralisierung von Macht, die Schwächung lokaler Gemeinschaften und eine nie dagewesene Einsamkeit.

Nationalismus ist eine denkbar ungünstige Antwort auf diese hohe Mobilität. Landesgrenzen spielen für die Resilienz eine erstaunlich geringe Rolle. Wir müssen dankbar sein für ein bedarfsorientiertes Bildungswesen, Rechtssicherheit, Politiker, Unternehmer und engagierte Bürger, denen es gelingt, die regionale Wirtschaft nachhaltig zu fördern. Flüchtlinge sollten die Möglichkeit haben, sesshaft zu werden.

Die Entwicklung der Psychotherapie ist eng verknüpft mit dem Programm des Individualismus. Sie ist sozusagen eines ihrer Instrumente. Der Psychiater Carl Gustav Jung hielt Individuation für den zentralen Prozess der menschlichen Entwicklung. Auch der Begriff des Stresses, der die neurowissenschaftliche Forschung in der Psychiatrie maßgebend bestimmt, ist ein Kind des Individualismus. Die meisten Stressmodelle sind denkbar banal: Stressoren wirken als unabhängige Täter von außen auf das Opfer ein. Es ist der Kampf des Einzelnen gegen den Rest der Welt. Die Unterschiede, wie wir auf Stress reagieren, werden typischerweise individualistisch begründet, das heißt durch biografische Faktoren, die Einzelpersonen betreffen. Die individuelle Lebensspanne ist dabei die entscheidende zeitliche Einheit, in welcher früher Stress späteren Stress begründet. Die Kindheit erhält in diesem Denkmodell als Ursprung von allem eine überragende Wichtigkeit. Individualistische Psychotherapien, die sich hauptsächlich mit Biografie, Trauma oder Existenz beschäftigen, verlieren an Wirkstärke. Der Individualismus ist derart erfolgreich geworden, dass er immer weniger individualisierende Psychotherapeuten braucht. Systemische, ökologische und soziale Therapieansätze gewinnen dagegen an Bedeutung. Die Interpersonelle Psychotherapie ist das Resultat einer radikalen Abwendung von der individualistischen Psychologie. Neue Studien zeigen, dass sie die wirksamste Psychotherapie geworden ist. Wir müssen den Wir-Faktor in Beratung und Therapie und in unserem Alltag viel ernster nehmen. Es genügt nicht mehr, auf individuelle Faktoren wie Gefühle, Selbst-Aspekte und die Biografie zu fokussieren. Wir sollten uns die Zeit nehmen, die psychischen Probleme in ihrem sozialen Kontext zu begreifen. Dazu gehört es, Beschwerden und Symptome in Bezug auf die soziale Integration, die soziale Unterstützung und den sozialen Status zu verstehen.

Bei der Analyse sozialer Beziehungen sollten wir einfache Ursache-Wirkungs-Vorstellungen durch das Modell der sozialen Komplexität ersetzen. Das heißt, Zusammenhänge sollten lösungsorientiert aus unterschiedlichen Perspektiven verstanden und besprochen werden. Unzählige Psychotherapie-Studien zeigen, dass es sich lohnt, Partner, Eltern, Kinder, Freunde und Nachbarn, die dem Betroffenen örtlich und persönlich nahestehen, in die Behandlung einzubeziehen. Wir sollten das zunehmende Wissen über soziale Faktoren in Bezug auf die Resilienz kennen und vermitteln. In der individualistischen Psychologie war es ein wichtiger Schritt, neben dem „normalen" IQ die emotionale Intelligenz zu berücksichtigen. Die aktuelle Stress-Epidemie fordert aber einen weiteren Schritt, nämlich den zur Netzwerk-Intelligenz. Diese unterscheidet sich deutlich von beruflichen „Networking"-Fähigkeiten, weil bei der Resilienz andere Faktoren die entscheidende Rolle spielen: die Familie, die Freunde, Nachbarn, die geographische Nähe, die Qualität und Dauer von Beziehungen, die Komplexität der Kommunikation, die Intimität und das Schützen der Gemeinschaft. Bei der Network-Intelligenz dagegen spielt das Gefühl nicht die entscheidende Rolle. Wir brauchen unser Unterstützungsnetzwerk auch dann, wenn sich gelegentlich eine Interaktion darin nicht als „gut" oder „optimal" anfühlt.

Die schleichende Vereinsamung verdient besondere Berücksichtigung. Vor der industriellen Revolution lebten und arbeiteten wir in Familien. Diese funktionierten auch als Ambulanz und Lazarett, als Sozialamt und Psychotherapeut, als Altersvorsorge und Bauunternehmung, als Versicherungsgesellschaft und Bestattungsdienst. Die Staaten hatten nur sehr geringen Einfluss auf diese Gemeinschaften. Heutzutage haben Dienstleistungen der Wirtschaft und des Staates viele dieser Aufgaben und Kompetenzen übernommen. Dies hat zu einer massiven Schwächung von familiären und regionalen Beziehungen geführt. Wir haben nun alles im Überfluss, leben relativ sicher – nur stabile, verlässliche Bindungen und soziale Anerkennung sind zur Mangelware geworden. Das oft unterforderte Stresssystem können wir mit Horror-Filmen und Bungee-Jumping nach Wunsch stimulieren, doch für den Hunger des Hirnbelohnungssystem haben wir noch keine sinnvolle und gesunde Nahrung gefunden, die jederzeit zur Verfügung steht. Für die Resilienz ist das eine Herausforderung, weil sie auf Bedeutung, Sinn, Freude und stabile Beziehungen angewiesen ist. Föderalismus und direkt-demokratische Rechte sind ein gutes Mittel, die Bedeutung lokaler Beziehung aufzuwerten und damit die Beziehungen und die Widerstandskraft zu stärken.

Die sozialen Medien weckten ursprünglich die Hoffnung, soziale Netzwerke in die virtuelle Realität zu erweitern und damit zu verbessern. Mit einer gewissen Enttäuschung stellten Soziologen im Verlauf der Entwicklung dieser Medien fest, dass sie die bestehenden Netzwerke nicht verbesserten, sondern bloß auf eine andere Plattform verschoben. Inzwischen besteht kaum ein Zweifel, dass virtuelle und reale soziale Netzwerke zunehmend miteinander im Wettkampf stehen. Wir schauen im Durchschnitt alle 4,3 Minuten auf unser Smartphone. Dieses Dauer-Networking – den Fokus auf die spannendsten Neuigkeiten und Stories von Milliarden anderen Menschen richten – stört zweifellos reale soziale Interaktionen, zum Beispiel ein langes, konzentriertes Gespräch mit einer wichtigen Person. So werden enge, tiefe Beziehungen durch ein oberflächliches, unverbindliches Netzwerk-Rauschen ersetzt. Und das Potenzial sozialer Medien ist noch lange nicht ausgeschöpft. Eine amerikanische Studie an Studentinnen ergab, dass diese sich 10 Stunden pro Tag mit ihrem Smartphone beschäftigten. Da bleibt nur noch wenig Zeit für andere Aktivitäten. Wir müssen Wege und Regeln finden, um die sozialen Medien zu dem zu machen, wofür sie erfunden wurden: zur Verbesserung realer Beziehungen.

In ursprünglichen Gemeinschaften haben die Verehrung der Ahnen und der Glaube an die Geister der Natur die Einbettung der Menschen in ihre Umgebung gefördert. Der Verlust von Religion und Spiritualität trägt zusätzlich zur modernen Vereinzelung und Verlorenheit bei. Die Einzel-Biographie scheint zum wichtigsten Pfeiler unseres Selbstverständnisses geworden zu sein. Diese Individualisierung untergräbt aber den spirituellen und christlichen Gedanken, dass wir alle eins sind. Ist es nicht offensichtlich, dass wir unter sehr unterschiedlichen Bedingungen geboren sind und uns deutlich unterschiedlich entwickelt haben? So ist es. Müssen wir diese Einsicht besonders stark betonen? Kaum. Im Gegenteil, die Vorstellung und die Annahme, dass wir im Wesentlichen gleich sind, oder zumindest aus dem Gleichen stammen, verbessert die Verbundenheit und damit die Resilienz. Dies ist der Kern des Wir-Faktors.

Das folgende Bild des buddhistischen Lehrers Thich Nhat Hanh finde ich hilfreich, um sich die Grundlage des Wir-Faktors vorzustellen und zu verinnerlichen: Stellen wir uns die Wellen eines riesigen Meers vor. Wir sind das Meer und jeder ist eine Welle. Jede Wellenbewegung hängt von der Bewegung anderer Wellen ab. Wir können uns das ganze Leben mit Höhe, Form und Schönheit, mit Anfang und Ende jeder Welle auseinandersetzen. Am liebsten beschäftigen wir uns mit der eigenen. Wie hoch ist sie? Sollte sie nicht in einer ganz anderen Wellenumgebung auftauchen? Aber: Je weniger wir uns um unsere eigenen Wellen kümmern, desto besser erkennen wir die Identität zwischen Welle und Meer.

Referenzen

Akdeniz, C., H. Tost, F. Streit, L. Haddad, S. Wust, A. Schafer, M. Schneider, M. Rietschel, P. Kirsch and A. Meyer-Lindenberg (2014). „Neuroimaging evidence for a role of neural social stress processing in ethnic minority-associated environmental risk." *JAMA Psychiatry* 71(6): 672–680.

Almas, A.N., K.A. Degnan, O.L. Walker, A. Radulescu, C.A. Nelson, C.H. Zeanah and N.A. Fox (2015). „The Effects of Early Institutionalization and Foster Care Intervention on Children's Social Behaviors at Age 8." *Soc Dev* 24(2): 225–239.

Anderson, B. (2005). *Die Erfindung der Nation: Zur Karriere eines folgenreichen Konzepts.* Frankfurt am Main, Campus Verlag.

Aron, A., E. Melinat, E.N. Aron, R.D. Vallone and R.J. Bator (1997). „The experimental generation of interpersonal cloesness: a procedure and some preliminary findings" *Personality and Social Psychology Bulletin* 23(4): 363–377.

Baumeister, R.F., E. Bratslavsky, C. Finkenauer and K.D. Vohs (2001). „Bad is stronger than good." *Review of General Psychology* 5(4): 323–370.

Baumeister, R.F., L. Smart and J.M. Boden (1996). „Relation of threatened egotism to violence and aggression: the dark side of high self-esteem." *Psychol Rev* 103(1): 5–33.

Beauregard, M. and V. Paquette (2006). „Neural correlates of a mystical experience in Carmelite nuns." *Neurosci Lett* 405(3): 186–190.

Bentz, D. and D. Schiller (2015). „Threat processing: models and mechanisms." *Wiley Interdiscip Rev Cogn Sci* 6(5): 427–439.

Berridge, K.C. and M.L. Kringelbach (2015). „Pleasure systems in the brain." *Neuron* 86(3): 646–664.

Biller-Andorno, N. and P. Juni (2014). „Abolishing mammography screening programs? A view from the Swiss Medical Board." *N Engl J Med* 370(21): 1965–1967.

Bonanno, G.A. (2004). „Loss, trauma, and human resilience: have we underestimated the human capacity to thrive after extremely aversive events?" *Am Psychol* 59(1): 20–28.

Borrelli, L. (2015). Human Attention Span Shortens To 8 Seconds Due To Digital Technology: 3 Ways To Stay Focused. *Medical Daily* May 14.

Bouton, M.E., S. Mineka and D.H. Barlow (2001). „A modern learning theory perspective on the etiology of panic disorder." *Psychol Rev* 108(1): 4–32.

Bowes, L., C. Joinson, D. Wolke and G. Lewis (2015). „Peer victimisation during adolescence and its impact on depression in early adulthood: prospective cohort study in the United Kingdom." *BMJ* 350(h2469).

Brevik, E. J., R. A. Eikeland and A. J. Lundervold (2013). „Subthreshold Depressive Symptoms have a Negative Impact on Cognitive Functioning in Middle-Aged and Older Males." *Front Psychol* 4: 309.

Cacioppo, J. T., J. H. Fowler and N. A. Christakis (2009). „Alone in the crowd: the structure and spread of loneliness in a large social network." *J Pers Soc Psychol* 97(6): 977–991.

Carnagey, N. L., C. A. Anderson and B. J. Bushman (2007). „The effect of video game violence on physiological desensitization to real-life violence." *Journal of Experimental Social Psychology* 43(3): 489–496.

Carter, T. J. and T. Gilovich (2010). „The relative relativity of material and experiential purchases." *J Pers Soc Psychol* 98(1): 146–159.

Catalino, L. I., S. B. Algoe and B. L. Fredrickson (2014). „Prioritizing positivity: an effective approach to pursuing happiness?" *Emotion* 14(6): 1155–1161.

Cerasoli, C. P., J. M. Nicklin and M. T. Ford (2014). „Intrinsic motivation and extrinsic incentives jointly predict performance: a 40-year meta-analysis." *Psychol Bull* 140(4): 980–1008.

Chareyron, L. J., P. Banta Lavenex, D. G. Amaral and P. Lavenex (2011). „Stereological analysis of the rat and monkey amygdala." *J Comp Neurol* 519(16): 3218–3239.

Chowdhury, R., T. Sharot, T. Wolfe, E. Duzel and R. J. Dolan (2014). „Optimistic update bias increases in older age." *Psychol Med* 44(9): 2003–2012.

Cingano, F. (2014). „Trends in Income Inequality and its Impact on Economic Growth." *OECD Social, Employment and Migration Working Papers* 163.

Cohen, F., S. Solomon, M. Maxfield, T. Pyszczynski and J. Greenberg (2004). „Fatal attraction: the effects of mortality salience on evaluations of charismatic, task-oriented, and relationship-oriented leaders." *Psychol Sci* 15(12): 846–851.

Collishaw, S., B. Maughan, L. Natarajan and A. Pickles (2010). „Trends in adolescent emotional problems in England: a comparison of two national cohorts twenty years apart." *J Child Psychol Psychiatry* 51(8): 885–894.

Cowen, E. L., J. L. Pedro-Carroll and L. J. Alpert-Gillis (1990). „Relationships between support and adjustment among children of divorce." *J Child Psychol Psychiatry* 31(5): 727–735.

Creswell, J. D., W. T. Welch, S. E. Taylor, D. K. Sherman, T. L. Gruenewald and T. Mann (2005). „Affirmation of personal values buffers neuroendocrine and psychological stress responses." *Psychol Sci* 16(11): 846–851.

Cuijpers, P., A. van Straten, G. Andersson and P. van Oppen (2008). „Psychotherapy for depression in adults: a meta-analysis of comparative outcome studies." *J Consult Clin Psychol* 76(6): 909–922.

Danner, D. D., D. A. Snowdon and W. V. Friesen (2001). „Positive Emotions in Early Life and Longevity: Findings from the Nun Study." *J Pers Soc Psychol* 80(5): 804–813.

Das-Munshi, J., C. Clark, M. E. Dewey, G. Leavey, S. A. Stansfeld and M. J. Prince (2013). „Does childhood adversity account for poorer mental and physical health in second-generation Irish people living in Britain? Birth cohort study from Britain (NCDS)." *BMJ Open* 3(3).

de Botton, A. (2004). *StatusAngst*. Frankfurt am Main, S. Fischer.

Deary, I. L., M. D. Taylor, C. L. Hart, V. Wilson, D. Smith, D. Blane and J. M. Starr (2005). „Intergenerational social mobility and mid-life status attainment: influences of childhood intelligence, childhood social factors, and education." *Intelligence* 33(5): 455–472.

Demenescu, L. R., R. Kortekaas, J. A. den Boer and A. Aleman (2010). „Impaired attribution of emotion to facial expressions in anxiety and major depression." *PLoS One* 5(12): e15058.

Disner, S. G., C. G. Beevers, E. A. Haigh and A. T. Beck (2011). „Neural mechanisms of the cognitive model of depression." *Nat Rev Neurosci* 12(8): 467–477.

Ditzen, B. and M. Heinrichs (2014). „Psychobiology of social support: the social dimension of stress buffering." *Restor Neurol Neurosci* 32(1): 149–162.

Dodds, P. S., E. M. Clark, S. Desu, M. R. Frank, A. J. Reagan, J. R. Williams, L. Mitchell, K. D. Harris, I. M. Kloumann, J. P. Bagrow, K. Megerdoomian, M. T. McMahon, B. F. Tivnan and C. M. Danforth (2015). „Human language reveals a universal positivity bias." *Proc Natl Acad Sci U S A* 112(8): 2389–2394.

Dolan, P. (2014). *Happiness by Design. Finding pleasure and purpose in everyday life*. London, Allen Lane (Penguin Group).

Donsbach, W. and K. Büttner (2005). „Boulevardisierungstrend in deutschen Fernsehnachrichten." *Publizistik* 1: 21–38.

Drury, S. S., K. Theall, M. M. Gleason, A. T. Smyke, I. De Vivo, J. Y. Wong, N. A. Fox, C. H. Zeanah and C. A. Nelson (2012). „Telomere length and early severe social deprivation: linking early adversity and cellular aging." *Mol Psychiatry* 17(7): 719–727.

Dyble, M., G. D. Salali, N. Chaudhary, A. Page, D. Smith, J. Thompson, L. Vinicius, R. Mace and A. B. Migliano (2015). „Human behavior. Sex equality can explain the unique social structure of hunter-gatherer bands." *Science* 348(6236): 796–798.

Ehrenberg, A. (2015). *Das erschöpfte Selbst. Depression und Gesellschaft in der Gegenwart.* Frankfurt am Main, Campus Verlag.

Engen, H. G. and T. Singer (2013). „Empathy circuits." *Curr Opin Neurobiol* 23(2): 275–282.

Ernst, A. and J. Frisen (2015). „Adult neurogenesis in humans-common and unique traits in mammals." *PLoS Biol* 13(1): e1002045.

Falci, C. and C. McNeely (2009) „Too Many Friends: Social Integration, Network Cohesion and Adolescent Depressive Symptoms." *Sociology Department, Faculty Publications. Paper 185.*

Fear, N. T., M. Jones, D. Murphy, L. Hull, A. C. Iversen, B. Coker, L. Machell, J. Sundin, C. Woodhead, N. Jones, N. Greenberg, S. Landau, C. Dandeker, R. J. Rona, M. Hotopf and S. Wessely (2010). „What are the consequences of deployment to Iraq and Afghanistan on the mental health of the UK armed forces? A cohort study." *Lancet* 375(9728): 1783–1797.

Ferrari, A. J., F. J. Charlson, R. E. Norman, S. B. Patten, G. Freedman, C. J. Murray, T. Vos and H. A. Whiteford (2013). „Burden of depressive disorders by country, sex, age, and year: findings from the global burden of disease study 2010." *PLoS Med* 10(11): e1001547.

Fowler, J. H. and N. A. Christakis (2008). „Dynamic spread of happiness in a large social network: longitudinal analysis over 20 years in the Framingham Heart Study." *BMJ* 337: a2338.

Fredrickson, B. L. and T. Joiner (2002). „Positive emotions trigger upward spirals toward emotional well-being." *Psychol Sci* 13(2): 172–175.

Frey, B. S. and A. Stutzer (2000). „Happiness, Economy and Institutions." *The Economic Journal* 110: 918–938.

Fried, E. I. and R. M. Nesse (2014). „The impact of individual depressive symptoms on impairment of psychosocial functioning." *PLoS One* 9(2): e90311.

Furlong, M., S. McGilloway, T. Bywater, J. Hutchings, S. M. Smith and M. Donnelly (2012). „Behavioural and cognitive-behavioural group-based parenting programmes for early-onset conduct problems in children aged 3 to 12 years." *Cochrane Database Syst Rev* 2: CD008225.

Gauthier, A. H., T. M. Smeeding and F. F. Furstenberg (2004). „Do We Invest Less Time in Children? Trends in Parental Time in Selected Industrialized Countries Since the 1960's." *Center for Policy Research* Paper 99.

Gazendam, F. J., J. H. Kamphuis and M. Kindt (2013). „Deficient safety learning characterizes high trait anxious individuals." *Biol Psychol* 92(2): 342–352.

Geschwind, N., F. Peeters, N. Jacobs, P. Delespaul, C. Derom, E. Thiery, J. van Os and M. Wichers (2010). „Meeting risk with resilience: high daily life reward experience preserves mental health." *Acta Psychiatr Scand* 122(2): 129–138.

Goodkind, M., S. B. Eickhoff, D. J. Oathes, Y. Jiang, A. Chang, L. B. Jones-Hagata, B. N. Ortega, Y. V. Zaiko, E. L. Roach, M. S. Korgaonkar, S. M. Grieve, I. Galatzer-Levy, P. T. Fox and A. Etkin (2015). „Identification of a common neurobiological substrate for mental illness." *JAMA Psychiatry* 72(4): 305–315.

Greenfield, P. M. (2009). „Linking social change and developmental change: shifting pathways of human development." *Dev Psychol* 45(2): 401–418.

Greenfield, P. M. (2013). „The changing psychology of culture from 1800 through 2000." *Psychol Sci* 24(9): 1722–1731.

Grosbras, M. H., M. Jansen, G. Leonard, A. McIntosh, K. Osswald, C. Poulsen, L. Steinberg, R. Toro and T. Paus (2007). „Neural mechanisms of resistance to peer influence in early adolescence." *J Neurosci* 27(30): 8040–8045.

Gunlicks, M. L. and M. M. Weissman (2008). „Change in child psychopathology with improvement in parental depression: a systematic review." *J Am Acad Child Adolesc Psychiatry* 47(4): 379–389.

Halpern, D. (2001). „Moral Values, Social Trust and Inequality: Can Values Explain Crime?" *The British Journal of Criminology* 41(2): 236–251.

Halpern, D. and J. Nazroo (2000). „The ethnic density effect: results from a national community survey of England and Wales." *Int J Soc Psychiatry* 46(1): 34–46.

Hansson, K., M. Cederblad, P. Lichtenstein, D. Reiss, N. Pedersen, J. Neiderhiser and O. Elthammar (2008). „Individual resiliency factors from a genetic perspective: results from a twin study." *Fam Process* 47(4): 537–551.

Hasler, G. (2012). „Can the neuroeconomics revolution revolutionize psychiatry?" *Neurosci Biobehav Rev* 36(1): 64–78.

Hasler, G., D. Buysse, A. Gamma, V. Ajdacic, D. Eich, W. Rossler and J. Angst (2005). „Excessive daytime sleepiness in young adults: A 20-year prospective community study." *Journal of Clinical Psychiatry* 66(4): 521–529.

Hasler, G., D. J. Buysse, R. Klaghofer, A. Gamma, V. Ajdacic, D. Eich, W. Rossler and J. Angst (2004). „The association between short sleep duration and obesity in young adults: a 13-year prospective study." *Sleep* 27(4): 661–666.

Hasler, G., S. Fromm, R. P. Alvarez, D. A. Luckenbaugh, W. C. Drevets and C. Grillon (2007). „Cerebral blood flow in immediate and sustained anxiety." *J Neurosci* 27(23): 6313–6319.

Hasler, G., D. S. Pine, A. Gamma, G. Milos, V. Ajdacic, D. Eich, W. Rossler and J. Angst (2004). „The associations between psychopathology and being overweight: a 20-year prospective study." *Psychological Medicine* 34(6): 1047–1057.

Heinrichs, M., T. Baumgartner, C. Kirschbaum and U. Ehlert (2003). „Social support and oxytocin interact to suppress cortisol and subjective responses to psychosocial stress." *Biological Psychiatry* 54(12): 1389–1398.

Heinz, A., J. D. Higley, J. G. Gorey, R. C. Saunders, D. W. Jones, D. Hommer, K. Zajicek, S. J. Suomi, K. P. Lesch, D. R. Weinberger and M. Linnoila (1998). „In vivo association between alcohol intoxication, aggression, and serotonin transporter availability in nonhuman primates." *Am J Psychiatry* 155(8): 1023–1028.

Heller, S. B. (2014). „Summer jobs reduce violence among disadvantaged youth." *Science* 346(6214): 1219–1223.

Hirsch, C. R., S. Hayes, A. Mathews, G. Perman and T. Borkovec (2012). „The extent and nature of imagery during worry and positive thinking in generalized anxiety disorder." *J Abnorm Psychol* 121(1): 238–243.

Holt-Lunstad, J., T. B. Smith and J. B. Layton (2010). „Social relationships and mortality risk: a meta-analytic review." *PLoS Med* 7(7): e1000316.

Honneth, A. (1994). *Kampf um Anerkennung*. Frankfurt am Main, Suhrkamp Verlag.

Hörisch, J. (2008). *Bedeutsamkeit. Über den Zusammenhang zwischen Zeit, Sinn und Medien*. München, Carl Hanser Verlag.

Humphreys, K. L., M. M. Gleason, S. S. Drury, D. Miron, C. A. Nelson, N. A. Fox and C. H. Zeanah (2015). „Effects of institutional rearing and foster care on psychopathology at age 12 years in Romania: follow-up of an open, randomised controlled trial." *The Lancet Psychiatry* 2(7): 625–634.

Jacobs, J. R. and G. B. Bovasso (2009). „Re-examining the long-term effects of experiencing parental death in childhood on adult psychopathology." *J Nerv Ment Dis* 197(1): 24–27.

Jones, E., R. H. Vermaas, H. McCartney, C. Beech, I. Palmer, K. Hyams and S. Wessely (2003). „Flashbacks and post-traumatic stress disorder: the genesis of a 20th-century diagnosis." *Br J Psychiatry* 182: 158–163.

Joormann, J., L. Talbot and I. H. Gotlib (2007). „Biased processing of emotional information in girls at risk for depression." *J Abnorm Psychol* 116(1): 135–143.

Jovanovic, T., A. Kazama, J. Bachevalier and M. Davis (2012). „Impaired safety signal learning may be a biomarker of PTSD." *Neuropharmacology* 62(2): 695–704.

Kahneman, D., A. B. Krueger, D. A. Schkade, N. Schwarz and A. A. Stone (2004). „A survey method for characterizing daily life experience: the day reconstruction method." *Science* 306(5702): 1776–1780.

Kardiner, A. (1947). *War Stress and Neurotic Illness*. New York.

Keller, H. and B. Lamm (2005). „Parenting as the experession of sociohistorical time: The case of German individualisation." *International Journal of Behavioral Development* 29(3): 238–246.

Kendler, K. S. and L. J. Halberstadt (2013). „The road not taken: life experiences in monozygotic twin pairs discordant for major depression." *Mol Psychiatry* 18(9): 975–984.

Kessler, R. C., S. G. Heeringa, M. B. Stein, L. J. Colpe, C. S. Fullerton, I. Hwang, J. A. Naifeh, M. K. Nock, M. Petukhova, N. A. Sampson, M. Schoenbaum, A. M. Zaslavsky, R. J. Ursano and S. C. Army (2014). „Thirty-day prevalence of DSM-IV mental disorders among nondeployed soldiers in the US Army: results from the Army Study to Assess Risk and Resilience in Servicemembers (Army STARRS)." *JAMA Psychiatry* 71(5): 504–513.

Killingsworth, M. A. and D. T. Gilbert (2010). „A wandering mind is an unhappy mind." *Science* 330(6006): 932.

Kipman, M., M. Weber, Z. J. Schwab, S. R. DelDonno and W. D. Killgore (2012). „A funny thing happened on the way to the scanner: humor detection correlates with gray matter volume." *Neuroreport* 23(18): 1059–1064.

Kleftaras, G. and E. Psarra (2012). „Meaning in Life, Psychological Well-Being and Depressive Symptomatology: A Comparative Study." *Psychology* 03(04): 337–345.

Kotikalapudi, R., S. Chellappan, F. Montgomery, D. Wunsch and K. Lutzen (2012). „Associating Internet Usage with Depressive Behavior Among College Students." *IEEE Technology and Society Magazine* Winter 2012: 73–80.

Kury, P. (2012). *Der überforderte Mensch*. Frankfurt am Main, Campus Verlag.

Laurent, H. K. and J. C. Ablow (2012). „A cry in the dark: depressed mothers show reduced neural activation to their own infant's cry." *Soc Cogn Affect Neurosci* 7(2): 125–134.

Lederbogen, F., P. Kirsch, L. Haddad, F. Streit, H. Tost, P. Schuch, S. Wust, J. C. Pruessner, M. Rietschel, M. Deuschle and A. Meyer-Lindenberg (2011). „City living and urban upbringing affect neural social stress processing in humans." *Nature* 474(7352): 498–501.

LeDoux, J. (2015). *Anxious*. London, Oneworld Publications.

Lereya, S. T., W. E. Copeland, E. J. Costello and D. Wolke (2015). „Adult mental health consequences of peer bullying and maltreatment in childhood: two cohorts in two countries." *Lancet Psychiatry* 2(6): 524–531.

Levi, L. (1959). *Stress*. Stockholm.

Levi, P. (2015). *Die Untergangenen und die Geretteten*. München, dtv Verlagsgesellschaft.

Li, J., T. M. Laursen, D. H. Precht, J. Olsen and P. B. Mortensen (2005). „Hospitalization for mental illness among parents after the death of a child." *N Engl J Med* 352(12): 1190–1196.

Liu, X., L. Li, J. Xiao, J. Yang and X. Jiang (2013). „Abnormalities of autobiographical memory of patients with depressive disorders: a meta-analysis." *Psychol Psychother* 86(4): 353–373.

Lucas-Thompson, R. G., W. A. Goldberg and J. Prause (2010). „Maternal work early in the lives of children and its distal associations with achievement and behavior problems: a meta-analysis." *Psychol Bull* 136(6): 915–942.

Lundberg, J., M. Kristenson and B. Starrin (2009). „Status incongruence revisited: associations with shame and mental wellbeing." *Sociol Health Illn* 31(4): 478–493.

Lyons, D.M. and K.J. Parker (2007). „Stress inoculation-induced indications of resilience in monkeys." *J Trauma Stress* 20(4): 423–433.

Lythe, K.E., J. Moll, J.A. Gethin, C.I. Workman, S. Green, M.A. Lambon Ralph, J.F. Deakin and R. Zahn (2015). „Self-blame-Selective Hyperconnectivity Between Anterior Temporal and Subgenual Cortices and Prediction of Recurrent Depressive Episodes." *JAMA Psychiatry* 72(11): 1119–1126.

Ma, Y. (2015). „Neuropsychological mechanism underlying antidepressant effect: a systematic meta-analysis." *Mol Psychiatry* 20(3): 311–319.

MacLeod, C. and A. Mathews (2012). „Cognitive bias modification approaches to anxiety." *Annu Rev Clin Psychol* 8: 189–217.

Maercker, A., X. Chi Zhang, Z. Gao, Y. Kochetkov, S. Lu, Z. Sang, S. Yang, S. Schneider and J. Margraf (2015). „Personal value orientations as mediated predictors of mental health: A three-culture study of Chinese, Russian, and German university students." *International Journal of Clinical and Health Psychology* 15(1): 8–17.

Magid, M., E. Finzi, T.H. Kruger, H.T. Robertson, B.H. Keeling, S. Jung, J.S. Reichenberg, N.E. Rosenthal and M.A. Wollmer (2015). „Treating Depression with Botulinum Toxin: A Pooled Analysis of Randomized Controlled Trials." *Pharmacopsychiatry* 48(6): 205–210.

Markowitz, J.C., J. Lipsitz and B.L. Milrod (2014). „Critical review of outcome research on interpersonal psychotherapy for anxiety disorders." *Depress Anxiety* 31(4): 316–325.

Markowitz, J.C., E. Petkova, Y. Neria, P.E. Van Meter, Y. Zhao, E. Hembree, K. Lovell, T. Biyanova and R.D. Marshall (2015). „Is Exposure Necessary? A Randomized Clinical Trial of Interpersonal Psychotherapy for PTSD." *Am J Psychiatry*: appiajp201414070908.

Mateyka, P.J. (2015). Desire to Move and Residential Mobility: 2010–2011. Houshold Economic Studies. U.S. Census Bureau.

McNally, R.J. (2003). „Progress and controversy in the study of post-traumatic stress disorder." *Annu Rev Psychol* 54: 229–252.

Melchior, M., J.F. Chastang, J. Head, M. Goldberg, M. Zins, H. Nabi and N. Younes (2013). „Socioeconomic position predicts long-term depression trajectory: a 13-year follow-up of the GAZEL cohort study." *Mol Psychiatry* 18(1): 112–121.

Milkie, M. A., K. M. Nomaguchi and K. E. Denny (2015). „Does the Amount of Time Mothers Spend With Children or Adolescents Matter?" *Journal of Marriage and Family* 77(2): 355–372.

Morris, D. J. (2016). *The Evil Hours: A Biography of Post-Traumatic Stress Disorder*. New York, Eamon Dolan/Mariner Books.

Mrazek, M. D., D. T. Phillips, M. S. Franklin, J. M. Broadway and J. W. Schooler (2013). „Young and restless: validation of the Mind-Wandering Questionnaire (MWQ) reveals disruptive impact of mind-wandering for youth." *Front Psychol* 4: 560.

Mulders, P. C., P. F. van Eijndhoven, A. H. Schene, C. F. Beckmann and I. Tendolkar (2015). „Resting-state functional connectivity in major depressive disorder: A review." *Neurosci Biobehav Rev* 56: 330–344.

Murray, D. and A. J. Stoessl (2013). „Mechanisms and therapeutic implications of the placebo effect in neurological and psychiatric conditions." *Pharmacol Ther* 140(3): 306–318.

Nagasawa, M., S. Mitsui, S. En, N. Ohtani, M. Ohta, Y. Sakuma, T. Onaka, K. Mogi and T. Kikusui (2015). „Social evolution. Oxytocin-gaze positive loop and the coevolution of human-dog bonds." *Science* 348(6232): 333–336.

Nelson, C. A., 3rd, C. H. Zeanah, N. A. Fox, P. J. Marshall, A. T. Smyke and D. Guthrie (2007). „Cognitive recovery in socially deprived young children: the Bucharest Early Intervention Project." *Science* 318(5858): 1937–1940.

Nishi, A., H. Shirado, D. G. Rand and N. A. Christakis (2015). „Inequality and visibility of wealth in experimental social networks." *Nature*.

Nordt, C., I. Warnke, E. Seifritz and W. Kawohl (2015). „Modelling suicide and unemployment: a longitudinal analysis covering 63 countries, 2000–11." *The Lancet Psychiatry* 2(3): 239–245.

Ojanen, T., J. J. Sijtsema, P. H. Hawley and T. D. Little (2010). „Intrinsic and extrinsic motivation in early adolescents' friendship development: friendship selection, influence, and prospective friendship quality." *J Adolesc* 33(6): 837–851.

Onat, S. and C. Buchel (2015). „The neuronal basis of fear generalization in humans." *Nat Neurosci* 18(12): 1811–1818.

Paech, J., I. Schindler and C. P. Fagundes (2015). „Mastery matters most: How mastery and positive relations link attachment avoidance and anxiety to negative emotions." *Cogn Emot*: 1–10.

Patterson, T. E. (2000). Doing Well and Doing Good. *Faculty Research Wokring Papers Series*, Harvard University: 1–28.

Paus, T., M. Keshavan and J. N. Giedd (2008). „Why do many psychiatric disorders emerge during adolescence?" *Nat Rev Neurosci* 9(12): 947–957.

Peyrot, W. J., S. H. Lee, Y. Milaneschi et al. (2015). Major Depressive Disorder Working Group of the Psychiatric and C. Social Science Genetic Association Consortium Corporate. „The association between lower educational attainment and depression owing to shared genetic effects? Results in ~25,000 subjects." *Mol Psychiatry* 20(6): 735–743.

Pickett, K. E. and R. G. Wilkinson (2010). „Inequality: an underacknowledged source of mental illness and distress." *Br J Psychiatry* 197(6): 426–428.

Pietschnig, J. and M. Voracek (2015). „One Century of Global IQ Gains: A Formal Meta-Analysis of the Flynn Effect (1909–2013)." *Perspect Psychol Sci* 10(3): 282–306.

Pinker, S. (2013). *Gewalt: Eine neue Geschichte der Menschheit.* Frankfurt am Main, Fischer.

Pinquart, M. (2002). „Creating and maintaining purpose in life in old age: a meta-analysis." *Ageing International* 27(2): 90–114.

Potter, L. B., M. J. Kresnow, K. E. Powell, T. R. Simon, J. A. Mercy, R. K. Lee, R. F. Frankowski, A. C. Swann, T. Bayer and P. W. O'Carroll (2001). „The influence of geographic mobility on nearly lethal suicide attempts." *Suicide Life Threat Behav* 32(1 Suppl): 42–48.

Price, J., L. Sloman, R. Gardner, Jr., P. Gilbert and P. Rohde (1994). „The social competition hypothesis of depression." *Br J Psychiatry* 164(3): 309–315.

Rainie, L. and D. Page (2015). Americans' Views on Mobile Etiquette. *Pew Research Reports*. Washington, DC.

Rapp, M. A., U. Kluge, P. S., A. Vardar and et al. (2015). „When local poverty is more important than your income: mental health in minorities in inner cities." *World Psychiatry* 14(2): 249–250.

Reger, M. A., D. J. Smolenski, N. A. Skopp, M. J. Metzger-Abamukang, H. K. Kang, T. A. Bullman, S. Perdue and G. A. Gahm (2015). „Risk of Suicide Among US Military Service Members Following Operation Enduring Freedom or Operation Iraqi Freedom Deployment and Separation From the US Military." *JAMA Psychiatry.*

Reich, J. W., A. Zautra and J. S. Hall (2012). *Handbook of Adult Resilience.* New York, Guilford Publications.

Richter, D. and K. Berger (2013). „Nehmen psychische Störungen zu? Update einer systematischen Übersicht über wiederholte Querschnittsstudien." *Psychiatr Prax* 40(4): 176–182.

Rind, B., P. Tromovitch and R. Bauserman (1998). „A meta-analytic examination of assumed properties of child sexual abuse using college samples." *Psychol Bull* 124(1): 22–53.

Rizzo, K.M., H.H. Schiffrin and M. Liss (2012). „Insight into the Parenthood Paradox: Mental Health Outcomes of Intensive Mothering." *Journal of Child and Family Studies* 22(5): 614–620.

Rodriguez-Seijas, C., M. Stohl, D.S. Hasin and N.R. Eaton (2015). „Transdiagnostic Factors and Mediation of the Relationship Between Perceived Racial Discrimination and Mental Disorders." *JAMA Psychiatry*.

Rogan, M.T., K.S. Leon, D.L. Perez and E.R. Kandel (2005). „Distinct neural signatures for safety and danger in the amygdala and striatum of the mouse." *Neuron* 46(2): 309–320.

Rose, S.C., J. Bisson, R. Churchill, S. Wessely and S.C. Rose (2002). „Psychological debriefing for preventing post traumatic stress disorder (PTSD)."

Rosenquist, J.N., J.H. Fowler and N.A. Christakis (2011). „Social network determinants of depression." *Mol Psychiatry* 16(3): 273–281.

Rosin, H. (2014). „The Over-Protected Kid: New research shows he'll grow up to be more fearful and less creative." *The Atlantic* 4.

Rutter, M., R. Kumsta, W. Schlotz and E. Sonuga-Barke (2012). „Longitudinal studies using a 'natural experiment' design: the case of adoptees from Romanian institutions." *J Am Acad Child Adolesc Psychiatry* 51(8): 762–770.

Ryff, C.D. (2014). „Self Realization and Meaning Making in the Face of Adversity. A Eudaimonic Approach to Human Resilience." *J Psychol Afr* 24(1): 1–12.

Sakai, K.L. (2005). „Language acquisition and brain development." *Science* 310(5749): 815–819.

Sampson, R.J., S.W. Raudenbush and F. Earls (1997). „Neighborhoods and violent crime: a multilevel study of collective efficacy." *Science* 277(5328): 918–924.

Sanchez, M.M., K.M. McCormack and B.R. Howell (2015). „Social buffering of stress responses in nonhuman primates: Maternal regulation of the development of emotional regulatory brain circuits." *Soc Neurosci* 10(5): 512–526.

Sayer, N. A., S. Noorbaloochi, P. A. Frazier, J. W. Pennebaker, R. J. Orazem, P. P. Schnurr, M. Murdoch, K. F. Carlson, A. Gravely and B. T. Litz (2015). „Randomized Controlled Trial of Online Expressive Writing to Address Readjustment Difficulties Among U. S. Afghanistan and Iraq War Veterans." *J Trauma Stress* 28(5): 381–390.

Schjodt, U., H. Stodkilde-Jorgensen, A. W. Geertz and A. Roepstorff (2008). „Rewarding prayers." *Neurosci Lett* 443(3): 165–168.

Schwartz, B. (2001). *The Costs of Living: How Market Freedom Erodes the Best Things in Life*, Xlibris.

Scott, K. M., A. O. Al-Hamzawi, L. H. Andrade, G. Borges, J. M. Caldas-de-Almeida, F. Fiestas, O. Gureje, C. Hu, E. G. Karam, N. Kawakami, S. Lee, D. Levinson, C. C. Lim, F. Navarro-Mateu, M. Okoliyski, J. Posada-Villa, Y. Torres, D. R. Williams, V. Zakhozha and R. C. Kessler (2014). „Associations between subjective social status and DSM-IV mental disorders: results from the World Mental Health surveys." *JAMA Psychiatry* 71(12): 1400–1408.

Segal, R. A. (2007). *Mythos. Eine kleine Einführung*. Stuttgart, Reclam.

Sekiguchi, A., Y. Kotozaki, M. Sugiura, R. Nouchi, H. Takeuchi, S. Hanawa, S. Nakagawa, C. M. Miyauchi, T. Araki, A. Sakuma, Y. Taki and R. Kawashima (2015). „Resilience after 3/11: structural brain changes 1 year after the Japanese earthquake." *Mol Psychiatry* 20(5): 553–554.

Sharot, T., C. W. Korn and R. J. Dolan (2011). „How unrealistic optimism is maintained in the face of reality." *Nat Neurosci* 14(11): 1475–1479.

Sherman, G. D., J. J. Lee, A. J. Cuddy, J. Renshon, C. Oveis, J. J. Gross and J. S. Lerner (2012). „Leadership is associated with lower levels of stress." *Proc Natl Acad Sci U S A* 109(44): 17903–17907.

Skorka-Brown, J., J. Andrade and J. May (2014). „Playing 'Tetris' reduces the strength, frequency and vividness of naturally occurring cravings." *Appetite* 76: 161–165.

Steenkamp, M. M. (2016). „True Evidence-Based Care for Posttraumatic Stress Disorder in Military Personnel and Veterans." *JAMA Psychiatry*.

Stephens-Davidowitz, S. (2015). Searching for Sex. *New York Times*. New York.

Stice, E., J. Ragan and P. Randall (2004). „Prospective relations between social support and depression: differential direction of effects for parent and peer support?" *J Abnorm Psychol* 113(1): 155–159.

Stuewig, J., J. P. Tangney, S. Kendall, J. B. Folk, C. R. Meyer and R. L. Dearing (2015). „Children's proneness to shame and guilt predict risky and illegal behaviors in young adulthood." *Child Psychiatry Hum Dev* 46(2): 217–227.

Suedfeld, P. and P. E. Tetlock (1977). „Integrative Complexity of Communications in International Crisis." *The Journal of Conflict Resolution* 21(1): 169–184.

Suo, L., L. Zhao, J. Si, J. Liu, W. Zhu, B. Chai, Y. Zhang, J. Feng, Z. Ding, Y. Luo, H. Shi, J. Shi and L. Lu (2013). „Predictable chronic mild stress in adolescence increases resilience in adulthood." *Neuropsychopharmacology* 38(8): 1387–1400.

Tal, A., S. Zuckerman and B. Wansink (2014). „Watch What you Eat: Action-Related Televion Content Increases Food Intake." *JAMA Internal Medicine* 174(11): 1842–1843.

Tang, Y. Y., Q. Lu, H. Feng, R. Tang and M. I. Posner (2015). „Short-term meditation increases blood flow in anterior cingulate cortex and insula." *Front Psychol* 6: 212.

Tooby, J. and L. Cosmides (1996). „Friendship and the Banker's Paradox: Other pathways to the Evolution of Adaptations for Altruism." *Proceedings of the British Academy* 88: 119–143.

Tsai, A. C., M. Lucas and I. Kawachi (2015). „Association Between Social Integration and Suicide Among Women in the United States." *JAMA Psychiatry*.

Turchin, P., T. E. Currie, E. A. Turner and S. Gavrilets (2013). „War, space, and the evolution of Old World complex societies." *Proc Natl Acad Sci U S A* 110(41): 16384–16389.

Turkle, S. (2015). *Reclaiming Conversation: The Power of Talk in a Digital Age.* London, Penguin Press.

Twenge, J. M., B. Gentile, C. N. DeWall, D. Ma, K. Lacefield and D. R. Schurtz (2010). „Birth cohort increases in psychopathology among young Americans, 1938–2007: A cross-temporal meta-analysis of the MMPI." *Clin Psychol Rev* 30(2): 145–154.

Uhls, Y. T., M. Michikyan, J. Morris, D. Garcia, G. W. Small, E. Zgourou and P. M. Greenfield (2014). „Five days at outdoor education camp without screens improves preteen skills with nonverbal emotion cues." *Computers in Human Behavior* 39: 387–392.

van der Kolk, B. A., L. Stone, J. West, A. Rhodes, D. Emerson, M. Suvak and J. Spinazzola (2014). „Yoga as an adjunctive treatment for posttraumatic stress disorder: a randomized controlled trial." *J Clin Psychiatry* 75(6): e559–565.

van Vugt, M. and M. T. Tybur (2015). The Evolutionary Foundations of Hierarchy. *The Handbook of Evolutionary Psychology, Volume 2, Integrations, 2nd Edition*. D. M. Buss. Hoboken, NJ, John Wiley & Sons Inc.

Vervliet, B., M. G. Craske and D. Hermans (2013). „Fear extinction and relapse: state of the art." *Annu Rev Clin Psychol* 9: 215–248.

von Dawans, B., U. Fischbacher, C. Kirschbaum, E. Fehr and M. Heinrichs (2012). „The social dimension of stress reactivity: acute stress increases prosocial behavior in humans." *Psychol Sci* 23(6): 651–660.

Watanabe, T., M. Takezawa, Y. Nakawake, A. Kunimatsu, H. Yamasue, M. Nakamura, Y. Miyashita and N. Masuda (2014). „Two distinct neural mechanisms underlying indirect reciprocity." *Proc Natl Acad Sci U S A* 111(11): 3990–3995.

Watters, E. (2010). *Crazy Like Us: The Globalization of the American Psyche*. New York, Free Press.

Weber, E. U., A. Blais and N. Betz (2002). „A Domain-specific Risk-attitude Scale: Measuring Risk Perceptions and Risk Behaviors." *Journal of Behavioral Decision Making* 15: 263–290.

Werner, E. (2005). „Resilience and recovery: findings from the Kauai longitudinal study." *Research, Policy, and Practice in Children's Mental Health* 19(1): 11–14.

Wiebe, R. H. (2002). *Who We Are: A History of Popular Nationalism*. Princeton, Princeton University Press.

Wilson, T. D., D. A. Reinhard, E. C. Westgate, D. T. Gilbert, N. Ellerbeck, C. Hahn, C. L. Brown and A. Shaked (2014). „Social psychology. Just think: the challenges of the disengaged mind." *Science* 345(6192): 75–77.

Zimrin, H. (1986). „A profile of survival." *Child Abuse Negl* 10(3): 339–349.

Zink, C. F., Y. Tong, Q. Chen, D. S. Bassett, J. L. Stein and A. Meyer-Lindenberg (2008). „Know Your Place: Neural Processing of Social Hierarchy in Humans." *Neuron* 58(2): 273–283.

10   Armut tut weh

Nach dem neuesten Bericht über die Armut in Deutschland
(Armutsbericht 2016) hat Armut hierzulande gegenüber
dem Vorjahr leicht (um 0,1 %) abgenommen und liegt
bei 15,4 % der Bevölkerung (10). Dabei muss man sich
jedoch verdeutlichen, dass Armut relativ zu den Anderen
definiert ist:[1] Arm ist nach Definition der Wohlfahrts-
verbände, die den Bericht verfasst haben, wer in einem
Haushalt lebt, der über weniger als 60 % des mittleren
Haushaltseinkommens in Deutschland verfügt. Nach den
jüngsten verfügbaren Daten aus dem Mikrozensus lag die
Armutsschwelle demnach bei 917 Euro für einen Single-
haushalt und bei 1 926 Euro für einen Paarhaushalt mit
zwei kleinen Kindern (10). Aus der relativen Definition von
Armut folgt übrigens: Würden alle Deutschen ab heute das
doppelte Einkommen haben, würde sich die Quote der
Armen nicht ändern!

Während man sich also trefflich darüber streiten kann,
wie hoch die absolute Quote der Armen in Deutschland
„wirklich" liegt (also darüber, was „arm" nun wirklich bedeutet), kann man über relative Armut anhand des Berichts
relativ gute Aussagen machen: So leben im Süden Deutschlands die wenigsten Armen (Baden-Württemberg: 11,4 %;

---

1   Es gibt auch absolute Armut, die definiert ist als „weniger als
1 US-Dollar bzw. den entsprechenden Gegenwert in der lokalen Währung am Tag zur Verfügung haben" oder „weniger als 2 US-Dollar
täglich" – je nach Quelle.

Bayern: 11,5 %), die meisten dagegen eher im Nordosten (Bremen: 24,1 %; Mecklenburg-Vorpommern und Sachsen-Anhalt: jeweils 21,3 %; Berlin: 20 %) (▶ Abb. 10-1).[2]

Armut und Bildung hängen eng zusammen: In Haushalten, in denen der Haupternährer maximal Hauptschulabschluss hat, liegt die Armutsquote bei 39,7 %. In Akademikerhaushalten sind es nur 5,3 %. Und es gibt bestimmte soziodemografische Gruppen, die besonders von Armut betroffen sind: Arbeitslose (57,6 %), Alleinerziehende (41,9 %), Familien mit drei oder mehr Kindern (24,6 %), Kinder und Jugendliche unter 18 Jahren (19,0 %) sowie Rentner (15,6 %). Interessant sind auch die Veränderungen der Armutsquote über die Zeit hinweg: So stieg im Vergleich zu 2005 die Armutsquote bei den Rentnern um 45,8 %, bei den Arbeitslosen dagegen vergleichsweise „nur" um 16,1 % (9, S. 24). Die Zunahme der Altersarmut kann man also durchaus jetzt schon als „dramatisch" bezeichnen, und man muss davon ausgehen, dass sie noch deutlich weiter steigt (10).

Jedem aufmerksamen klinisch tätigen Arzt – ganz gleich welcher Fachrichtung (sehen wir mal von Anatomie und Pa-

---

2 Solche Vergleiche sind allerdings nicht unproblematisch, wie man sofort merkt, wenn man in Greifswald oder in Freiburg einen Kaffee trinken oder Essen geht, vom Kauf eines Einfamilienhauses gar nicht zu reden. Die Kaufkraft eines Euro unterliegt innerhalb Deutschlands erheblichen Schwankungen. Für den Gegenwert einer kleinen Eigentumswohnung in München bekommt man in manchen Gegenden Mecklenburg-Vorpommerns ein ganzes Dorf! Diese Problematik wird im Armutsbericht (S. 13) durchaus diskutiert, wegen fehlender verlässlicher Daten zur vergleichenden Kaufkraft jedoch nicht weiter verfolgt. Zudem scheint es im Norden Licht am Ende des Tunnels zu geben: Die Armutsquote nahm in Mecklenburg-Vorpommern gegenüber dem Vorjahr um 2,3 % ab und auch in Berlin ging sie um 1,4 % zurück (1).

▶ Abb. 10-1 ist in dieser Leseprobe nicht enthalten.

thologie ab) wird sicher schon ein Sachverhalt bekannt sein, der ansonsten wenig beachtet wird, dessen klinische und gesundheitspolitische Relevanz jedoch erheblich ist: Wer arm ist, der neigt eher zu (meist chronischen) Schmerzen.

Bereits die Ergebnisse des Bundesgesundheitssurveys 1998 zeigten damals, dass das Schmerzerleben von der sozialen Schicht abhängt: „Sowohl bei Männern als auch bei Frauen verringert sich die Prävalenz starker Schmerzen mit steigendem Sozialstatus zugunsten des größeren Anteils von nur mäßigen Schmerzen" (2), fassen die Autoren ihre diesbezüglichen Daten zusammen (▶ Abb. 10-2). Es handelt sich hier zwar nicht um Absolutwerte, sondern um relative Einschätzungen (wie im Armutsbericht auch), diese bleiben allerdings beispielsweise über die Lebenszeit recht konstant und sagen daher durchaus etwas über das subjektive Erleben aus.

Nun gibt es sicherlich Faktoren (allgemeine Ressourcenknappheit, Rentenbegehren, Bedürfnis nach Aufmerksamkeit), die den ein oder anderen in Armut lebenden Men-

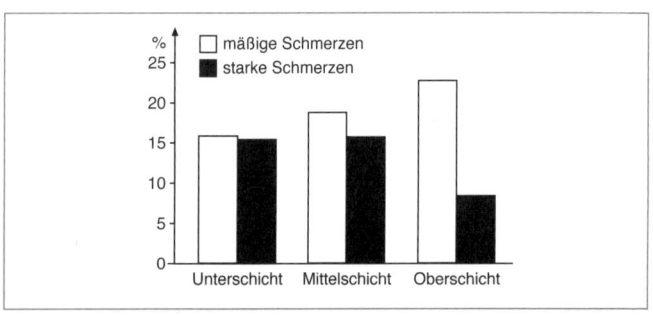

Abb. 10-2   Schmerzerleben (relative Häufigkeit in Prozent) in Abhängigkeit von der sozialen Schicht, erhoben an 7 124 Personen im Alter von 18 bis 80 Jahren (nach Daten aus 2, Tab. 7 und 8, wobei zur Vereinfachung der Darstellung Mittelwerte aus den Mittelwerten von Männern und Frauen gebildet wurden).

schen betreffen und indirekt dazu führen, dass mehr oder stärkere Schmerzen berichtet werden. Aber reicht das zur Erklärung aus? – Vor dem Hintergrund dieser Problemlage ist eine kürzlich erschienene Publikation von Bedeutung, die dem Zusammenhang von Armut[3] und Schmerzerleben im Rahmen von insgesamt sechs Studien nachgegangen ist (4).

In der ersten Studie wurden letztlich die gerade gezeigten Befunde an einer deutlich größeren, neueren und im Hinblick auf die untersuchte Bevölkerung „breiteren" Untersuchung repliziert. Zudem basierte die eingesetzte Methodik nicht auf Selbstbeurteilung. In insgesamt 33 720 Haushalten in den USA ging man der Frage nach dem Zusammenhang von Arbeitslosigkeit und dem Konsum von rezeptfreien Schmerzmitteln (im Wesentlichen Paracetamol und Ibuprofen) nach. Dieser Konsum wurde aus Daten eines großen Marktforschungsinstituts gewonnen. Die Arbeitslosigkeit im Haushalt wurde durch eine einfache Variable kodiert, deren Wert von 0 (beide Erwachsene im Haushalt arbeitslos) bis 2 (kein Erwachsener im Haushalt arbeitslos) reichte. Wie sich zeigte, waren in 14 % der untersuchten Haushalte beide arbeitslos, in 34 % einer arbeitslos und in 51 % beide beschäftigt. Die Ausgaben für die Schmerzmittel beliefen sich im Untersuchungsjahr (2008) im Mittel auf 32,25 US-Dollar. Zum Vergleich: Für Präparate gegen Erkältung wurden im gleichen Zeitraum im Mittel knapp 46 US-Dollar ausgegeben. Neben dieser

----

3 Die Autoren sprechen zwar nicht von Armut, meinen sie aber zweifellos. Sie umgehen damit die eingangs erwähnten Probleme einer Definition von Armut ebenso wie die Tatsache, dass die meisten Menschen unter Armut nur den Mangel von Geld verstehen. Dass Armut chronische Unsicherheit und damit chronischen Stress bewirkt (mit allen seinen negativen Konsequenzen), ist in der Literatur vergleichsweise wenig umstritten.

Variable wurden 10 weitere Kontrollvariablen kontrolliert, um andere Einflüsse, die den Zusammenhang ebenfalls beeinflussen könnten, auszuschließen. Wie die Ergebnisse zeigten, gab es einen hoch signifikanten positiven Zusammenhang zwischen Arbeitslosigkeit und Schmerzmittelkonsum ($p < 0{,}001$).

In der zweiten Studie wurde der Frage nachgegangen, ob der Effekt der Arbeitslosigkeit eher auf individueller Ebene (wie in der ersten Studie) oder auf der Ebene der wirtschaftlichen Aussichten des jeweiligen Bundesstaats zu suchen ist. Diese wurde von der entsprechenden staatlichen Stelle (Bureau of Labour Statistics 2014) in Form der gegenwärtigen Arbeitslosigkeit im jeweiligen Staat operationalisiert. Die Logik dahinter: Ist es nur die eigene Situation oder ist es auch der Kontext (d. h. die Aussichten auf Arbeit), auf die das vermehrte Schmerzerleben zurückgeführt werden kann?

Die insgesamt 293 auswertbaren Teilnehmer wurden über Amazon rekrutiert und erhielten dafür einen US-Dollar am Tag nach ihrer Teilnahme. Sie mussten den Bundesstaat angeben, in dem sie wohnten. In Abhängigkeit davon, ob sie in einem Staat mit vergleichsweise hoher oder niedriger Arbeitslosigkeit wohnten (von jeweils 19 entsprechenden Staaten; die verbleibenden 13 Staaten mit mittlerer Arbeitslosigkeit ließ man also weg, um nur Extremgruppen zu vergleichen), wurden die verbliebenen 187 Probanden in zwei Gruppen aufgeteilt (auch Studenten und Rentner hatte man zuvor noch ausgeschlossen). Dann mussten die Probanden angeben, ob sie arbeitslos waren oder nicht und schließlich wurde noch ihr Schmerzerleben mittels vier Items eines Schmerz-Rating-Fragebogens (West Haven-Yale Multidimensional Pain Inventory) erfasst:

- Wie groß ist das Ausmaß Ihrer körperlichen Schmerzen im Moment (von 1: keine Schmerzen bis 5: starke Schmerzen)?

- Wie stark denken Sie beeinflussen Ihre momentanen Schmerzen Ihre Freude an Familienaktivitäten (von 1: gar nicht bis 5: extrem stark)?
- Wie beunruhigt würde Ihr Partner sein, wenn er/sie über die körperlichen Schmerzen, die Sie gerade fühlen, Bescheid wüsste (von 1: gar nicht bis 5: sehr besorgt)?
- Wie viel Leiden erwarten Sie von Ihren Schmerzen (von 1: gar keines bis 5: starkes Leiden)?

Aus den Antworten, die mit Alpha = 0,89 korrelierten, wurde ein Mittelwert gebildet, der als Schmerz-Index in die weitere Analyse der Daten einging. Weitere acht Kontrollvariablen (z. B. Alter, gegenwärtiger Schmerzmittelgebrauch, negativer Affekt) wurden ebenfalls erfasst.

Die Ergebnisse dieser Studie replizierten zunächst die der ersten, denn es wurde ein signifikanter positiver Zusammenhang (p = 0,019) zwischen Arbeitslosigkeit und Schmerzerleben gefunden. Interessanterweise wurde ebenfalls ein Einfluss der jeweiligen Arbeitslosenquote des Bundesstaates gefunden (p = 0,026). Mit anderen Worten: Schon das Bewusstsein davon, in einem Staat mit größerem Risiko für Arbeitslosigkeit zu leben, führt zu verstärktem Schmerzerleben.

Um einen kausalen Zusammenhang zwischen Arbeitslosigkeit und Schmerzerleben herstellen zu können, wurden zwei weitere Studien durchgeführt, bei denen zunächst wirtschaftliche Unsicherheit als unabhängige Variable experimentell manipuliert wurde, woraufhin körperliche Schmerzen gemessen wurden. Wieder wurden die Teilnehmer über Amazon rekrutiert und erhielten am Tag nach ihrer Teilnahme einen US-Dollar dafür. Sie wurden per Zufall in zwei Gruppen eingeteilt: Die einen bekamen die Aufgabe, sich an eine Zeit privater wirtschaftlicher Unsicherheit zu erinnern, während der sie unter finanzieller Unsicherheit litten, einen unsicheren Job hatten und ständig Angst hatten, ihre Rechnungen nicht bezahlen zu können (Bedingung: finanzielle Unsicherheit). Die anderen bekamen die Aufgabe, sich an eine Zeit guter privater wirtschaftlicher Aussichten zu erinnern, während der sie finanzielle Sicherheit hatten, einen sicheren Job und sich über das Bezahlen von Rechnungen keine großen Gedanken machen mussten (Bedingung: finanzielle Sicherheit).

Danach wurden die Teilnehmer mittels der adaptierten Version eines anderen Fragebogens zum Schmerzerleben (McGill Pain Questionaire) getrennt nach Kopfschmerzen, Brustschmerzen und Bauchschmerzen (jeweils von 0: keine Schmerzen bis 10: stärkste jemals erlebte Schmerzen) befragt. Und wieder wurden die Antworten, die mit Alpha = 0,84 korrelierten, zu einem Gesamtindex aggregiert. Zudem wurden mittels PANAS (Positive and Negative Affective Schedule) vor allem der negative Affekt erfasst sowie Alter, Geschlecht und Beschäftigungsstatus (arbeitslos: ja/nein) erfragt. Es zeigte sich, dass diejenigen Teilnehmer, die sich zuvor an wirtschaftliche Unsicherheit erinnert hatten, nahezu doppelt so viel körperliche Schmerzen angaben wie diejenigen, die sich zuvor an private wirtschaftliche Sicherheit und Stabilität erinnert hatten (p = 0,01). Das Ergebnis blieb zudem signifikant (p = 0,03), wenn man Alter, Geschlecht, negativen Affekt und gegenwärtigen Beschäftigungsstatus in die Analyse mit einbezog.

Ein viertes Experiment an 195 Teilnehmern wurde ganz ähnlich durchgeführt. Die unabhängige Variable „wirtschaftliche Unsicherheit" wurde jedoch auf andere Weise implementiert: Der einen Gruppe wurde mitgeteilt, dass sie in einem Staat mit relativ hoher Arbeitslosigkeit leben (Bedingung: Unsicherheit), der anderen nicht (Kontrollgruppe). Um sicherzustellen, dass dieser Gedanke von den Teilnehmern auch tatsächlich reflektiert („aufgenommen") wurde, sollten die Teilnehmer noch einige Sätze zu den wirtschaftlichen Chancen von Bewohnern ihres Bundesstaates schreiben. Danach hatten die Teilnehmer ihr gegenwärtiges Schmerzerleben auf einer Skala (Wong-Baker Face Scale) einzuschätzen (von 0: nichts tut weh bis 5: stärkste Schmerzen). Zudem wurde die Lack of Control Scale eingesetzt (▶ Tab. 10-1), um das Ausmaß der erlebten Selbstkontrolle zu erfassen und es wurden noch Alter und Geschlecht erfragt.

Die Ergebnisse dieses Experiments zeigten den Effekt der vorherigen Studien nochmals: Gedanken an ökonomische Unsicherheit gingen mit mehr Schmerzen einher (Mittelwert: 1,81; Kontrollgruppe: 1,45; $p < 0,009$). Auch führten sie erwartungsgemäß zu einem stärkeren erlebten Kontrollverlust (Mittelwert: 2,57; Kontrollgruppe: 2,31; $p < 0,04$).

In einem fünften Experiment wurde daher zunächst die erlebte Kontrolle direkt beeinflusst, um dann deren Effekt

Tab. 10-1 Die fünf Items der in Experiment 4 verwendeten Lack of Control Scale in deutscher Übersetzung (aus 4, Übersetzung durch den Autor). Sämtliche Korrelationen zwischen den Items lagen über 0,60 und waren mit $p < 0,001$ hoch signifikant; Alpha = 0,91.

Nr.	Item
1	Andere Menschen bestimmen, was ich tun kann und was nicht.
2	Ich kann wenig tun, um viele der wichtigen Dinge in meinem Leben zu ändern.
3	Ich fühle mich oft hilflos, wenn ich mit den Problemen in meinem Leben umgehe.
4	Ich kann so ziemlich alles, wenn ich es nur wirklich will. (reverse Kodierung)
5	Wenn ich etwas wirklich tun will, finde ich auch einen Weg, um es erfolgreich zu tun. (reverse Kodierung)

auf das Schmerzerleben zu untersuchen. Es wurde wieder in ähnlicher Weise wie die vorhergehenden Experimente durchgeführt, d. h. die Rekrutierung erfolgte erneut durch Amazon, wobei die Teilnehmer diesmal allerdings nur 0,41 US-Dollar erhielten. Sie wurden zufällig zwei Bedingungen (Fehlen von Kontrolle, vollständige Kontrolle) zugeordnet (▶ Tab. 10-2) und sollten danach ihr momentanes Schmerzerleben auf einer visuellen Analogskala mit einem Schieberegler am Computer zwischen 0 und 100 angeben. Alter, Geschlecht, Arbeitslosigkeit und Schmerzmittelgebrauch wurden ebenfalls erfasst. In diesem Experiment zeigte sich, dass die Teilnehmer in der Bedingung „Fehlen von Kontrolle" mehr als die doppelte Anzahl körperliche Schmerzen angaben (13,75 im Vergleich zu 6,57 in der Kontrollgruppe) ($p < 0{,}04$). Auch wenn man die Kontrollvariablen

Tab. 10-2 Bedingungen in Experiment 5 (übersetzt aus 4).

Bedingung: Fehlen von Kontrolle.	Bedingung: Vollständige Kontrolle
Bitte erinnern Sie sich an ein bestimmtes Ereignis, während dessen etwas geschah und Sie keinerlei Kontrolle über die Situation hatten. Bitte beschreiben Sie diese Situation während der Sie das vollkommene Fehlen von Kontrolle spürten, was genau geschah, wie Sie sich fühlten usw. Sie müssen 1,5 Minuten auf diese Aufgabe verwenden. Danach wird diese Seite automatisch auf die nächste Seite springen.	Bitte erinnern Sie sich an ein bestimmtes Ereignis, während dessen etwas geschah und Sie die Situation vollkommen unter Kontrolle hatten. Bitte beschreiben Sie diese Situation der vollständigen Kontrolle, was genau geschah, wie Sie sich fühlten usw. Sie können sich für diese Aufgabe solange Zeit nehmen, wie Sie möchten.

(vor allem Arbeitslosigkeit und Schmerzmittelgebrauch) in die Analyse mit einbezog, blieb der Unterschied mit p = 0,05 signifikant.

Im sechsten und letzten Experiment wurde das Schmerzerleben nicht abgefragt, sondern mittels Cold Pressure Test[4] gemessen, wofür die üblichen Studenten aus den Undergraduate-Bereich der Universität von Virginia (UVA) herhalten mussten. Zunächst mussten sie ihre Hand in eiskaltes Wasser legen, solange sie es vermochten, und gemessen wurde die Zeit (Baseline-Kontrolle). Danach nahmen sie an einer (vermeintlich) vollkommen anderen Studie teil, bei der es sich in Wahrheit um eine Implementierung der unabhängigen Variable – Sicherheit versus Unsicherheit – handelte (▸Tab. 10-3). Danach wurden die Teilnehmer in der Bedingung „hohe Unsicherheit" auf eine Webseite geleitet, auf der ihre Universität auf dem Rangplatz 23 im nationalen Vergleich aller Universitäten zu sehen war. Die Teilnehmer

---

4 Als Student habe ich diesen Test, den es schon seit 75 Jahren gibt (12) einmal im Rahmen einer der vielen Untersuchungen der Forschungsgruppe Psychophysiologie unter der Leitung von Professor Jochen Fahrenberg mitgemacht. Damals musste der gesamte Arm für eine Minute in Eiswasser eingetaucht werden, und es wurde nicht gemessen, wie lange man es aushält, sondern wie dadurch manche psychophysischen Variablen verändert wurden. Ich kann mich daran noch sehr gut erinnern, denn es war ein überaus schmerzhaftes Erlebnis. Übrigens: Man findet zwei Bezeichnungen: „Cold Pressor Test" und „Cold Pressure Test", die im Englischen praktisch gleich klingen und daher auch in der Literatur synonym verwendet wurden. In der Originalarbeit verwenden die Autoren die erste Variante. Weil aber die gemessenen Variablen auf den Kältereiz („cold") Blutdruck („pressure") und Puls darstellen, wundert nicht, das aus „Pressor" – das Wort gibt es tatsächlich, wird kaum noch gebraucht und hat die Übersetzung „Sympathomimetikum" – über die Zeit hinweg „Pressure" wurde.

Tab. 10-3   Bedingungen in Experiment 6 (aus 4; es erfolgte keine Übersetzung, um die sprachlichen Eigenheiten der Instruktion zu bewahren).

Bedingung: hohe Unsicherheit	Bedingung: geringe Unsicherheit
Today's economy landscape greatly diverges from a decade ago, for the worse. According to a recent poll, more than 3.5 million Americans work at or below the minimum wage. Moreover, latest research conducted by Bureau of Labor Statistics reveals that more than 300,000 recent college grads are working minimum wage jobs, a figure that is twice as high as it was merely 10 years ago. Certain college grads bear more of the burden than others. In particular, students who do not graduate from top 10 national universities (e. g., Princeton and Harvard) fare significantly worse than those who do. Those college grads have a much more difficult time finding jobs. Some statistics suggest that it could be almost twice as difficult. And when they do find jobs, they are underemployed.	Today's economy landscape greatly diverges from a decade ago. According to a recent poll, more than 3.5 million Americans work at or below the minimum wage. Moreover, latest research conducted by Bureau of Labor Statistics reveals that more than 300,000 recent college grads are working minimum wage jobs, a figure that is twice as high as it was merely 10 years ago. Certain college grads are shield [sic] from the economic turmoil more than others. In particular, students who graduate from top 10 public universities (e. g., UC Berkeley and UVA) fare significantly better on the job market than those who do not. These college grads have a much easier time finding jobs. Some statistics suggest that it could be almost twice as easy. And when they do find jobs, they are well-compensated.

in der Bedingung „geringe Unsicherheit" wurden dagegen auf eine Webseite geleitet, auf der ihre Universität auf dem Rangplatz 2 im nationalen Vergleich der staatlichen Universitäten zu sehen war. Danach sollten die Probanden aufschreiben, wie sich der Durchschnittsstudent an ihrer Universität im Hinblick auf seine Chancen am Arbeitsmarkt fühlt.

Danach wurde der Cold Pressure Test nochmals durchgeführt und die neuen Werte mit den vorherigen Messungen in Beziehung gesetzt. Wie sich zeigte (▶ Abb. 10-3), bewirkte der Gedanke an wirtschaftliche Unsicherheit eine Änderung der Schmerztoleranz: Die Studenten in dieser Bedingung konnten ihre Hand nun für etwa 16 Sekunden weniger in das eiskalte Wasser halten als die Studenten, die zuvor an wirtschaftliche Stabilität und Sicherheit erinnert wurden und deren Schmerztoleranz sich praktisch nicht geändert hatte. Dieser Unterschied war mit p = 0,02 signifikant.

Eine Metaanalyse der genannten Studien (außer Studie 5) und dreier weiterer nur im Supplement angeführter Studien ergab insgesamt einen deutlichen Effekt von ökonomischer Unsicherheit auf das Schmerzerleben von 0,36 und einem 95 %-Konfidenzintervall von 0,11–0,61 (4). Dieser Effekt erscheint über das Erleben von Kontrolle bzw. deren

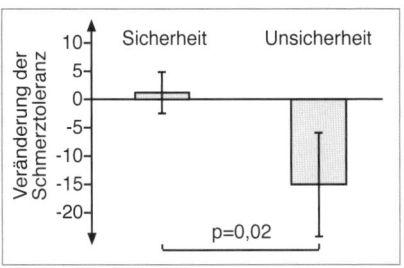

Abb. 10-3   Veränderung der Schmerztoleranz (Messwiederholung) durch ökonomische Sicherheit bzw. Unsicherheit (nach 4).

Fehlen vermittelt zu sein. Entsprechend diskutieren die Autoren ihre Ergebnisse im Rahmen der Jahrzehnte alten Überlegungen zu Angst, Depression, gelernter Hilflosigkeit und Schmerzerleben.

Sie übersehen dabei leider die neueren Befunde aus dem Gebiet der Systems Neuroscience, wo schon vor knapp 20 Jahren eine Aktivierung des anterioren Gyrus cinguli im präfrontalen Kortex (anterior cingulate cortex, ACC) beim Erleben von Schmerzen nachgewiesen werden konnte (8). Wenige Jahre später wurde die Aktivierung des ACC bei sozialer Isolation gezeigt (5), was eine wahre Flut von Studien zum (dem aufmerksamen Kliniker schon lange bekannten) Zusammenhang von Einsamkeit und Scherzen mit sich brachte (11). Spätestens seit den Arbeiten aus der Gruppe um Jonathan Cohen und Cameron Carter (3) zur Aktivierung des ACC nicht nur bei Fehlerverarbeitung, sondern bereits bei einer erhöhten Wahrscheinlichkeit, einen Fehler zu begehen – d. h. bei erhöhter Unsicherheit – könnte aber klar sein, dass Unsicherheit und Schmerzen in einer ganz ähnlich engen Beziehung stehen wie Unsicherheit und Einsamkeit (7). Aus dieser neurobiologischen Perspektive verwundern die hier diskutierten Ergebnisse also kaum! Sie eröffnen allerdings neue Zugangswege zur Lösung drängender ökonomischer als auch gesundheitlicher Probleme: Der Verbrauch von Schmerzmitteln steigt in westlichen Gesellschaften ebenso kontinuierlich an wie die relative Armut.

Literatur

Die Literatur zu diesem Beitrag finden Sie im:
Spitzer, Früher war alles später. Schattauer 2017, S. 130f.